Jahrbuch 2013
Neue Prognosen zur Zukunft der IT

Inklusive:

- Die IT-Fakten der größten deutschen Konzerne
- Die wichtigsten IT-Anbieter und Berater
- Die Neuzugänge im CIO-Netzwerk

IDG

Impressum

Herausgeber:
Horst Ellermann, CIO-Chefredakteur,
IDG Business Media GmbH, München

Redaktion:
Reinhold Hölbling, Saskia Winkler

Bildredaktion: Dr. Christina Auer

Satz und Umschlaggestaltung: Frank Gehrke, Claudia Wolff

Lektorat: Dr. Renate Oettinger

Verkauf: Thomas Friedl

Redaktionsschluss: August 2012

Druck und Bindearbeit:
STRAUSS GmbH, 69509 Mörlenbach

Weitere Informationen zu den im Buch genannten Unternehmen finden Sie im Premiumbereich auf www.cio.de oder über unseren Medienpartner MB Medien (**www.mbmedien.de**).

Alle Angaben in diesem Buch wurden mit größter Sorgfalt zusammengestellt. Trotzdem sind Fehler nicht ausgeschlossen. Verlag, Redaktion und Herausgeber weisen darauf hin, dass sie weder eine Garantie noch eine juristische Verantwortung oder jegliche Haftung für Folgen, die auf fehlerhafte Informationen zurückzuführen sind, übernehmen.

ISBN: **978-3-942922-09-8**

Printed in Germany

1. Auflage August 2012

Erscheinungsweise jährlich

Bibliografische Information der Deutschen Nationalbibliothek: Die Deutsche Nationalbibliothek verzeichnet diese Publikation in der Deutschen Nationalbibliografie; detaillierte bibliografische Daten sind im Internet über http://dnb.d-nb.de abrufbar.

Jahrbuch 2013
Neue Prognosen zur
Zukunft der IT

Inklusive:

- Die IT-Fakten
  der größten deutschen Konzerne
- Die wichtigsten
  IT-Anbieter und Berater
- Die Neuzugänge
  im CIO-Netzwerk

Inhaltsverzeichnis

Kapitel II

Die IT-Fakten der größten deutschen Konzerne
Top-10-Unternehmen aus 13 Branchen im Überblick

Kapitel III

Die wichtigsten IT-Anbieter und Berater
Mit Überblick zu ihren Branchen- und Beratungsschwerpunkten

Kapitel IIII

Es gibt Dinge, die macht man besser nicht erst seit gestern.
Sieben Jahre Erfolg mit über 200 Kunden machen uns zum erfahrensten Partner für Business-Applikationen aus der Cloud.
Cloud 7.0
engineered in Germany
www.t-systems.de/cloud
T · · Systems

Bewerbung statt Vorwort

Lieber Bundestag,

gerade hast du erklärt, dass du den Betrieb des Büros für Technikfolgenabschätzung ab August 2013 neu ausschreiben willst.

Mit diesem Buch bewerben wir uns auf den Job.

Wir, das sind die CIO-Community und als ihr Sprachrohr die CIO-Redaktion. Wir kennen uns gut aus in der Informationstechnik, was nicht zur Abschätzung aller Technikfolgen befähigt, aber immerhin den wichtigsten Teil abdeckt. IT wird in den nächsten zehn Jahren zu den größten Veränderungen dieser Republik beitragen, darauf können wir jetzt schon mal wetten.

Wie du an unserem CIO-Jahrbuch 2013 erkennst, scheuen wir uns nicht, Prognosen weit in die Zukunft abzugeben, also für einen Zeitraum von zehn Jahren. Damit unterscheiden wir uns von allen Analysten, die sich in der IT höchstens fünf Jahre voraus wagen. Uns ist das zu wenig. Zwar treten Trends für fünf Jahre mit einer höheren Wahrscheinlichkeit ein als unsere Zukunftswetten für das Jahr 2023. Doch sie helfen Entscheidern wie den Mitgliedern deines Hauses wenig, Visionen für die Informationsgesellschaft zu entwickeln. Da braucht es schon unseren Weitblick.

Was du von uns außerdem erwarten darfst: Anders als das bisherige Büro für Technikfolgenabschätzung – schreckliches Wort übrigens – bemühen wir uns um klare Aussagen. Sei mal ehrlich, Bundestag, deine Mitglieder lesen genauso oberflächlich wie unsere CEOs. Das heißt, wenn eine Prognose nicht im ersten Satz funzt, liest sie eh keiner. Also ist unsere Wettform die einzig wahre.

Abschließend noch ein ungefragter Tipp, lieber Bundestag: Als Legislative neigst du natürlich dazu, Juristen auf das Thema IT loszulassen. Aber überleg doch mal, ob du da nicht öfter Fachleute ran lassen solltest. Über unseren Dachverband „Voice" helfen wir da gerne.

Nichts für ungut, lieber Bundestag, als anständige Demokraten wählen wir dich auch beim nächsten Mal wieder.

In freudiger Erwartung auf eine positive Antwort

Deine CIOs

i.A. Horst.Ellermann@cio.de

Foto: © MAST – Fotolia.com

PROGNOSEN

DAS INTERNET IST REIF FÜR DIE INSEL

Guus Dekkers, CIO Airbus & Corp. CIO EADS

„Ich wette, das sich das heutige Internet in zehn Jahren in viele Einzel-Inseln aufgelöst hat."

Schön war die Zeit, als Cyber-Probleme lediglich in den CIO-Kreisen und deren Fachblättern diskutiert wurden. Cyber-Zwischenfälle stellten damals zwar ein ärgerliches Thema für jeden CIO dar, waren aber irgendwie dann doch beherrschbar und ohne große Sichtbarkeit und nachhaltige Auswirkungen. Auch wenn wir vielleicht alle gehofft hatten, dass dies so bleiben würde, sind wir leider in den vergangenen Jahren schmerzvoll eines Besseren belehrt worden.

Heute vergeht fast kein Tag, an dem nicht auch Mainstream-Medien wie die Tagespresse und die populären Nachrichtenmagazine sich gehalten sehen, über Cyber-Auswüchse zu berichten, und das mit immer alarmierenderen Botschaften. Cyber-Kriminalität ist mittlerweile ein eminent präsentes Thema in der öffentlichen Wahrnehmung und Meinungsbildung geworden, in der vor allem die Überraschung über die Dimension dieser kriminellen Aktivitäten, deren potenziell zerstörende Wirkung auf unseren gesamten Rechtsstaat sowie die gefühlte Hilflosigkeit gegen derartige Attacken vorherrscht.

Auch wenn die ersten beiden Punkte die CIO-Community sicherlich nicht recht überraschen, entwickelt sich das dritte Thema immer mehr zu einem Problemfall. Die Korrekturmöglichkeiten des Rechtsstaates zu diesem Thema erscheinen zurzeit eher limitiert und fokussieren sich – zumindest in der öffentlichen Wahrnehmung – zuerst einmal primär auf die Durchsetzung von (nationalen) Urheberrechtsansprüchen, eine Maßnahme, die aktuell bekanntermaßen sehr intensiv und ausgesprochen kontrovers diskutiert wird. Dies wirbelt zwar viel Staub auf und wird sicherlich letztendlich auch zu einer Anpassung des Urheberrechts an die neuen technischen Gegebenheiten führen, ist aber im Kontext der – professionellen – Internet-Kriminalität eigentlich nur als zweitrangig anzusehen. Für die CIO-Gemeinschaft ist sie damit allein insofern interessant, als man selbstverständlich die notwendigen Maßnahmen ergreift, um das eigene Unternehmen hinsichtlich potenzieller Verstöße gegen das Urheberrecht abzusichern.

Zweitrangig ist diese Quasi-Gegenmaßnahme vor allem deshalb, weil derartige Verfahren lediglich dazu taugen, Individuen zum Zweck der Durchsetzung von Urheberansprüchen adressieren zu können – und auch hier meistens noch limitiert auf den nationalen Rahmen. Der professionell agierende Internet-Kriminelle, der eindeutig viel größeren volkswirtschaftlichen Schaden anrichtet, wird jedoch vom Wirkungskreis derartiger Maßnahmen nicht erreicht. Aufgrund seines undurchsichtigen Operationsterrains, seiner professionellen Organisation und Vorgehensweise sowie der internationalen Verflechtungen ist ihm mit den anwendbaren Rechtsmitteln der Bundesrepublik Deutschland nicht hinreichend beizukommen.

Aus volkswirtschaftlicher Sicht drängt sich so die Einschätzung auf, dass man leider eher auf unzulängliche, wenn nicht gar ungeeignete Mittel zur Eindämmung derartiger Internet-Kriminalität setzt: Die in diesem Umfeld spärlich verfügbaren Experten, Ressourcen und finanziellen Mittel werden im großen Stil für die Entgegnung individueller Urheberrechtsverletzungen und anderer recht gut einzugrenzender Straftaten im Internet-Raum eingesetzt und mögen ja hier durchaus zu einem effizienten Ergebnis beitragen und obendrein Heerscharen von Anwälten einen erklecklichen Umsatz bescheren. Das aber ist eben sowohl im Einzelnen als auch in Summe bei Weitem zu wenig und nicht effektiv genug, um die Gesellschaft grundsätzlich gegen international verästelte, professionelle Internet-Kriminalität zu schützen. Die CIO-Gemeinschaft wird damit immer mehr gezwungen, selbst geeignete Maßnahmen zur Abwehr derartiger Vorgehensweisen zu treffen. Wer wünscht sich da nicht insgeheim doch die Abkehr von der weltumspannenden Internet-Cloud und stattdessen das private Glück auf einer kleinen, geschützten Internet-Insel in einer Art lockerem Insel-Commonwealth …

So scheint es, dass sich trotz all unserer gemeinsamen Bemühungen das Internet immer mehr zu einem durchweg anarchistischen Raum transformiert (hat) – Anarchie im Sinne von einem „durch die Abwesenheit von Staat und institutioneller Gewalt bedingten Zustand gesellschaftlicher Unordnung, Gewaltherrschaft und Gesetzlosigkeit" (Deutsche Wikipedia). Und da sich die professionell agierenden Internet-Kriminellen von wirksamen und effektiven Regulierungs- und Überwachungsmaßnahmen weitestgehend verschont sehen und so ihre Straftaten meistenteils unbehelligt betreiben können, wird dieses „Geschäftsgebiet" kontinuierlich lukrativer, und die Ausführenden werden immer dreister und einfallsreicher.

Das Internet als anarchistischer Raum

Letztendlich wird dieser Missstand nach meiner Meinung zu einem Zustand führen, in dem man im Internet nichts und niemandem mehr so wirklich vertrauen kann. Dieser Zustand wird dann nicht nur die professionelle CIO-Gemeinschaft betreffen, sondern natürlich auch jeden von uns in seiner privaten Internet-Nutzung, weil auch die massenhaft betriebene „Kleinkriminalität" den Tätern immer attraktiver und einfacher erscheint.

Also bleibt uns nichts anders übrig, als uns selbst zu schützen, was zur Einführung von immer raffinierteren Filtern, Scannern und Verfahren führt, um die Spreu vom Weizen trennen zu können und so nur mit Partnern zu kommunizieren, von denen wir glauben, ihnen auch wirklich vertrauen zu können. E-Mails werden gefiltert und gegebenenfalls eliminiert, dubiose Websites mittels „black/white listing" ausgeschlossen und die Virenscan-Datenbanken immer umfangreicher – und doch scheinen wir das Wettrennen wegen der schieren Masse der möglichen Kommunikationspartner, der Vielfalt der Kommunikationsmöglichkeiten und der Raffiniertheit des kriminellen Gegenübers – der nur einen Day-0-Exploit braucht, um zu siegen, während wir alles und jeden kennen müssen, um uns wirklich wirksam schützen zu können – erstmals zu verlieren.

Also werden die Ungewissheiten, die uns treiben und umtreiben, immer umfangreicher: Wie kann ich dann in einem elektronischen Datenaustausch auch sicher sein, dass mein Partner, dem ich glaube trauen zu können, auch wirklich dieser Partner ist? Woher weiß ich, dass die Website, die ich soeben aufgerufen habe, auch wirklich von meiner Bank ist und keine Vortäuschung? Kann ich verifizierbar feststellen, dass die erhaltene E-Mail auch tatsächlich von demjenigen kommt, dessen Namen ausgewiesen ist? Und wie kann ich zuverlässig vermeiden, dass mein Datenaustausch (Stichwort: PIN-Code) auch wirklich nicht durch jemanden abgeschöpft und ausgenutzt wird? Die besten Filter und Verfahren der Welt werden nicht helfen können, wenn die Parteien, von denen wir meinen, ihnen trauen zu können, von der Cyber-Kriminalität unterwandert und missbraucht werden. Und genau dort setzen die fortschrittlichsten Cyber-Kriminellen bereits heute an.

Ohne Kontrolle kein Vertrauen

Die Voraussetzungen für einen vertrauensvollen Austausch werden also vielfältig: Erstens muss ich meinem Kommunikationspartner als „physischer/moralischer" Person überhaupt vertrauen. Zweitens muss ich davon ausgehen können, dass seine Kommunikationsverfahren nicht durch Fremde unterwandert wurden. Drittens darf der Kommunikationsaustausch – zumeist über das Internet – selbstverständlich nicht korrumpiert werden. Und viertens muss ich meiner eigenen EDV angemessen vertrauen können. Während die meisten CIOs – und auch Privatanwender – glauben, den ersten und letzten Punkt hinreichend beantworten zu können, ist das Problem bezüglich der Aspekte zwei und drei weitaus komplizierter.

Da wir es lediglich mit einem elektronischen Abbild des Kommunikationspartners zu tun haben, kann nur dieses „Virtual Picture" für die Beantwortung der Vertrauensfrage herangezogen werden. Es muss also etwas enthalten, das es dem Empfänger ermöglicht, die Vertrauenswürdigkeit des beabsichtigten Datenaustauschs zu prüfen. Dies baut auf verbindliche und geschützte Absprachen auf, die nur Partner, die diesem Kreis angehören, einhalten und vorzeigen können. Vertraut wird dann meistens nur, wenn der Datenaustausch – unabhängig davon, ob E-Mail, Website oder anderer Content – eindeutige Merkmale aufweist, zum Beispiel auf eine bestimmte Art und Weise verschlüsselt wurde ,oder bestimmte Zertifikate aufweist. Das Prinzip ist also einfach: Merkmal vorhanden, dann vertraue ich dir und lasse die Kommunikation zu, falls nicht, dann bleibt meine Tür für dich verschlossen.

Damit dieses Konzept zuverlässig funktioniert, ist es also wichtig, dass nur der „vertraute Kreis" in der Lage ist, die Merkmale zu beurteilen und gegebenenfalls auch zu erstellen. Genauso wichtig dabei ist selbstverständlich auch, dass nicht zu dem Kreis gehörende Teilnehmer – hier ist natürlich vor allem die Hacker-Gemeinde gemeint – dies nicht können. Es muss ihnen also vor allem unmöglich sein, die geschützten Sicherheitsmerkmale erstellen, reproduzieren oder unterwandern zu können. Sobald ihnen das nämlich gelingt, ist die Schutzwirkung des Verfahrens hinfällig.

Die skizzierte Methode ist ja an sich nichts Neues, bereits heute werden viele derartige Verfahren angewandt, um oben genannte Vertrauensfrage einigermaßen zuverlässig beantworten zu können. Gute Beispiele sind die Bankenverschlüsselungsmodelle HBCI oder das PGP-E-Mail-Verschlüsselungsverfahren sowie das zertifikatsbasierte Prüfungssystem nach dem europäischen Abkommen SOGIS-MRA V3.

Wenn wir aber die immer weiter zunehmende Notwendigkeit und Akzeptanz der Einführung derartiger Verfahren akzeptieren, wird das weitreichende Folgen für das Internet haben. Das World Wide Web, die weltumspannende Internet-Wolke, wird gleichsam realiter in einen Zustand überführt, den man mit der Co-Existenz zahlreicher Internet-Einzelinseln beschreiben kann.

Wie es zu diesen Einzelinseln kommen wird? Erstens lässt sich aus dem genannten (Un-)Sicherheitstrend sicherlich extrapolieren, dass wir in einiger Zeit wirklich nur noch mit Partnern kommunizieren, bei denen wir meinen, ihnen dank eines der skizzierten Sicherheitsmechanismen trauen zu können. Die Unsicherheiten und Sicherheitsrisiken bei einem „nicht geprüften Partner" werden schlichtweg so hoch, dass sich die CIOs – und ultimativ auch die Privathaushalte – nicht mehr an einen derartigen Kommunikationsaustausch wagen werden. Daraus folgt: kein Vertrauensmerkmal = kein Kommunikationspartner.

Ein einziges Trust-Verfahren wäre nicht vertrauenswürdig

Zweitens wird es unwahrscheinlich sein, dass es nur ein einziges elektronisches Vertrauensmerkmal geben wird, so wie es zum Beispiel die deutsche Bundesregierung in ihrem Zukunftsprojekt „Sichere Identitäten" vorantreiben möchte. Die Unwahrscheinlich rührt aus markanten Gründen: Zum einen hat sich die Fähigkeit der IT-Industrie, Einigkeit in Fragen verbindlicher weltweiter Standards zu erzielen, in der Vergangenheit als unzureichend herausgestellt. Zum anderen könnte sich ein singuläres Vertrauensmerkmal auf Dauer nicht der Unterwanderungsambitionen erwehren, wie etwa die massiven Versuche, das HTTPS-Protokoll zu knacken, eindeutig belegen. Daraus folgt: Würde ich mich nur einem Verfahren anschließen, wären meine Kommunikationsmöglichkeiten zwangsläufig nur auf die zu diesem Kreis gehörenden Partner beschränkt. Die anderen Partner würden außen vor bleiben.

Drittens bauen derartige Verfahren immer darauf auf, dass ich dem „Ur-Inhaber" des Verfahrens tatsächlich vertrauen kann. Auch unter Nichtberücksichtigung eventuell national getriebener Interessen – etwa die anzunehmende Möglichkeit, dass ein Verfahren, das seinen Ursprung in einem bestimmten Land hat, auch durch irgendeine oder mehrere Behörden dieses Landes unterwandert wurde – machen zwei Beobachtungen die Grenzen der Benutzung und Vertraulichkeit solcher Methoden offensichtlich.

Neben das bereits oben angeführte Argument, dass schiere Größe gleichsam automatisch bestimmte kriminelle Kreise motiviert und auf den Plan ruft, tritt folgender Sachverhalt: Ein „Ur-Inhaber" kann bei immer wachsenden Anwendungsumfängen kaum mehr sicherstellen, dass jegliche Benutzer sämtlichen Anforderungen zur Benutzung dieses Verfahrens kontinuierlich entsprechen. Der Prüfungsaufwand wäre schlichtweg zu hoch, und die Teilnehmer wären zu anonym und damit zu unbekannt. Obendrein ist das statistische Risiko, dass ein Teilnehmer dann doch unterwandert wurde oder ganz einfach „falsche Absichten" verfolgt, bei einem zu großen Kreis tatsächlich um ein Vielfaches höher. Daraus folgt: Je größer der Anwendungskreis des Verfahrens, umso unsicherer wird es.

Das wiederum bedingt: Für unterschiedliche Sicherheitsfragen werden wir unterschiedliche Verfahren einsetzen (müssen). Und letztendlich: Da es sehr unwahrscheinlich ist, dass sämtliche meiner Kommunikationspartner nur einem Kreis angehören, werde ich mich zwangsläufig mehreren Kommunikationskreisen anschließen müssen.

Die Wette gilt: In zehn Jahren sehen wir auf ein Internet, das zwar das Internet-Protokoll noch als „rohes Transportmedium" für Datentransport benutzt, aber durch die Aufteilung in abgeschlossene Nutzergruppen de facto in eine Unmenge von Inseln zerlegt ist.

Und wir werden auf jeden Fall viele dieser Internet-Inseln besuchen, vielleicht aber dann doch nicht alle. Wird da noch etwas Gemeinsamkeit sein mit dem Traum vom glücklichen Inseldasein? Wir werden sehen ...

Ich freue mich auf Ihre Gegenwette!

premium.cio.de/cio-netzwerk/profil/guus-dekkers

BIS 2023 WIRD'S NIX MIT „ZERO E-MAIL"

Martin Gnass, CIO der Hapag-Lloyd AG

„Ich wette, dass auch in zehn Jahren der überwiegende Anteil der geschäftlichen elektronischen Kommunikation per E-Mail erfolgen wird."

Erstens kommt es anders, und zweitens, als man denkt", sagt der Volksmund. Oft genug trifft dies auch für IT-Prognosen zu. Auch wenn die IT-Vorhersagen selbst ernannter Marktauguren oft genug falsch liegen, wage ich einen Blick in die „IT-Glaskugel 2023" für folgende Themenbereiche:

Zentralisierung von Informations-Services

Für weltweit agierende Unternehmen, deren Geschäftsprozessmodell einem hohen Grad an Standardisierung unterliegt, ist die zentrale Bereitstellung von IT-Infrastruktur- und Applikations-Services für die globale Organisation „aus der Netzsteckdose" per MPLS-Netz beziehungsweise Internet übliche Praxis. Darüber hinaus sind in vielen Unternehmen noch „lokale" Systeme und Datenhaltung auf File-Servern in den Büros beziehungsweise Niederlassungen anzutreffen. Diese Services werden künftig eine weitgehende Zentralisierung erfahren.

Der Consumer-Bereich ist in vielen Dingen Vorreiter. Tradierte Konzepte für lokale Datenspeicherung werden durch zentrale Data-Services abgelöst. Apples Cloud Service, Drop Box und weitere werden Nachahmer finden, die ein sicheres und – im Gegensatz zu Apple – ein produkt- respektive plattformneutrales Daten-Hosting ermöglichen. Consumer werden künftig auf einfache Art und Weise mit beliebigen Endgeräten auf ihre Daten zugreifen und sicher(er) als heute archivieren können. Im privaten Bereich wird in zehn Jahren (hoffentlich) kein Anwender mehr „Hand-am-Arm"-Daten per USB-Stick von A nach B kopieren und sich um das Backup seiner privaten PC- und Notebook-Festplatten kümmern müssen.

Im Unternehmen wird künftig die „Enterprise Cloud" abteilungsspezifische fachliche Anwendungen und Daten als zentralen Service bereitstellen. Standortspezifische Datenhaltung auf File-Servern, Laufwerkverzeichnisse und so weiter werden durch diese zentralen Data-Services abgelöst sein.

Die Zentralisierung der Informations-Services hat neben den bekannten technischen und kommerziellen Vorteilen auch positive Effekte für die

Agilität von Unternehmen: Organisatorische Veränderungen werden schneller unterstützt und IT-seitig abgebildet, da Netzzugang und Endgeräte als Zugangsvoraussetzung schnell bereitgestellt werden. Beispiele: Post Merger Integration, das Bündeln von Tätigkeiten in „Shared Services"-Teams, Umsetzung von Restrukturierungsmaßnahmen. Auch Business-Continuity-Konzepte können IT-seitig durch die „Enterprise Cloud" besser unterstützt werden.

Fazit: In zehn Jahren wird lokale Daten- und Applikationshaltung weitgehend Geschichte sein. Der bereits in den 90er-Jahren beworbene „IT-Service aus der Steckdose" ist endlich Wirklichkeit geworden.

Veränderung von Arbeitsformen und Arbeitswelten

Moderne ITK-Konzepte und breitbandige Internetverbindungen ermöglichen seit etlichen Jahren die Flexibilisierung der Arbeitswelten und das weitgehend ortsunabhängige Arbeiten. Der Adaptionsgrad „virtualisierter Arbeitswelten" ist jedoch firmen- und branchenabhängig sehr unterschiedlich.

Ein Paradebeispiel sind die Unternehmen der IT-Dienstleistungs-/Beratungsbranche, die seit Jahren flexible Modelle zur Arbeitszeit- und Arbeitsplatzsouveränität eingeführt haben (Home-Office- und Shared-Office-Konzepte). In anderen Branchen und Unternehmen ist dies jedoch noch die Ausnahme beziehungsweise auf einzelne Mitarbeiter beschränkt.

Eine repräsentative Umfrage des Branchenverbandes Bitkom 2010 ergab, dass zehn Prozent der Berufstätigen in Deutschland ganz oder teilweise von zu Hause arbeiten. Der Office 21 Forecast des Fraunhofer-Instituts für 2024 besagt, dass für 94 Prozent der Befragten eine hohe Flexibilität bei der Wahl des täglichen Arbeitsortes die Regel sein wird. Wie geht der Trend nun weiter? Ist in zehn Jahren das klassische Firmenbüro überflüssig geworden und damit der IT-Arbeitsplatz im Büro ein Auslaufmodell und durch BYOD abgelöst?

Meine Prognose: So wird es – zumindest flächendeckend – nicht sein. Unbestritten werden demografischer Wandel, gesteigerte Work-Life-Balance-Erwartungen qualifizierter Mitarbeiter in den entwickelten Gesellschaften sowie Verkehrsinfrastrukturprobleme die Flexibilisierung der Arbeits- und Lebensbedingungen vorantreiben. Gleichwohl laufen Veränderungsprozesse hinsichtlich der Organisation von Arbeit nach unterschiedlichen Maßstäben – und in Deutschland und Europa tendenziell eher langsam – ab. Die Flexibilisierung der Arbeit durch Mobilitätskonzepte wird zudem in Teilen von Management- und Mitbestimmungsgremien zurückhaltend behandelt. Auch bei Mitarbeitern ist die Euphorie unterschiedlich groß. Die bekannten Gründe: Angst vor Steuerungs- und Kontrollverlust, Verlust des Identifikations- beziehungsweise Zugehörigkeitsgefühls zum Unternehmen, Angst vor dem Verlust sozialer Kontakte.

Meine Erwartung: Arbeitszeit- und Arbeitsplatzsouveränität werden in den nächsten Jahren moderat zunehmen und „virtuelle Belegschaften" in der Minderheit bleiben. Dies hat auch für die IT Konsequenzen: Der klassische Büroarbeitsplatz ist in zehn Jahren noch nicht passé. Die Unternehmens-IT wird auch künftig IT-Arbeitsplätze anbieten, die den Prinzipien der Standardisierung, Kosteneffizienz und Zuverlässigkeit unterliegen. Dies wird nicht mehr der PC/Desktop sein, sondern Techniken wie Thin Client, VDI-basierte Konzeptmodelle oder Ähnliches.

Mobilität wird für bestimmte Mitarbeitergruppen weiter zunehmen, BYOD für mobile „Smart Worker" Einzug halten. Unabhängig davon werden Teile des Managements, Mitbestimmungsgremien und Mitarbeiter nach wie vor erwarten, dass das Unternehmen mobile Arbeitsgeräte zur Verfügung stellt.

Bekanntlich entwickeln sich die Möglichkeiten der digitalen Zusammenarbeit rasant weiter. Digitale Medien („Social Media") finden zunehmende Verbreitung im privaten und beruflichen Umfeld. Daraus ergeben sich für die Unternehmen viele Chancen und Risiken. Der Grad der Adaption wird auch hier – in Abhängigkeit von Branche und Unternehmenskultur – unterschiedlich bleiben.

„Zero E-Mail" nicht in den nächsten zehn Jahren

Eine bekannte IT-Beratungsfirma ist früh auf das Thema aufgesprungen und hat bereits vor einem Jahr auf der CeBIT öffentlichkeitswirksam die „Zero E-Mail" für die Zeit nach 2015 proklamiert. Meine Prognose lautet: So wird es nicht sein. „Erprobte" Technologien haben eine längere Lebensdauer als oftmals angenommen; dies gilt auch in der ITK-Branche. Selbst die seit Langem totgesagte Faxtechnik ist (leider) immer noch im Arbeitsalltag existent.

Deshalb bin ich sicher: Auch 2023 hat die E-Mail noch einen hohen Stellenwert in der digitalen Kommunikation. Der überwiegende Anteil der geschäftlichen elektronischen Kommunikation wird noch per E-Mail erfolgen.

Ich freue mich auf Ihre Gegenwette!

Kontakt: http://premium.cio.de/cio-netzwerk/profil/martin-gnass

SAAS WÄCHST AUF DREISSIG PROZENT

Dr. Michael Gorriz, CIO von Daimler

„Ich wette, dass der Anteil der Cloud-Nutzung in Unternehmen bis 2023 speziell für Software-as-a-Service auf 30 Prozent steigen und damit einen entscheidenden Anteil am Lösungsportfolio der IT-Landschaft haben wird."

Cloud Computing ist einer der IT-Trends dieser Dekade. In zehn Jahren wird er die Art und Weise, wie Unternehmen ihre Geschäftsprozesse aufsetzen, wie die Mitarbeiter innerhalb der Unternehmen miteinander arbeiten und wie Kunden mit den Unternehmen interagieren und umgekehrt, verändert haben. Träger des Trends sind die Always-on-Generation, die Bring your own Device und Mobile Media als vorrangige Arbeitsmittel nutzen, sowie die wachsende Vernetztheit von Produkten wie beispielsweise Autos mit ihrer Umwelt. In dieser hochgradig vernetzten Welt werden Cloud-Services für Automobilhersteller wie Daimler künftig eine zentrale Bedeutung einnehmen.

Von den IT-Abteilungen erwarten die Unternehmen, dass sie diesen Wandel orchestrieren, die Herausforderungen benennen und tragfähige Lösungen anbieten. Die größte Herausforderung liegt dabei weniger in der technischen Machbarkeit. In den kommenden Jahren werden wir erleben, dass die Diskussionen rund um die Cloud stärker strategischen Überlegungen folgen. Die zentrale Frage, die Unternehmen dann beantworten müssen, ist, welche Funktionalität sie wann und wo unter welchem Risiko mit welchem Cloud-Provider abbilden wollen.

Prozessstandardisierung und Datenzentralisierung

Die kommenden zehn Jahre werden vom Umbau der internen IT-Landschaften und der Business-Prozesse geprägt sein. Die Generation der Digital Natives wächst in dem Bewusstsein auf, dass Daten immer und überall verfügbar sind, bei Bedarf mühelos und zielgerichtet geteilt und gemeinsam genutzt werden können. Diese wachsende Gruppe erwartet als Kunde schon heute und in Zukunft noch mehr, dass auch ihr Fahrzeug in die Always-on-Welt eingebunden ist. Eine solche Car-IT kann nur durch Cloud Services in der nötigen Flexibilität abgebildet werden. Und auch als Mitarbeiter hat die Generation der Digital Natives andere Ansprüche. Was sie von Diensten wie Drop Box oder Google Docs kennt, will sie im Arbeitsleben nicht missen. Den IT-Abteilungen muss es gelingen, rascher auf solche Anforderungen zu reagieren und die angebotenen Lösungen mit einem attraktiven Nutzererlebnis zu verknüpfen. Umgekehrt werden die Fachabteilungen und ihre Mitarbeiter ihr Verhältnis zur Gestaltung von Geschäftsprozessen verändern. Anders als bislang werden Unternehmen nicht für jeden Prozess eine eigene Anwendung aufsetzen, sondern stärker auf Standardlösungen zurückgreifen, die von Cloud-Providern angeboten werden. Individuelle Lösungen werden nur noch dort erfüllt, wo sie eine deutliche Marktdifferenzierung gegenüber dem Wettbewerb versprechen. Insofern werden sich IT-Abteilungen ein noch tieferes Wissen in Geschäftsprozessen aneignen, die Fachabteilungen dagegen werden verstärkt IT-Know-how gewinnen. Als Nebeneffekt wird dies zum Beispiel in der Fahrzeug- und Mobilitätsentwicklung zu einer extrem engen Verzahnung zwischen IT und Entwicklung führen bis hin zu einer hoch spezialisierten IT-Mannschaft als Teil der Entwicklung oder umgekehrt

Mit der Nutzung von standardisierten Cloud-Services werden immer mehr Unternehmensdaten von externen Providern verarbeitet und verwaltet. Pflegt heute vielfach noch jedes System seinen eigenen Datensatz für ein und dasselbe Objekt, werden künftig mehrere Systeme mit unterschiedlichen Aufgaben auf den gleichen Datensatz zugreifen. Um dem „Vernetzungstod" zu entgehen, stellt dies einen enormen Anspruch an die Datenqualität, reduziert jedoch gleichzeitig die Kosten für IT-Security, da diese über die Cloud-Provider gesichert wird. Aufwände entstehen hier künftig für wenige, unternehmenskritische Daten, auf die sich die IT konzentriert. Die Aufgabe wird weniger als bisher sein, Daten zu erheben, sondern vielmehr, die erhältlichen Daten sinnvoll in die eigenen Systeme zu integrieren. Die kommende Informations- und Prozessarchitektur wird daher mittelfristig eine stärkere Zentralisierung und Hierarchisierung von Datensätzen anstreben und bestimmen, in welchem System der „Master-Datensatz" liegt, den benachbarte Systeme und Prozesse nutzen. An diesem Datenbereinigungs- und Hierarchisierungsprozess werden alle Unternehmensbereiche beteiligt sein. Langfristig werden „Linked Data" – also die Vernetzung von bis dato verteilt liegenden Daten – hierarchische Datenstrukturen aufheben und über intelligente Netzstrukturen die stärkere Verzahnung zwischen Fach- und IT-Bereichen unterstützen. Die Fäden für beide Trends werden aber in der IT-Abteilung zusammenlaufen, die als zentraler Bereich die Dateninhalte und -strukturen versteht und steuert.

IT-Abteilung als Integrator und Service-Broker

Auf dem Weg ins Cloud-Zeitalter werden Unternehmen drei Phasen durchlaufen. In einer ersten Phase, die bereits begonnen hat, geht es vor allem darum, die rechtlichen und sicherheitsrelevanten Grundlagen zu schaffen, erste taktische Entscheidungen zu treffen und die heutige Anwendungswelt zu simplifizieren. Damit gewinnt SOA (Service Oriented Architecture) wieder an Bedeutung. Sie bildet die Basis einer erfolgreichen Cloud-Strategie. In dieser ersten Phase werden vor allem Cloud-Anwendungen aufgesetzt, die einen Return-on-Investment von maximal zwei Jahren versprechen. Eine zweite Phase wird sich der Bestandsaufnahme widmen, welche Softwarelösungen derzeit zur Steuerung welcher Prozesse im Unternehmen eingesetzt werden. Die dritte Phase schließlich wird die Frage klären, welche Funktionalitäten und Geschäftsprozesse überhaupt gebraucht werden und welche IT-Lösung die jeweils passende ist. In dieser Phase, die weit über das Jahr 2023 hinausreichen wird, werden die gewachsenen, monolithischen Systeme auf wenige Kern-Services reduziert und in flexiblere, kleinteiligere Lösungen überführt, die sich dann zu großen Teilen mit unterschiedlichen Cloud-Providern umsetzen lassen. Spätestens ab diesem Zeitpunkt wird die IT der Unternehmen ein hybrides System aus Public Cloud, Private Cloud und klassischen Lösungen sein. In diesen hybriden Strukturen werden Cloud-Ansätze verschiedener Anbieter mit den unternehmensinternen Cloud-Strukturen vernetzt und Geschäftsprozesse sinnvoll über eine solche mehrschichtige Cloud-Struktur verteilt.

Die Komplexität der Aufgabe sowie die große Zahl der zu involvierenden Bereiche, die die Integration von Cloud-Lösungen in Unternehmen mit sich bringt, führen dazu, dass die Beschäftigung mit der Cloud die Firmen viel schneller erreicht als die tatsächliche Umsetzung und gleichzeitig IT-Skills für alle Mitarbeiter im Unternehmen immer wichtiger werden. Die „Cloud-Vorhut" bilden bereits heute Entwicklungs- und Testsysteme für Private Clouds in Unternehmen. Danach werden Software-as-a-Service (SaaS)-Lösungen für weniger kritische, aber sehr schnell benötigte Anwendungsfälle eingesetzt werden. Erst in zwei bis fünf Jahren wird SaaS die nötige Reife besitzen, um sich in der Masse der Firmen als attraktive Möglichkeit durchzusetzen. Geht man davon aus, dass sich IT-Landschaften pro Jahr um rund sechs Prozent verändern und weniger als die Hälfte der Services aus der Cloud bezogen wird, lässt sich ein Anteil an SaaS von 30 Prozent im Jahr 2023 hochrechnen.

Die Anforderungen an die IT-Abteilungen wachsen derzeit täglich. Kosteneinsparung und Application-Development-Management gehören bereits heute zu ihrem Alltagsgeschäft. Mit der Cloud wird sich die Rolle der IT innerhalb des Unternehmens aber weiter verändern:

Effekt 1: Die Wahrnehmung der IT-Abteilung wird 2023 eine andere sein als heute. Durch die Integration von Cloud-Lösungen in die Prozesse wird die IT-Abteilung dem Unternehmen Kosten- und Geschwindigkeitsvorteile verschaffen. Ihre Arbeit wird damit zunehmend zu einem prozesskritischen und geschäftsgestaltenden Faktor, der großen Einfluss auf die Effizienz einer Firma und ihrer Business-Prozesse besitzt.

Effekt 2: Der Aufgabenbereich der IT-Abteilung wird sich verschieben. Fließen heute rund 20 Prozent der IT-Ressourcen in die Entwicklungsarbeit, wird dieser Anteil 2023 deutlich höher sein, da über die Synergieeffekte traditionelle Aufgaben wie die IT-Sicherheit oder das Einspielen von Updates günstiger sind. Gleichzeitig wird die IT-Abteilung von diesen Aufgaben entlastet und schafft sich so Räume für mehr Entwicklungsarbeit. Dafür eignet sie sich im Cloud-Zeitalter neues Wissen an – nämlich die Sicht des Kunden oder des Nutzers im Unternehmen.

Effekt 3: Ein neuer Aufgabenbereich wird hinzukommen: das Service Brokerage. Statt Anforderungen der Fachabteilungen in hauseigenen Systemen abzubilden, wird die IT-Abteilung den passenden Cloud Provider vermitteln, der die angefragte Funktionalität in Übereinstimmung mit der eigenen Corporate Governance anbieten kann.

Der erfolgreiche Weg in die Cloud führt nur über mehr IT-Lösungen von der Stange. Die Entscheidung, ob ich einen wettbewerbsdifferenzierenden Prozess habe – und damit nach wie vor eine Individuallösung benötige – oder ob ich mit dem Prozess meines Wettbewerbers leben will, muss im Zeitalter der Cloud explizit und scharf getroffen werden. Wollen wir uns darauf wirklich einlassen? Ich meine, die Unternehmen müssen sogar. Auch wenn sie damit in einem gewissen Grad die Kontrolle über das Lifecycle-Management verlieren. Aber die Cloud ermöglicht ihnen künftig einerseits, ihre Economies of Scale spürbar zu steigern, und andererseits, in einem sehr dynamischen Umfeld Wettbewerbsvorteile zu erzielen. Damit werden die IT-Abteilungen in einem wachsenden Maß daran beteiligt sein, Business-Chancen zu eröffnen und zu nutzen, sie werden Mehrwert für den Endkunden schaffen und einen bedeutenden Beitrag zum Geschäftserfolg leisten.

Ich freue mich auf Ihre Gegenwette!

Kontakt: redaktion@cio.de

PAROLE FÜR 2023: DESIGN THINKING

Dr. Martin Hofmann, CIO der Volkswagen AG

„Ich wette, dass es in zehn Jahren in Unternehmen keine Systemschulungen, keine User-Manuals und keinen IT-Helpdesk mehr gibt."

Hand aufs Herz: Wie oft haben Sie schon in die Bedienungsanleitung Ihres iPads geschaut? Ich bin mir nicht einmal sicher, ob es überhaupt eine gibt. Jedenfalls habe ich sie bislang nicht gebraucht. Denn: Wenn es um die Bedienbarkeit ihrer Produkte geht, sind unsere Kollegen bei Apple Weltspitze. Nie zuvor waren Oberflächen mobiler Endgeräte so intuitiv bedienbar; nie zuvor war es so einfach, im Grunde ganz banale Dinge zu tun, etwa ein Foto zu vergrößern: Man klickt nicht auf ein Lupen-Symbol, sondern zieht das Foto mit gespreizten Fingern in die gewünschte Größe. Was wir hier erleben, ist nicht weniger als das perfekte Zusammenspiel aus Hardware, Software und Nutzerkontext.

Letzterem kommt dabei besondere Bedeutung zu. Ziel moderner IT-Entwicklung ist nicht, alles auszureizen, was die Technik hergibt. Ziel ist, jede einzelne Entwicklungsentscheidung konsequent am Nutzer auszurichten. Es genügt nicht mehr, Hardware und Software zu designen. Die große Herausforderung ist es, die User Experience dabei zu perfektionieren, also all die Erfahrungen, die die Nutzer mit einem Produkt über dessen Lebenszyklus hinweg sammeln. An jedem Kontaktpunkt müssen zeitgemäße Anwendungen die Erwartungen des Anwenders zumindest erfüllen – möglichst sogar übertreffen. Bei Consumer-Produkten ist das schon lange so. In der Business-IT setzt sich der Gedanke der kompromisslosen Nutzerorientierung erst nach und nach durch.

Die Hardware muss vor allem zum Nutzer passen

Als IT-Verantwortliche stehen wir vor einem großen Paradigmenwechsel. Wir stimmen eine Software nicht mehr nur auf einen Prozess ab, sondern vor allem auf ihre Nutzer. Wir entscheiden uns nicht für die Hardware, die am besten in unsere Infrastruktur passt, sondern zum Anwender. Die Methode, die uns dabei unterstützt, nennt sich „User Centered Design" beziehungsweise „Design Thinking". Sie zielt nicht nur auf Optimierung der Usability – schon gar nicht ist sie Oberflächenkosmetik. Sie verändert die Art und Weise, wie wir intern und mit unseren Kunden und Partnern zusammenarbeiten. Sie unterstützt uns, Innovationen zügig zu erschließen. Sie ist ein Kulturwandel, der sich auszahlt.

Gerade in schnell wachsenden, global aufgestellten Unternehmen explodieren die Kosten für Rollout, Schulungen und Support. Das alles kostet nicht nur die IT eine Menge Geld, sondern auch ihre Anwender in den Fachbereichen: Sie verlieren wertvolle Arbeitszeit durch Schulungen, durch Ausprobieren und in den Warteschleifen der Support-Hotlines.

Systemschulungen, Helpdesks und Software-Manuals wird es in zehn Jahren in Unternehmen nicht mehr geben. Niemand wird sie vermissen. Denn in Unternehmen, die User Centered Design konsequent umgesetzt haben, muss niemand mehr den Helpdesk anrufen, um dann als Ticket vom First Level in den Third Level durchgereicht zu werden. Stattdessen gibt es eine offene Kultur des Fragens und Helfens in internen Sozialen Netzwerken und über Instant Messaging. Digital Natives und Digital Immigrants lernen voneinander und miteinander.

Offene Kultur des Fragens und Helfens

Unsere Anwender in den Fachbereichen brauchen künftig weder Handbücher noch Seminare, um mit einem neuen System arbeiten zu können. Es funktioniert out of the box, weil es sich geradezu natürlich an den Benutzer und sein Verhalten anfügt: etwa an den Personaler, der einen neuen Mitarbeiter einstellt, oder an den Qualitätssicherer, der Bauteile prüft, oder den Mitarbeiter in der Logistik, der intuitiv wie nie zuvor Teilesendungen verfolgt. Ich nenne die Beispiele bewusst im Singular, denn User Centered Design geht auf die Belange jedes einzelnen Anwenders ein. Wir bauen Oberflächen daher nicht nach den Standards des klassischen Software-Engineerings auf, sondern suchen nach geeigneten Analogien im Lebensumfeld unserer Anwender und lassen sie nicht klicken, sondern wischen und blättern.

Produktivität schaffen wir aber nicht nur durch die Software, die wir entwickeln, sondern auch durch die Hardware, die wir einkaufen. Statt zwischen einem Notebook, einem Netbook und einem Desktop-PC zu wählen, gehen die Mitarbeiter in Zukunft in den unternehmenseigenen IT-Shop. Dort breitet sich vor ihnen ein breite Palette an Geräten aus: Smartphones, Tablet-PCs, Ultrabooks – und zwar nicht von einem Hersteller, sondern von einer Vielzahl. Womit der Einzelne arbeitet, entscheidet nicht der Vorgesetzte, sondern die jeweilige Arbeitsweise: mobil oder stationär, lokal oder international, als Controller oder Designer.

Ich bin mir sicher: An User Centered Design führt kein Weg vorbei. Es ist nicht Kür, es ist Pflichtprogramm. Es macht die IT-Welt nicht nur schöner und einfacher, sondern auch effizienter. Bei Volkswagen haben wir Anfang 2012 ein konzernweites User-Experience-Team aufgestellt. Kollegen von Audi, Skoda, Volkswagen und Financial Services arbeiten an einem neuen Konzept zur Nutzung neuer GUI-Konzepte, Apps statt schwerer Applikationen und dem Einsatz von Social-Media-Technologien.

Sukzessive fügen sich viele Einzelinitiativen zum Gesamtbild der User Experience. Was sie eint, ist das gemeinsame Ziel, IT für Kunden und Anwender zum positiven Erlebnis zu machen. Und zwar ohne Bedienungsanleitung.

Ich freue mich auf Ihre Gegenwette!

Kontakt: cio@volkswagen.de

DREIMAL MEHR IT IM VORSTAND 2023

Peter Kreutter, Direktor der Stiftung Wissenschaftliche Hochschule für Unternehmensführung (WHU) in Vallendar

„Ich wette, dass in zehn Jahren dreimal so viele Vorstände in DAX-Unternehmen eine IT-Position in ihrem Lebenslauf haben als heute."

Wir alle kennen die seit Jahren vielfach – gerade aus IT-Kreisen heraus – formulierte Forderung „CIOs müssen in den Vorstand". Die Argumentationslinie für die Etablierung entsprechender Positionen im Vorstand ist stets dieselbe: „IT ist ein zentraler Erfolgsfaktor für das Kerngeschäft", und daher muss die IT in der Rolle des CIO im Vorstand vertreten sein.

Dennoch: Die Forderung steht seit Jahrzehnten im Raum. Kaum ein deutsches Unternehmen hat einen CIO im Vorstand – von einigen vereinzelten Ausnahmen oder IT-lastigen COOs einmal abgesehen. Ohne nun gleich als Pessimist in Verruf geraten zu wollen, vermute ich, dass sich hieran auch in den kommenden Jahren nicht viel ändern wird. Insofern wäre eine Wette, „dass wir in zehn Jahren in zehn DAX-Unternehmen einen CIO im Vorstand haben" ein Unterfangen, das man mit großer Wahrscheinlichkeit schon heute verlieren müsste – und wer verliert schon gerne?

Deshalb möchte ich eine andere Wette anbieten: Ich wette, dass in zehn Jahren dreimal so viele Vorstände in DAX-Unternehmen eine IT-Position in ihrem Lebenslauf haben als heute. Anders formuliert: Wer schon einmal in einer IT-Abteilung gearbeitet hat, schafft es 2023 mit einer dreimal höheren Wahrscheinlichkeit in den Vorstand als heute – unabhängig davon, welche Rolle er dort einnimmt. Es ist eine Wette, die auf meiner tiefen Überzeugung aufbaut, dass die IT ein zentraler Erfolgsfaktor im Unternehmen ist und sich dieser Umstand im Idealfall durchgängig im Top-Management und in der Führungskräfteentwicklung widerspiegelt.

Die IT ist aus nahezu keiner Branche mehr wegzudenken. Sie stellt nicht nur einen erfolgskritischen Faktor da, wie das Beispiel der Finanzdienstleistungsbranche zeigt. Keine Bank und keine Versicherung wären heute in der Lage, einen Ausfall der IT-Systeme selbst über einen kürzeren Zeitraum wirtschaftlich durchzustehen. In modernen, unternehmensübergreifenden Produktionsketten in der Automobil- und Fertigungsindustrie bräche ohne IT ebenfalls das blanke Chaos aus. Bereits diese beiden einfachen Beispiele sollten die Bedeutung und Reichweite der IT in die Business- und Geschäftsprozesse hinein unterstreichen. Der Einfluss der IT auf die Wettbewerbsfähigkeit von Unternehmen geht jedoch noch um einiges weiter.

Der Fortschritt in der Informationstechnologie kann eine Situation auslösen, die John Diebold vor gut 50 Jahren bereits dahingehend skizzierte, dass nicht nur einzelne Firmen, sondern komplette Industriezweige und Branchen durch den technologischen Fortschritt binnen kürzester Zeit ausradiert werden können. Bereits zu Beginn des vorherigen Jahrhunderts argumentierte der weltbekannte Ökonom Joseph Schumpeter aus theoretischer Sicht ähnlich, als er von „schöpferischer Zerstörung" sprach. IT ist in diesem Sinne der Treiber und der Katalysator, aus Bestehendem „prinzipiell neue Kombinationen" zu schaffen, wie Schumpeter sein Verständnis von wirtschaftlicher Veränderung umschrieben hat. Auch hier reicht ein kurzer Blick in die Wirtschaftspresse, um zu sehen, dass dies keine Zukunftsprognose ist, sondern uns hier die – vor einigen Jahren prognostizierte – Zukunft bereits eingeholt hat.

Das Unternehmen Amazon ist in zweifacher Hinsicht ein gutes Beispiel. Durch das radikale Überdenken der Vertriebskanäle definierte es die Spielregeln der Branche mehr oder weniger komplett neu und trug entscheidend dazu bei, dass der traditionelle Buchhandel wankt. Der Niedergang einstiger Branchengrößen wie Barnes & Noble darf als Indikator dafür gelten, mit welcher Radikalität neue, IT-getriebene Geschäftsmodelle bisherige Strukturen auf den Kopf stellen können. Es geht dabei nicht nur um das Überdenken der Vertriebslogistik und der Vertriebskanäle. Über die Einführung des Kindle und damit die Etablierung des digitalen Buches im Massenmarkt geht Amazon noch einen Schritt weiter und stellt die komplette Wertschöpfungsarchitektur respektive das Eco-System von Autoren, Verlagen, Druckereien und Buchhändlern infrage beziehungsweise kombiniert es neu. Die Schlagzeile „Immer mehr Bücher erscheinen an den Verlagen vorbei" in der FAZ vom 13. Juli 2012 spricht insofern Bände.

Warum diese Beispiele? Sieht man als Grundaufgabe des Top-Managements – und damit insbesondere des Vorstands – die Sicherung und den langfristigen Ausbau der Wettbewerbsfähigkeit eines Unternehmens, sollte das Wissen über die Wettbewerbswirkung von IT zum Skill-Set eines jeden Top-Managers gehören. Es reicht aus dieser Sichtweise eben nicht, einen CIO im Vorstand zu haben, „der sich um die ganzen IT-Dinge kümmert". Das entsprechende Know-how sollte künftig integraler Bestandteil im Handwerkskoffer von Top-Managern sein.

Mehr Vorstände mit IT-Hintergrund als CIOs

Fragt man sich, wie viele aktuelle DAX-Vorstände auf IT-Know-how zurückgreifen können, und wählt als Indikator hierfür eine IT-Tätigkeit im bisherigen Lebenslauf, fördert die entsprechende Analyse eine gute und eine schlechte Nachricht zutage. Die gute Nachricht vorab: Wir haben heute schon deutlich mehr DAX-Vorstände mit IT-Funktion im Lebenslauf als CIOs in DAX-Vorständen. Die weniger gute Nachricht: Auch diese Karrierepfade sind noch die Ausnahme. Die Pflicht und der Wunsch, „im IT-Maschinenraum" gewesen zu sein, wie dies für die Produktion in der (Automobil-)Industrie oder für den Vertrieb in der Konsumgüterindustrie gilt, ist noch nicht gegeben. Im Gegenteil – und etwas überspitzt formuliert: Wer sich freiwillig in Konzernen auf die IT-Schiene begibt, kommt im Zweifel aus dieser Ecke nicht mehr heraus. Ein Personalverantwortlicher eines Konzerns sprach einmal sehr desillusioniert von „der internen IT als Karriere-Sackgasse für ambitionierte Nachwuchsführungskräfte".

Warum sollte sich das nun in den kommenden Jahren ändern? Die Antwort ist ganz einfach: Weil Sie als CIOs von heute die Möglichkeit haben, aktiv zu dieser Entwicklung beizutragen – im Gegensatz zur faktischen Unmöglichkeit, selbst eine Position im Vorstand zu etablieren. Oder wie ein britischer Physiker einst postulierte: „Man kann die Zukunft nur dann vorhersehen, wenn man sie selbst erfindet." Die Durchdringung der künftigen Vorstandslandschaft mit IT-affinen Führungspersönlichkeiten wird nicht von heute auf morgen passieren. Vier Leitlinien können jedoch helfen, zielgerichtet voranzugehen.

Vier Leitlinien für mehr IT-Kenntnis im Vorstand

Bereits vor gut 20 Jahren wurde erstmals der „War for Talents" thematisiert, bei dem es damals primär um die Frage ging, wie man die Top-Talente unter den Berufseinsteigern für das eigene Unternehmen gewinnt. Heute kann man bereits von einem „War for Talents 2.0" sprechen, bei dem qualifizierte und motivierte Arbeitskräfte quer durch alle Altersstrukturen zum knappen Gut geworden sind. Talententwicklung ist daher zwangsläufig eine der wichtigsten Führungsaufgaben eines CIO. Dies an die HR-Kollegen zu delegieren reicht nicht aus. Der CIO muss sich als oberster Talententwickler verstehen. Modernste Technologien allein machen nicht die Schlagkraft einer „High-Performance-IT" aus. Es sind die Menschen, die diese Technologien einführen, anpassen und betreiben, die dafür sorgen, dass ein Unternehmen im Wettbewerb die Nase weiter vorne hat.

Wenn in diesem Beitrag primär auf den Führungsnachwuchs fokussiert wird, soll dies nicht bedeuten, dass die Fachkarriere ein Modell zweiter Klasse ist und IT-Spezialisten weniger wert sind. Ganz im Gegenteil, es sind IT-Spezialisten, die das Fundament der internen IT ausmachen. Nur mit Führungskräften allein lässt sich kein Unternehmen erfolgreich betreiben. Mit Blick auf den demografischen Wandel und den sich abzeichnenden dramatischen Fachkräftemangel bedarf es künftig in deutlich verstärktem Maße der Schaffung neuer Entwicklungsmodelle auch für Fachkarrieren. Gerade in Zeiten knapper Talent-Pools mag sich nun die nachfolgende, zweite Empfehlung geradezu paradox anhören.

Warum sollte denn ein CIO – wenn es ihm selbst stets an guten Führungskräften mangelt – die besten Kandidaten „quasi wegloben"? Die Antwort ist relativ einfach: Weil die Erfahrung zeigt, dass die besten Leute mittelfristig ohnehin gehen werden. Sie werden gehen, weil die Positionen, die sie für interessant erachten, vielleicht bereits besetzt sind oder es diese (noch) gar nicht gibt. Sie werden gehen, weil sie attraktivere Angebote aus anderen Konzernen bekommen. Sie werden gehen, weil sie in der Regel einfach „noch mehr" sehen wollen, sei dies nun in Bezug auf internationale Erfahrung oder auf neue fachliche Erlebniswelten. Top-Talente haben keine Angst, den Schritt in ein unsicheres neues Feld zu machen.

Goethe wird ein Zitat zugeschrieben, das auch CIOs helfen kann, mit ihren „Kindern" – sprich jungen Talenten – umzugehen. Er sagte einst: „Zwei Dinge sollten Kinder von ihren Eltern bekommen: Wurzeln und Flügel. Wurzeln, damit sie wissen, wo sie herkommen, und die Flügel, um in ihre eigene Zukunft zu entfliegen." Öffnen Sie also für die „jungen Hüpfer" das Tor des Käfigs. Sofern Sie als CIO Ihren Kindern gute IT-Wurzeln mitgegeben haben, wird sich mit jedem Nachwuchs, den Sie aus dem Nest in das Business schubsen, Ihr Netzwerk vergrößern, oder anders formuliert: Sie werden auf einmal viele IT-Alumni in den verschiedenen Business Units sitzen haben, die als Botschafter und Netzwerkknoten für die IT fungieren.

Wenn Sie der oben vorgestellten Leitlinie folgen, müssen Sie doppelt hart arbeiten, um Ihren Talent-Pool voll zu halten – allerdings eine Anstrengung, die es wert ist. Nicht nur bei Fußballvereinen hat sich mittlerweile gezeigt, wie wichtig es ist, möglichst früh durch Scouting nach Top-Talenten Ausschau zu halten. Je eher man Top-Talente erkennt, desto früher kann man beginnen, deren Potenzial gezielt zu entwickeln. Sicherlich braucht ein CIO Mut und Vertrauen, junge Mitarbeiter bereits in einer frühen Phase mit herausfordernden Projekten zu betrauen – gerade dann, wenn es viele „dienstältere“ gibt, die das sicherlich genauso gut könnten. In solchen Situationen ist ein gutes Mentoring vonnöten – vielleicht gerade durch solche „dienstälteren“ Mitarbeiter –, um die jungen Talente nicht nur zu fordern, sondern auch zu fördern.

Jüngste Studien zeigen, dass die Kombination von jungen Nachwuchsführungskräften und erfahrenen Spezialisten in Projekten eine fruchtbare Erfahrung für beide Seiten sein kann. Neben entsprechenden früheren Erfahrungen „on the job“ sollte den jungen Talenten zudem die Möglichkeit gegeben werden, das notwendige theoretische Handwerkszeug zu erlernen. Die so oft gescholtene Bologna-Reform hat hier Möglichkeiten zu berufsbegleitender Weiterbildung geschaffen, die vor einigen Jahren undenkbar gewesen wären.

CIO-Stiftung fördert junge Talente mit MBA-Stipendien

In eigener Sache sei hier auf den CIO Young Talent Award der CIO Stiftung hingewiesen. Die CIO Stiftung stellt für Top-Talente aus der internen IT Stipendien bereit, mit denen diese im Rahmen eines berufsbegleitenden MBA-Studiums an der WHU – Otto Beisheim School of Management insbesondere General-Management und Leadership-Skills entwickeln. Der enge Kontakt zu jungen Talenten aus anderen Ländern, Branchen und Unternehmensfunktionen ist ein positiver Nebeneffekt, der für eine breit orientierte Ausbildung nicht hoch genug bewertet werden kann.

Schließlich als letzte Empfehlung: „Tue Gutes und rede darüber“. Haben Sie den Mut, hinter außergewöhnliche Leistungen „ein öffentliches Ausrufezeichen zu setzen“, wie dies ein erfolgreicher CIO einmal formuliert hat. Feiern Sie Erfolge und belohnen Sie besondere Leistungen Ihrer Mitarbeiter durch Lob und durch Aufmerksamkeit. Dies mag sich trivial anhören. Gerade Lob und Aufmerksamkeit sind wichtige Maßnahmen, die sich ohne große Sonderbudgets oder von externen Beratern erstellte „Motivationskonzepte“ umsetzen lassen, aber im Führungsalltag häufig viel zu wenig eingesetzt werden. Der besondere Charme liegt dabei gerade in einfachen und pragmatischen Lösungen.

In einem großen Konzern gelang es zum Beispiel dem CIO mit ein wenig Überzeugungsarbeit, zweimal pro Jahr ein Vorstandsmitglied für einen Mittags-Lunch mit Leistungsträgern aus der IT zu gewinnen. Der Kreis der Teilnehmer ist eine bunte Mischung aus allen Hierarchiestufen und Funktionsbereichen der IT. Dieser „Vorstandslunch“ hat für den CIO in doppelter Hinsicht einen positiven Effekt erzeugt. Zum einen erhält die IT für die Vorstände auf einmal „viele spannende Gesichter“. Zum anderen erfahren die Mitarbeiter wichtige direkte Aufmerksamkeit und Wertschätzung durch die oberste Unternehmensleitung.

Bemerkenswert ist die Tatsache, dass der CEO im Rahmen eines solchen Lunches auf ein junges Talent aus der IT aufmerksam wurde, das er kurz nachher als Vorstandsassistenten bei sich einstellte. Fünf Jahre später war dieses Talent durch sehr gute Leistung als Geschäftsführer einer der großen Landesgesellschaften des Unternehmens aufgestiegen. Auch wenn heute noch nicht gesagt werden kann, ob dieses junge Talent es in die oberste Vorstandsliga schafft, so hat besagter CIO über seine Talentförderung die Voraussetzungen dafür geschaffen. Wenn Sie dem Beispiel Ihres Kollegen folgen, habe ich gute Chancen, meine Wette zu gewinnen, und wir haben alle gemeinsam dafür gesorgt, dass die IT in stärkerem Maße Teil des Handwerkskoffers moderner Führungskräfte wird.

Ich freue mich auf Ihre Gegenwette!

Kontakt: kuratorium@ciostiftung.de

CIO- UND COO-JOBS VERSCHMELZEN

Dr. Edeltraud Leibrock, Vorstandsmitglied der KfW Bankengruppe (COO/CIO)

„Ich wette, dass die Informationstechnik im Jahr 2023 unsichtbar ist."

Damals, vor 40 Jahren, begann in der KfW das digitale Zeitalter: Eine Hausmitteilung am 20. Juni 1972 verkündete den Mitarbeiterinnen und Mitarbeitern, dass die Förderbank den Einstieg ins Informationszeitalter wage. Vier Jahre zuvor war eine hausinterne Studie zu dem Ergebnis gekommen, dass „die Anwendung der elektronischen Datenverarbeitung auf einigen Teilgebieten zweckmäßig" sei.

Die Revolution rollte im Schwertransporter an den Hauptsitz der KfW in Frankfurt. 1973 wurde der erste Großrechner installiert. Der machte seinem Namen alle Ehre: schrankgroß, schwer, laut, teuer und – zumindest aus heutiger Sicht – nicht besonders leistungsstark. Er diente als Datenbank für Kreditverträge und das Rechnungswesen. Parallel dazu entstand unter Leitung eines einzelnen EDV-Fachmanns das erste Rechenzentrum der Bank mit zwei Operatoren und drei Datentypistinnen.

Die IT war in den Anfangsjahren in erster Linie eines: Hardware – und der begegnete die Mehrheit der Bevölkerung zunächst mit Misstrauen. Die KfW-Mitarbeiter verhielten sich nicht anders. Es gab große Widerstände gegen die Einführung von EDV, und es war einige Überzeugungsarbeit zu leisten. Zunächst waren nur wenige wagemutige Pioniere bereit und interessiert, mit der neuen Technologie zu arbeiten.

Dass deren Siegeszug nicht aufzuhalten war und sich rasanter vollziehen würde als damals vorstellbar, wissen wir heute. Im Schnelldurchlauf: 1985 schaffte die KfW acht PCs auf rollbaren Arbeitstischen an zum Kaufpreis von rund 14 000 Mark je Gerät. Es gab Textverarbeitung, Tabellenkalkulation und Datenbankfunktionen. 1989 wurde aus den IT-Pionieren in der KfW ein eigenständiger Fachbereich. 1994 entstand das erste PC-Netzwerk in der Bank, seit 1997 ist jeder Arbeitsplatz ganz selbstverständlich mit entsprechender Technik ausgestattet.

Ohne IT keine Geschäftsprozesse

Heute werden ganze Geschäftsprozesse mit IT nicht nur unterstützt, sondern sind ohne sie gar nicht mehr denkbar. Änderungen im Produktportfolio oder im Prozessablauf führen unweigerlich zu einer Veränderung in den stark integrierten IT-Systemen. Diese Anpassungen müssen fast immer schnellstmöglich vorgenommen werden, um den Geschäftserfolg sicherzustellen.

Da jede Produkt- oder Prozessveränderung an die IT zur Umsetzung adressiert wird, laufen hier die Fäden zusammen. Die IT muss den Überblick über die komplexen Systeme und Zusammenhänge behalten. Eine ihrer Kernaufgaben ist es sicherzustellen, dass alle Räder ineinandergreifen – eine große Architekturaufgabe. Aber nicht nur das. Neben dem technischen Verständnis sind vor allem auch fachliches Wissen und Prozess-Know-how unabdingbar. Damit ist die IT nicht mehr nur in der Rolle des Technikers und Dienstleisters, sondern auch des Beraters und Steuerers.

Eine ganz neue Dynamik erleben wir zudem durch die Mitarbeiter im Unternehmen. Während vor 40 Jahren bei der Einführung von IT-Produkten Misstrauen aufkam, fordern unsere Mitarbeiter heute technische Neuerungen in ihrem beruflichen Umfeld geradezu ein. Sie leben in der digitalen Welt, und sie wollen sich auch in ihrem Arbeitsalltag in dieser Welt bewegen. Kaum ein Anwender, der privat nicht mit Internet, Tablet oder Smartphone ausgestattet ist. Die Bereitstellung dieser Technologien auch seitens des Arbeitgebers wird erwartet, denn sie ermöglichen den Mitarbeitern eine höhere Flexibilität und Mobilität und leisten damit einen Beitrag zur Work-Life-Balance. Der Einsatz moderner IT ist für Unternehmen deshalb im Wettbewerb um die besten Mitarbeiter schon heute von großem Vorteil. Ich gehe davon aus, dass sich dieser Trend in Zukunft noch verstärken wird.

Wie wird die Entwicklung in Zukunft weitergehen? Ich wette, dass IT und insbesondere Kommunikationstechnologie unser Leben und unseren Alltag zunehmend durchdringen werden – und das immer unauffälliger und selbstverständlicher, ja unsichtbar. Die Mensch-Maschine-Schnittstelle (das, was heute das mobile Endgerät ist) wird kleiner, integrierter und letztlich zum Teil des Menschen selbst – wie ein neues Sinnes- und Kommunikationsorgan. Dies ermöglicht es, sich immer und überall zu vernetzen und auf das globale Wissen „in der Cloud" zuzugreifen. Reale Welt und virtuelle Welt werden eins. Wir tragen die Verantwortung, dass dies nicht zu einem totalen „1984", zur ständigen Überwachung führt, sondern selbstbestimmt und im wahrsten Sinne des Wortes „bewusstseinserweiternd" eingesetzt wird.

IT muss flexibel, agil und schnell sein

Was bedeutet eine allgegenwärtige Technologie wiederum für die Unternehmens-IT und für den CIO? Auch hier geht es um das Abwägen und den richtigen Einsatz der Möglichkeiten. Die zentrale Aufgabe wird es sein, die Vielfalt der Neuerungen und Optionen frühzeitig zu bewerten, Konsequenzen für das Geschäft zu erkennen und Veränderungen anzustoßen. Nicht die inzwischen selbstverständlich gewordene Technologie steht im Mittelpunkt, sondern wie damit Geschäftsprozesse besser gestaltet werden können. Die IT wird entscheidend dazu beitragen, dass ein Unternehmen neue, bedarfsgerechte und innovative Produkte erfolgreich auf den Markt bringt. Dafür muss die IT flexibel, agil und schnell sein – ein entscheidender Wettbewerbsfaktor.

CIOs werden sich um neue Geschäftsmodelle, um die globale Wertschöpfungskette und die Gesamtheit der internen Abläufe kümmern. CIO- und COO-Aufgabe werden verschmelzen, mit einer starken geschäftsstrategischen Sicht. Und diese Entwicklung hat längst begonnen.

Ich freue mich auf Ihre Gegenwette!

Kontakt: presse@kfw.de

EIN CIO 20 JAHRE NACH MR. CARR

Jürgen Renfer, CIO der kommunalen Unfallversicherung Bayern, Bayerische Landesunfallkasse

„Ich wette, dass sich in zehn Jahren die CIOs auf gleicher Hierarchiestufe wie die CEOs und CFOs befinden."

Wir schreiben das Jahr 2023. Heute vor rund 20 Jahren war ich gerade in die heimliche IT-Hauptstadt München gezogen, um dort als IT-Leiter den nächsten Schritt auf der mitunter wackeligen IT-Karriereleiter zu wagen. Mit Laptop, ohne Lederhose – während die New-Economy-Blase lautstark geplatzt und Ausläufer der Dotcom-Krise noch spürbar waren.

Chief Information Officer also. Haben die das Technologie-T vergessen? Was unterscheidet mich als einfachen IT-Leiter von einem der neuen CIOs? Zwischenzeitlich hatte ein gewisser Herr Carr mit nettem Wortspiel und gewagten Thesen für Furore gesorgt: IT doesn't matter! Does IT matter? Ob IT-Leiter oder CIO, war kurzfristig völlig egal. Da kratzte einer heftig am Selbstverständnis der Branche, von deren Akteuren und damit auch von mir, die wir uns alle gerade freuten, den Sturz aus dem blauen IT-Wolkenhimmel in die harte Business-Realität halbwegs unbeschadet überlebt zu haben. Das geht gar nicht. Wir sind die IT. Und ohne die steht das Unternehmen still. Basta, Mr. Carr!

Wir schreiben immer noch das Jahr 2023. Vor rund 16 Jahren, also 2007, war die IT-Welt auch wieder einigermaßen geordnet. Man konnte sich mit allerlei Standards beschäftigen, ITIL gehörte zum guten Ton, und weiter Engagierte konnten mit CoBit, Togaf & Co. tief in die Methodologie einsteigen. Es gab Kurse über und Abschlüsse im IT-Management, was wiederum Lehraufträge generierte, in deren Genuss Interessierte der Zunft kamen – mich eingeschlossen. Es gab Debatten, ob man CIO studieren könne oder eher dafür geboren sein müsse.

Die Sache mit dem vergessenen Technologie-T

So langsam reifte die Erkenntnis, was dem Technologie-T zugestoßen war: Die hatten es gar nicht vergessen. Die hatten es schlichtweg nicht mehr erwähnt, weil es in seiner Allgegenwart zur selbstverständlichen Pflichtübung geworden war. Heureka, es geht um die Ware, nicht ums Werkzeug. Wer das verstand, hatte das Zeug zum CIO, ließ die Technik mittels Sourcing-Strategien und Vendor-Management richten, kümmerte sich fortan um die Informationen und die entsprechenden Prozesse im Unternehmen und hatte damit entscheidenden Einfluss im Unternehmen gewonnen.

Nein, besser zurückgewonnen. In der Lage waren die frühen EDV-Leiter in den 80er- und 90er-Jahren schon einmal gewesen, als sie mit der elektronischen Datenverarbeitung die Technik in die Unternehmen brachten und damit den Chefetagen die ersten Automatisierungswellen ermöglichten. Damals ging es noch um Technologie. Damals eben. Die Anwender hatten vor ziemlich genau elf Jahren, nämlich 2012, scheinbar ein ähnliches Empfinden entwickelt. Sie interessierten sich ebenfalls nicht mehr für Technologie, sondern für die Informationen. Customerisation und BYOT waren die Folgen: Wir sind die Anwender. Es geht um unsere Informationen. Und wir nutzen dafür die Werkzeuge, die uns gefallen.

Spätestens damit waren alle Beteiligten im Informations- und Wissenszeitalter angekommen. Galt es jetzt, den vormals mühsam geordneten Soft- und Hardware-Zoo zu schützen? Ich erinnere mich gerne an einige etablierte Kollegen, denen das noch eine ganze Zeit lang gut gelang, bis sie kurz vor Anwenderaufständen aufgaben, um freiwillig einzuschwenken oder gezwungenermaßen leise „Servus“ zu sagen – auf der mitunter wackeligen CIO-Karriereleiter.

Die nächsten Jahre waren von zwei Fragen überschattet. Wie definiert sich der CIO? Chief Information Officer, Chief Innovation Officer, Chief Integration Officer, Corporate Intelligence Officer, Cloud Improvement Officer, ... Irgendwo tauchte damals sogar Chief iPad Officer auf. Wie wir heute wissen, endete diese Debatte letztlich sinn- und ergebnisoffen.

Viel entscheidendere Bedeutung erlangte die Antwort auf die zweite Frage: Kann sich der CIO im Unternehmensumfeld dauerhaft und über das verlorene Technologie-T hinaus etablieren? Der Nimbus des Beherrschens moderner Technologien wurde damals einigen Branchenkollegen zum Verhängnis. Nicht nur sie selbst mussten sich vom Technologie-T lossagen. Manche hatten übersehen, dass das Technologie-T noch immer durch die Unternehmen vagabundierte und dort mit ihnen in Verbindung gebracht wurde. Sie wurden auf Technologie reduziert, während andere Unternehmensbereiche den Claim des Informations-Managements besetzten.

Die Cloud der selbst ernannten CIOs

Natürlich musste das zum Chaos der vormals mühsam geordneten Abläufe führen. Und für das Chaos waren die Schuldigen auch bald ausgemacht: Natürlich hätten sich die IT-Verantwortlichen rechtzeitig kümmern müssen. Wie, sie wurden vorher herausgedrängt? Hätten sie sich eben nicht herausdrängen lassen ... So wiederholte sich die Geschichte. Mit der Verteilung der Rechen- und Speicherkapazitäten auf die Arbeitsplätze entwickelte sich in der 90er-Jahren ein ähnliches Szenario, wie fortan mit der sogenannten Cloud. Eine Wolke eben. Rosarot in der Theorie, konnte sie sich, durch selbst ernannte Informations-Manager unbedacht in den Unternehmensalltag implementiert, ganz schnell rabenschwarz färben.

Viele Unternehmen erkannten dies dann bei der Frage, wer denn bitteschön ihrer rosarot verteilten Datenwelt wieder zu integrierten Abläufen verhelfen könne – von manchen schmerzlichen Vendor-Lock-Ins bis hin zu einigen Data-Highjacking-Erfahrungen ganz abgesehen. Viele clevere CIOs warteten damals den passenden Zeitpunkt ab, bis die unternehmensinternen Schmerzen groß genug wurden und die selbst ernannten Cloud-Jünger sich leise in ihre angestammten Gebiete zurückzogen. Da saßen nun die Unternehmensleitungen vor dem Informationsverhau, den weißen Ritter herbeisehnend, um das angerichtete Chaos zu beseitigen. Die Wartezeit hatten diese CIOs nicht damit vergeudet, den Niedergang der Zunft zu beklagen. Sie hatten sich vielmehr an althergebrachte Management-Basics erinnert und in der düsteren Zeit ihre Werkzeugkiste variabel ausgestattet, als Information Fabric sozusagen, in der die nützlichen Aspekte des Cloud-Hypes professionellen Nutzen entfalteten.

Der Wurm muss dem Fisch schmecken, nicht dem Angler

Gleichzeitig hatten sie die Forderungen der Anwender analysiert und ihre Fabrics nach dem schlichten Motto optimiert: Entscheidend ist, was hinten rauskommt. Der Wurm muss dem Fisch schmecken, nicht dem Angler. Das Ergebnis muss anwenderfreundlich sein, darf nicht bevormunden, und ein neuer Anwenderbedarf wird zügig bedient – soweit er dem Unternehmen Nutzen bringt. Time to market zählt in der schnelllebigen globalisierten Welt. Dafür konnten viele Cloud-Errungenschaften selektiv in die Fabrics adaptiert werden. Allerdings nicht unter Anbieterhoheit, sondern unter Hoheit der Unternehmen, deren Kapital zunehmend aus Informationen und Wissen bestand. Für die reifende Erkenntnis, dass man seine Informationshoheit nicht aus der Hand gibt, hatten viele solcher cleveren CIOs gesorgt. Und sich damit endgültig einen dauerhaften Platz im ersehnten C-Level neben all den anderen CxOs geschaffen.

Wir schreiben immer noch das Jahr 2023. An einem schönen Sommertag auf dem Weg zum Büro lasse ich die Ergebnisse der Entwicklungen der vergangenen zehn Jahre Revue passieren. Der CIO 2.0 hat das Jahr 2023 nach einigen Höhen und Tiefen gesund erreicht und ist als Informations-Manager in der obersten Unternehmenshierarchie ebenso zweifelsfrei etabliert, wie es seine CEO- und CFO-Kollegen schon viele Jahre zuvor waren. Sein Berufsbild und die Unternehmensfunktionen des Informations-Managements sind heute widerspruchsfrei gefestigt. Totgesagte leben länger. Und Herr Carr? Hätte er damals das mit dem Technologie-T verstanden, könnte er heute als großer Vordenker gelten. So hat er seine Chance zugunsten eines netten, aber kurzweiligen Wortspiels vertan: Technology doesn't matter. Nicht mehr und nicht weniger.

Zurück in der Jetztzeit. Schon zu Carrs Zeiten hieß es völlig richtig Chief INFORMATION Officer. Die Erklärung für das große „I" und das fehlende „T" ist ja schließlich ganz einfach: Was allein zählt, ist die Information, die Technologie muss letztlich nur irgendwo im Hinter- oder Untergrund problemlos funktionieren. Und weil Information heutzutage und in Zukunft so immens wichtig ist, steht für mich fest: 2023 werden die CIOs in ihrer Bedeutung zu den CEOs und CFOs aufgeschlossen haben und sich auf gleicher Hierarchiestufe mit ihnen befinden.

Ich freue mich auf Ihre Gegenwette!

Kontakt: http://premium.cio.de/cio-netzwerk/profil/juergen-renfer

DIE DREI ROLLEN DES CIO 2023

Frank Riemensperger, Vorsitzender der Geschäftsführung von Accenture

„Ich wette, dass es in zehn Jahren eine Zweiklassengesellschaft unter den CIOs geben wird: den hochstrategischen Innovativ-Manager und den reglementierten IT-Verwalter."

Bei einem Teil der Unternehmen wird der Chief Information Officer weiterhin die Rolle eines reinen IT-Verwalters einnehmen. Und nur ein Teil wird es schaffen, den CIO ohne Wenn und Aber als strategischen Kopf zu positionieren. Entscheidend und differenzierend ist, dass die besten Unternehmen eine „digitale Vision" entwickeln: das digitale Unternehmen mit digitaler Kundenbindung, digitaler Lieferkette und digitaler Business Intelligence, basierend auf kohärenten Daten und ausgestattet mit einer ausgefeilten Analytik.

Die digitale Vision ist elementarer Bestandteil der Gesamtstrategie des Unternehmens. Damit trägt sie messbar zum Unternehmenserfolg bei. Denn die digitale Organisation ist im Wettbewerb schneller und präziser. Aber nur wenn die Unternehmensstrategie und die Organisation entsprechend ausgerichtet sind, kann auch der CIO sein volles Potenzial ausschöpfen und so zum „CIO der Königsklasse" aufsteigen. Ein Vorbild in dieser Hinsicht stellt der amerikanische Konsumgüter-Konzern Procter & Gamble dar.

Wie genau müssen ein CIO und seine Rolle „gestrickt" sein, wenn er in der Champions League spielen will? Bevor es in die Details geht, an dieser Stelle zunächst nur so viel: Der CIO der Königsklasse muss ein „digitaler Alleskönner" sein, der Mehrwert in vier Dimensionen schafft:

- Als Chief Infrastructure Officer: Indem er kostenoptimierte IT-Technologien für den Geschäftsbetrieb bereitstellt, übt er direkten Einfluss auf den Nettogewinn aus.
- Als Chief Integration Officer: Durch IT-gestützte Produktivitätssteigerungen im Unternehmen und über die Unternehmensgrenzen hinweg hat er ebenfalls Einfluss auf den Jahresüberschuss.
- Als Chief Intelligence Officer: Durch volle Transparenz und ausgefeilte Analytik für schnelle Entscheidungen im Unternehmen nimmt er Einfluss auf Umsatzwachstum und Ergebnis.
- Als Chief Innovation Officer: Indem er den Einsatz neuer, innovativer Technologien in neuen oder erweiterten Geschäftsmodellen vorantreibt, zum Beispiel im Bereich der Online-

Vertriebswerkzeuge und der Nutzung von Social Media, kann der CIO als „Umsatztreiber" fungieren.

Der grundlegende Wandel vom „Chief Infrastructure Officer" zum „Chief Integration / Intelligence / Innovation Officer" ist indes noch längst nicht vollzogen, wenn der CIO einfach nur eine nominelle Aufwertung erfährt und erweiterte Kompetenzen erhält. Der Teufel steckt vielmehr in der Organisation: Im Zeitalter des HyperWettbewerbs sind nicht automatisch diejenigen Unternehmen im Vorteil, die die neueste und teuerste Informationstechnologie einsetzen. Entscheidend ist tatsächlich, wie agil und flexibel Unternehmen in hochgradig volatilen Märkten agieren können. Kohärente Daten und eine ausgefeilte Analytik sind dabei genauso unabdingbare Voraussetzung für schnellere und bessere Entscheidungen wie schnelle Hardware.

Der Wandel ist nur möglich, wenn die IT im Unternehmen einen entsprechenden Stellenwert genießt. Denn die IT und die CIO-Organisation sind Spiegelbild der Unternehmensorganisation als Ganzes. Unternehmen, die sich eine digitale Vision auf die Fahnen schreiben wollen, müssen ihren CIO so positionieren, dass er federführend eben diese Vision entwickeln und auch implementieren kann. Unternehmen, die bereits über eine digitale Vision verfügen, positionieren den CIO erfolgreich als strategisch wendigen Kopf, der die Digitalisierung des Unternehmens entlang der Unternehmensstrategie vorantreibt. Und zwar nicht nur in der Zentrale, sondern weltumspannend, gerade auch in den immer wichtigeren Auslandsmärkten, in denen das künftige Wachstum entsteht.

Um die digitale Vision erfolgreich umsetzen zu können, muss der CIO der Königsklasse ausgewiesene Führungsqualitäten aufweisen. Er muss sich auf der Top-Führungsebene durchsetzen können. Er muss aber auch viele Anhänger und Unterstützer im Unternehmen gewinnen können, die den mit der digitalen Vision verbundenen Wandel mittragen. Und er braucht dazu ein exzellentes Team im CIO-Office. Auf den Punkt gebracht: Der neue CIO entwickelt nicht nur die digitale Vision und managt sein Portfolio virtuos, er beweist auch Kommunikationsstärke und Exzellenz in der Teamführung wie im Change-Management – mit nachhaltigem, messbarem Erfolg.

Auf Abstand zur Technik gehen

Schon seit Jahren wird lebhaft über die künftige Rolle des CIOs diskutiert. Einhelliger Tenor: Der Chief Information Officer müsse weg von seinem bisher meist rein technischen Betätigungsfeld und sich viel stärker strategischen Aufgaben zuwenden. Unklar bleibt dabei meist, wie das strategische Gesicht des CIOs in seinen einzelnen Zügen aussehen soll. Ausgangspunkt all dieser Debatten ist das klassische Stellenprofil des Chief Infrastructure Officers. In der Regel setzt es sich aus folgenden Komponenten zusammen:

- Der CIO wirkt vor allem als Kostenoptimierer – dabei war „Virtualisierung" der Renner der vergangenen Jahre.
- Er verhandelt Verträge mit externen Dienstleistern – immer unter der Leitlinie, die Zahl der Provider auf eine überschaubare Zahl zu verringern.
- Er optimiert das Rechenzentrum.
- Er entwickelt IT-Shared-Services, wo möglich.

Unter dem Strich: Der CIO alter Prägung ist auf die IT beschränkt, hilft bei der Kostensenkung und wirkt vor allem nach innen.

Die dringend notwendige Rollenerweiterung des CIOs muss klar definiert werden. Konkret lassen sich die drei Dimensionen Integration, Intelligence und Innovation unterscheiden. Daraus resultieren drei – auf den ersten Blick – eigenständige CIO-Profile:

Der Chief Integration Officer

- macht Unternehmensintegration entlang der Geschäftsprozesse zur Standardaufgabe,
- verbindet Geschäftsprozesse, Anwendungen, Datenarchitekturen und neue Cloud-Konzepte miteinander,
- bindet Kunden und Lieferanten digital mit ein,
- versteht die globale Integration des Unternehmens,
- schafft die Voraussetzungen im Unternehmen dafür, schnell und effizient Akquisitionen auch über die IT zu integrieren.

Der Chief Intelligence Officer

- fokussiert auf den Nutzen der Unternehmensinformationen in der internen und externen IT,
- schafft kohärente Daten und Datenhaltung (Master-Data-Management),
- arbeitet intensiv an der Verbesserung der Datenqualität (un/strukturierte Daten),
- installiert Prognose- und Planungs-Tools, die über die heutigen Reporting-Tools hinausgehen und Basis für „agile" Entscheidungen im Unternehmen werden; der Megatrend sind dabei Predictive Analytics,
- sorgt für eine kohärente Informationssteuerung auf Basis durchgängiger Business-Intelligence-Lösungen.

Der Chief Innovation Officer

- versteht sich als direkter Mitverantwortlicher für Wachstum und Profitabilität,
- entwickelt und positioniert die Vision des digitalen Unternehmens,
- wirkt als Vordenker neuer Geschäftsmodelle auf Basis neuer Technologien – er verfügt über ein hervorragendes Verständnis der Unternehmensstrategie wie auch neuer Technologien,
- motiviert die Spitzenmanager, bei der Umsetzung ihrer Strategien stärker in neuen technologischen Dimensionen zu denken und zu handeln,
- beteiligt sich aktiv an der Transformation und (Produkt-)Innovation im Unternehmen.

Sicher, die drei Kategorien sind eher schematischer Natur, denn in der Realität gibt es keine scharfe Trennung zwischen diesen insgesamt vier CIO-Profilen. Vielmehr findet sich eine unterschiedliche Ausprägung der jeweiligen Aufgabenprofile in dem Aufgabengebiet eines jeden CIOs. Allerdings gelingt nicht jedem Chief Information Officer der Spagat zwischen Standardisierung und Shared Services einerseits und Innovation andererseits gleich gut. Zu unterschiedlich sind in jedem Unternehmen die Strukturen – und auf der obersten Führungsebene herrscht in den Konzernen kein einheitliches Verständnis von der möglichen Wertschöpfung durch IT.

Wer als CIO in der Champions League mitspielen will, muss sich aber über die gesamte Matrix in allen vier Bereichen virtuos bewegen – und obendrein weitere Herausforderungen meistern:

- die digitale Vision für das Unternehmen entwickeln und auf Vorstandsebene verankern,
- die Transformation wichtiger Unternehmensbereiche begleiten und digital untermauern,
- neue Technologien erkennen und früh nutzen,

- Architekturen, Standardisierung und Shared-Services-Prinzipien global verankern und über sämtliche Unternehmensbereiche durchsetzen,
- die Organisation der IT stringent am Business ausrichten,
- ein exzellentes IT-Team, intern und extern, für das Unternehmen aufbauen.

Der Status und die Funktion des CIO sind dabei immer das Spiegelbild der Organisation selbst. Dies heißt im Umkehrschluss: Das Unternehmen muss die Voraussetzungen für einen starken CIO schaffen. Ohne digitale Vision für das Unternehmen bleibt auch das beste Talent oft nur Sachverwalter der IT. Nur wenn eine digitale Vision und ein entsprechendes Positionsprofil existieren, wird das Unternehmen auch die dafür erforderliche CIO-Persönlichkeit gewinnen können. Damit nicht genug: Auch der beste CIO braucht auf der Fachseite Führungskräfte mit Interesse und Verständnis für die Möglichkeiten der IT.

Wie sind nun die Aussichten der Unternehmen in der real existierenden Geschäftswelt, einen CIO neuer Prägung zu installieren? Die deutsche Wirtschaft liefert kein einheitliches Bild, vielmehr muss differenziert werden. Branchen, in denen die IT zu den Kernkompetenzen gehört – zum Beispiel die Telekommunikation, Banken, Logistik und der Online-Einzelhandel, künftig auch Versicherungen –, werden diesen Schritt leichter vollziehen.

Dagegen lösen sich die meisten Branchen des produzierenden Gewerbes deutlich schwerer vom Konzept des CIOs als Commodity Manager. Dabei wird in diesen Branchen oft übersehen, dass die Kosten zwar dank IT gesenkt werden können, es aber aufgrund eines falschen Rollenprofils des CIOs an allen Ecken und Enden an Innovationen fehlt. Künftiges Wachstum in diesen Branchen kommt zunehmend aus kombinierten Produkt-plus-Service-Angeboten. Wer dies erkennt, hat deutlich größere Chancen, sich vom Wettbewerb abzuheben.

Die fünf Hebel erfolgreicher Unternehmen in Deutschland

Die Champions League der CIOs besteht aus Möglichmachern von profitablem Wachstum. Seit Jahren analysiert Accenture das Leistungsvermögen der 500 größten Unternehmen in Deutschland. Wer hat über einen Zeitraum von fünf Jahren nachhaltig profitables Wachstum erzielt – und warum? Die Top-500-Studie von 2011 hat fünf Hebel identifiziert:

- Erschließung der Schwellenländer als Märkte (nicht nur Brasilien, Russland, Indien und China, sondern auch Märkte wie etwa Mexiko, Indonesien oder Vietnam),
- Produkt- und Serviceinnovationen entlang der Megatrends (IT-Revolution, demografischer Wandel, Gesundheit, Energiewende oder Mobilität),
- gezielte Übernahmen,
- operative Exzellenz im Geschäftsbetrieb mit klarem Fokus auf die Kernkompetenzen,
- eingespieltes Führungsteam in der Breite und Tiefe.

Für viele deutsche Unternehmen gilt: Künftiges Wachstum wird nicht auf dem Heimatmarkt, sondern primär in Schwellenländern erzeugt. Aus verlängerten Werkbänken werden Käufermärkte, sagt eine weitere Accenture-Studie voraus. Viele Dax-Konzerne erwirtschaften schon jetzt über 70 Prozent ihres Gesamtumsatzes im Ausland. Um erfolgreich zu bleiben, müssen sie sich noch stärker auf lokale Kundenbedürfnisse einstellen – vor Ort produzieren, mehr noch: die Produkte auch vor Ort entwickeln.

Die Vision des digitalen Unternehmens ist hierbei Leitbild für den Aufbau neuer Landesgesellschaften, für die Einführung neuer Produkte und Services, für die Integration von zugekauften Unternehmen und für die Exzellenz im Kerngeschäft. Der CIO wird damit zum Möglichmacher der Globalisierungsagenda – mit folgenden Aufgabengebieten:

- Standardisierung, Konsolidierung und Virtualisierung der IT-Infrastruktur,
- globale Integration der Geschäftsprozesse in einer einheitlichen IT-Architektur und einheitlichen ERP-Systemen, zumal nach Übernahmen („Gemischtwarenladen"),
- kohärente Daten und Datenhaltung als Basis für eine unternehmensweite Business Intelligence und Analytik.

Und auch beim fünften Hebel „Eingespieltes Führungsteam" macht es einen entscheidenden Unterschied, ob der CIO als Koch im Führungsteam positioniert ist ob er als Kellner fungiert. Die ökonomische Globalisierung hat einen extrem scharfen Hyperwettbewerb herbeigeführt und zugleich die gegenseitigen Abhängigkeiten der Volkswirtschaften verstärkt. Die Wirtschaft des 21. Jahrhunderts ist folglich von Unwägbarkeiten und extremen Konjunkturausschlägen geprägt wie nie zuvor. Die Führung eines Unternehmens muss deshalb dafür sorgen, dass das Unternehmen noch agiler wird und äußerst schnell auf Chancen und Risiken reagieren kann. Die Absatz- und Produktionskapazitäten müssen dynamisch angepasst werden können, um gegebenenfalls große Nachfrageschwankungen auszugleichen. Die Organisation muss sich dabei durch ein hohes Maß an Flexibilität auszeichnen, sie muss – zumindest in gewissen Grenzen – atmen können.

Trotz oder gerade wegen der vielen Unwägbarkeiten müssen diese antizipiert werden, indem das Unternehmen permanent Szenarien der Geschäftsentwicklung entwirft und Aktionsprogramme dafür in seiner (virtuellen) Schublade bereithält. Die Kernfrage lautet dabei: Wie erhält das Unternehmen aus dem Sammelsurium an Daten unternehmenskritische Informationen?

Dazu ist als Grundvoraussetzung ein Höchstmaß an (Daten-)Transparenz im Unternehmen notwendig. Für den entsprechenden Durchblick sorgt eine ausgeklügelte Datenanalytik, die es zugleich ermöglicht, komplexe wirtschaftliche Szenarien durchzuspielen und damit auch neue Krisen vorausdenken zu können. Die Top-Unternehmen agieren dabei in globalen Teams mit weltweit aufgestellten Transformationspartnern, die die gesamte Wertschöpfungskette von der Strategie über die Umsetzung bis zur Auslagerung von Prozessen und Services verstehen.

Was passiert, wenn der Absatz um 30 Prozent einbricht?

Typische Fragestellungen sind dabei folgende: Was passiert, wenn der Absatz in den Märkten XYZ um bis zu 30 Prozent einbricht? Was passiert, wenn sich das Kaufverhalten um 25 Prozent von den klassischen Kanälen auf „E-Channels" verschiebt? Wie kann die Produktionskapazität innerhalb kürzester Zeit um 40 Prozent gesteigert werden? Und insbesondere das Thema „Customer Intelligence" wird immer wichtiger. Der Trend vom Massenmarkt zur individuellen Ansprache eines jeden Kunden ist unumkehrbar.

Seit einigen Jahren zeichnet sich vor allem ein Investitionstrend zu Predictive Analytics ab:

Mithilfe von Mustern, die über die Analyse erkannt werden, wollen Entscheidungsträger in Unternehmen komplexe wirtschaftliche Zusammenhänge vorhersagen können. Federführend sind dabei bislang vor allem Kapitalmärkte, Versicherungen (und Banken) sowie Rohstoffunternehmen. Und weil man eben nie sicher sein kann, wird in Szenarien gedacht.

Digital Business Intelligence und vor allem Predictive Analytics werden bald zum Handwerkszeug der deutschen Vorstände gehören. Derzeit nutzen allerdings nur zehn bis 20 Prozent der Unternehmen Predictive Analytics als Werkzeug – und auch nur einige der in der Top-500-Studie ermittelten Wachstumsweltmeister. Es besteht also großer Nachholbedarf gegenüber Konzernen anderer Länder, wo die Entwicklung schon viel weiter fortgeschritten ist. Die Tendenz ist immerhin deutlich steigend: 2014 sollen schon rund 30 Prozent der deutschen Unternehmen Predictive Analytics einsetzen, sagen Marktforscher voraus.

Über die Beherrschung der Datenarchitekturen, Datenqualität, Business Intelligence und Analytik kann der CIO also wettbewerbsentscheidende Voraussetzungen für den Erfolg des Unternehmens schaffen. Der CIO wirkt als Vorausschauer und Trenderkenner für die Unternehmensführung.

Von 34 Wachstumsgewinnern im Jahr 2012 lagen 21 schon im Vorjahr vorne

Die Top-500-Studie aus dem Jahr 2011 arbeitete fünf zentrale Hebel für profitables Wachstum heraus. Eine der Erkenntnisse der Studie 2012 besteht darin, dass von den diesjährigen 34 Wachstumsgewinnern nur 21 auch schon im Vorjahr ganz vorne waren. Was zeigt, dass nicht alle Unternehmen ihre Wachstumsdynamik bewahren können. Die Newcomer nutzen die Chancen der Megatrends oft effektiver als andere Unternehmen. Es gibt folglich keine Bestandsgarantie für den Erfolg – vielmehr wird es immer schwieriger, einmal ergatterte Marktpositionen zu behaupten.

Für Deutschland gilt: Innovation treibt das Wachstum der lokalen Unternehmen. Der CIO kann hier seine Rolle bei der Entwicklung neuer intelligenter Produkte, bei der Kombination von Produkten und Services sowie bei der Transformation von Geschäftsmodellen und der Schaffung neuer Business-Services stärken. Dafür braucht es ein exzellentes Verständnis der Unternehmensstrategie und der Möglichkeiten neuer Technologien. Beispiele sind:

- Das gezielte Überschreiten von Branchengrenzen, um durch das Kombinieren von Know-how über verschiedene Branchen neue Geschäftsmodelle zu entwickeln. So treten zum Beispiel Versicherungen und Automobilhersteller als gemeinsame Anbieter von „Pay-as-you-drive"-Versicherungen auf.
- Services um intelligente Produkte: Das Internet der Dinge dient als Basis für neue Geschäftsmodelle. Connected Car, Connected Home, Connected Health, Connected Energy sind nur einige der Trends.
- Offene Innovationsplattformen und Crowd Sourcing fungieren als neue Formen der inkrementellen Innovation.

Der CIO muss heute über 50 IT-Trends und digitale Technologien im Auge behalten und deren Wert für das eigene Unternehmen bemessen. Die Haupttrends Smart Devices, Mobile, Cloud,

Apps, Big Data, Social Media, Gaming, Analytics, Digital Consumer, „Everything-as-a-Service" verändern sowohl die IT-Infrastruktur als auch die Geschäftsmodelle rasant. Für größere Unternehmen spielen aus Sicht von Accenture sechs Trends eine zentrale Rolle:

- Platform-as-a-Service (PaaS): PaaS-Architekturen erhöhen die Agilität von Unternehmen durch eine rasant schnellere Bereitstellung neuer Funktionen.
- Konvergierende Datenarchitekturen: neue Big Data-Architekturen, um Informationen zwischen bestehenden Datenbanksystemen mit strukturierten Daten und unstrukturierten Daten, zum Beispiel in Social Media, sinnvoll miteinander zu verknüpfen.
- Industrialisierte Daten-Services: Implementierung von Mechanismen, die die „industrialisierte" Verteilung von Informationen und Daten an die richtigen Stellen erlaubt. Dazu müssen diese von den Geschäftsanwendungen entkoppelt werden. Ein Beispiel: die Siemens Translational Medicine. Die Idee bei diesem Projekt ist, alle Datenkomponenten der medizinischen Versorgung miteinander zu verbinden – von der Forschung bis zur Patientenbetreuung.
- Social-driven IT: gezielte Nutzung der Anwendungen sozialer Netzwerke (zum Beispiel von Like-Buttons) für alle möglichen Verkaufskanäle. Beispiel: das Social Seating bei der Airline KLM. Diese Anwendung soll bei Flügen Personen mit gleichen Interessen zusammenbringen, die sich bisher noch nicht kennen.
- Kontextbasierte Services: Die Realtime-Verknüpfung von Daten von Personen und Unternehmen aus Online- und Social-Media-Daten, Auswertung über Analytic und Aktion über Cloud-basierte Anwendungen. Beispiel: Reach.ly bietet Hotels Daten von Managern an, die via Twitter ihre nächste Flugreise ankündigen.
- Orchestrated Analytical Security: CIOs müssen Sicherheitskonzepte schaffen, bei denen der ungewollte Zugang oder Missbrauch von Unternehmensdaten und Informationen früher als bisher und zudem strukturiert erkannt wird. Die großen Kreditkartenorganisationen zeigen schon heute, wie dies gehen kann.

Ein Vorbild für das neue Champions-League-geeignete CIO-Rollenprofil ist Filippo Passerini, Chief Information Officer des amerikanischen Konsumgüterkonzerns Procter & Gamble. P&G hat vor einigen Jahren eine glasklare „digitale Vision" entwickelt, nämlich zur „most digitally enabled company in the world" aufzusteigen. Federführend ist dabei CIO Passerini, dessen Hauptziel darin besteht, dass die P&G-Produkte mithilfe der IT ihre Kunden schneller, besser und über neue Kanäle erreichen.

Das Musterbeispiel: Procter & Gamble

Mit einem Augenzwinkern löst Passerini das Akronym CIO in „Contextually Intelligent Officer" auf: Große Unternehmerpersönlichkeiten hätten ein ausgeprägtes Gespür für den sozialen, politischen, technologischen und demografischen Kontext, in dem sie ihr Geschäft betreiben. Analog dazu müsse auch der CIO noch stärker ein ganzheitliches Verständnis vom Business entwickeln. Nicht ohne Grund hat Passerini seine IT-Abteilung in „IDS" umbenannt. Das Kürzel steht für „Information, Decisions and Solutions". Damit will der P&G-Manager verdeutlichen, dass IT immer mehr zum Massengut wird und somit bei der Arbeit seiner Abteilung nicht Technologien, sondern Lösungen im Vordergrund stehen, die das Geschäft optimieren. Der CIO agiert damit direkt an der Schnittstelle zwischen geschäftlichen Anforderungen und technischen Möglichkeiten.

Dass sein Stab von höchster Relevanz für das Unternehmen ist, verdeutlicht Passerini nach innen wie nach außen, indem er Jahr für Jahr genauso grundlegende wie spektakuläre Neuerungen bei Procter & Gamble einführt. So hat P&G eine Analytik eingeführt, mit der sich Vorhersagen über das Business treffen lassen. Ein anderes Beispiel: Für neue Produktverpackungen werden keine realen Testversionen mehr hergestellt, vielmehr wird nur noch virtuell dargestellt, wie die neuen Produkte in den Verkaufsregalen aussehen. Bei jedem dieser Projekte, mit denen meist Millionenbeiträge zum Ergebnis geschaffen werden können, schafft es Passerini, die Unterstützung des gesamten Unternehmens und seiner Mitarbeiter zu gewinnen.

Fazit

Will ein Unternehmen seinen CIO vom reinen IT-Sachverwalter zu einem strategischen Kopf aufwerten, gilt als conditio sine qua non: Die Organisation muss über eine „digitale Vision" verfügen, die messbar zur höheren Wettbewerbsfähigkeit des Unternehmens beiträgt. Dabei agiert der CIO sowohl als Chief Infrastructure Officer als auch

- als Chief Integration Officer: Möglichmacher der Globalisierungsagenda,
- als Chief Intelligence Officer: Trenderkenner und Volatilitäts-Manager,
- als Chief Innovation Officer: Vordenker neuer Geschäftsmodelle.

Der CIO der Königsklasse kann als Person nicht in gleichem Maße auf allen Feldern aktiv sein. Gleichwohl muss er über die gesamte Matrix hinweg Zeichen setzen, zumal die Felder ineinandergreifen und vor allem ein starkes IT-Team in allen diesen Bereichen aufbauen.

Dies beinhaltet, dass die gesamte Unternehmensführung über ein tiefes Verständnis der Möglichkeiten der IT und neuer Technologien verfügt. Wenn es der CIO zudem schafft, auch beim Personal der nachfolgenden Hierarchieebenen ausreichend Unterstützung zu gewinnen, kann er die digitale Vision des Unternehmens ohne allzu große Hindernisse (weiter) entwickeln, in der Unternehmensstrategie verankern und in der Praxis umsetzen.

Wie eingangs gesagt: Ich bin überzeugt, dass es in zehn Jahren eine Zweiklassengesellschaft unter den CIOs geben wird – die einen passen ihre Unternehmen mit großer Flexibilität an die Unwägbarkeiten des globalen Wettbewerbs an, die anderen bleiben Sachwalter der IT-Infrastruktur. So wird es nur ein Teil der Unternehmen in Deutschland den nächsten zehn Jahren schaffen, den CIO der Königsklasse zu etablieren. Doch damit nicht genug: Meine Wette im kommenden Jahr wird als Kernthese beinhalten, dass in zehn bis 15 Jahren das klassische Projektgeschäft weitgehend passé ist und „Business-Services" die Unternehmenswelt beherrschen. Dies wird den traditionellen Chief Infrastructure Officer im Unternehmen weitgehend zum IT-Einkaufsmanager reduzieren. Grund genug für die CIOs alter Prägung, nicht zuletzt aus wohlverstandenem Eigeninteresse schnellstmöglich den Rollenwechsel einzuleiten.

Ich freue mich auf Ihre Gegenwette!

Kontakt: frank.riemensperger@accenture.com

PRODUCT OWNER VERDIENEN MEHR

Heiko Scharnberg, Bereichsleitung EDV,
Funk Gruppe GmbH

„Ich wette, dass sich 2023 ein Product Owner auf gleichem Vergütungsniveau befindet wie ein Key Account Manager adäquaten Levels."

Die Zeiten sind vorüber, in denen graue Eminenzen die Geschicke der EDV auf Technologie- und Anwenderseite lenkten, in denen sie – und nur sie – wussten und definierten, was geht und was nicht. Die Zeiten sind vorüber, in denen die grauen Eminenzen festlegten, was die Anwender benötigen und was nicht. Die Festlegungen selbst erfolgten übrigens anhand weitgehend unbekannter, intransparenter Kriterien. Und zwar nach Gutdünken und in Gutsherrenart, wie die Kritiker meinten.

Diese grauen Eminenzen suchten nicht das Rampenlicht. Die Wirkung ihrer Entscheidungsmacht reichte weit bis in die operativen Details hinein, aber sie artikulierte sich nicht auf großer Bühne. Sie entfaltete sich entweder am Gesprächstisch vis-à-vis mit der obersten Führungsriege oder ganz unmittelbar im Grad und in der Art der IT-Unterstützung für die Geschäftsprozesse. Diese Zeiten sind wirklich vorüber, denn die Forderung nach Transparenz in den Entscheidungs- und Umsetzungsprozessen hat sich schon lange durchgesetzt. Organisationsformen, die sich eine moderne Governance und ein besseres Business-IT-Alignment zum Ziel gesetzt haben, erfordern zwangsläufig eine in beide Richtungen durchlässige Kommunikationsschnittstelle. So wie die reine Technologie in immer höherem Maße zur „Commodity" reüssiert, wird ein immer stärkeres Verständnis des „Business" erforderlich, um über IT einen echten Mehrwert zu generieren, der sich nicht nur intern in der Senkung der Prozesskosten zeigt, sondern vor allem beim Endkunden erlebbar wird.

Andererseits ist Technologieverständnis kein Herrschaftswissen mehr, und das wird es zum Glück auch nie wieder werden, denn nun bevölkern Digital Natives den Arbeitsmarkt. Diese digitalen Eingeborenen, die mit E-Technologien wie Notebooks, Internet, Mobiltelefonen und MP3-Player aufwuchsen, sind längst keine Exoten mehr, sondern haben mittlerweile den Eintritt in die große Gruppe der Normalbefindlichkeit vollzogen. Mit den Digital Natives und wegen der digitalen Eingeborenen kann es doch für graue Eminenzen gar keinen Platz mehr geben, sollte man meinen!

Die Digital Natives sind natürlich nur ein Aspekt des allgegenwärtigen demografischen Wandels. Eine weitere, dominante Konsequenz aus der sich verändernden Altersstruktur unserer Gesellschaft ist der immer deutlicher hervortretende Fachkräftemangel. Derzeit erleben wir in dieser Hinsicht nur die ersten Vorboten dessen, was in zehn Jahren sein wird.

Manche Unternehmen spüren es bereits jetzt hautnah: Es wird immer schwieriger, offene Stellen qualifiziert zu besetzen. Die Anzahl der geeigneten Bewerber nimmt kontinuierlich ab. Das ist zumindest der vorherrschende Eindruck aus den vergangenen 48 Monaten. Die Konkurrenz unter den Arbeitgebern ist groß, und die kleineren Companies spüren dies als Erste. Natürlich wird es Unternehmen geben, die sich aufgrund ihrer exzellenten Reputation und ihrer Marktmacht gegen den Trend stellen können, aber die generelle Tendenz des markanten und zunehmenden Fachkräftemangels insbesondere im IT-Bereich lässt sich nicht leugnen.

Mittelfristig wird sich dieses Phänomen vehement verstärken. Dann spüren auch die renommierten Marken im Consumer- und IT-Markt die Mangelsituation. Die guten Spezialisten können exakt passend zu ihren persönlichen Top-Kriterien aus einer Vielzahl potenziell geeigneter Kandidaten in aller Ruhe den bevorzugten Arbeitgeber wählen: Standort, Tätigkeitsspektrum, Gehalt – die Entscheidungsparameter sind ja hinlänglich bekannt. Auch das untere Mittelmaß der Fachleute wird noch problemlos eine zufriedenstellende berufliche Heimat finden, Einsteigerpositionen mit Einsteigergehältern wird es nur noch im Consulting geben, die Zahl der freien IT-Berater wird entsprechend weiter zunehmen.

Wie lässt sich seitens der Unternehmen bereits jetzt, aber noch viel mehr in Zukunft erfolgversprechend auf diesen Trend reagieren? Es gibt wohl grundsätzlich nur drei seriöse Möglichkeiten einer adäquaten Entgegnung:

Vollständige strategische Ausrichtung auf Buy-Entscheidungen.

Diese Variante funktioniert lediglich für Unternehmen, die ihr Alleinstellungsmerkmal / USP (Unique Selling Proposition) nur zu einem geringen Anteil in der IT abgebildet haben und sich fachlich und prozessual im Standard bewegen.

Erheblich stärkeres Outsourcing in der Softwareentwicklung.

Bei diesem Modell gibt es zum einen die Ausprägung, lokal zu sourcen und Entwicklerkapazitäten auf dem freien Markt einzukaufen, sei es bei Freelancern oder bei Beratungshäusern. Die andere Konzeption geht eher in Richtung globales Sourcing, indem eigene oder fremde Entwicklerkapazitäten aus Ländern mit Programmierer-Überangebot genutzt werden.

Wenn Outsourcing keine Option ist und im lokalen (Unternehmens-)Bereich geeignete Anwendungsentwickler schwer zu finden und kaum verfügbar sind, müssen Know-how und Man Power „importiert" werden.

Dieses Modell kennen und leben wir ja bereits seit einiger Zeit – Stichwort: „IT Green Card".

Die beiden letztgenannten Varianten stellen besonders hohe Anforderungen an die Personen in Funktion eines Product Owners. Denn aufgrund der Sourcing-Situation wird es, anders als in der Vergangenheit, nahezu unmöglich sein, den wünschenswerten Optimalfall herzustellen, dass die Anwendungsentwickler ein sicheres, erfahrenes Verständnis der Fachdomäne besitzen. Es muss jedoch zwingend intern eine Humanressource geben, die die Softwareentwicklung fachlich steuert sowie Feature Requests priorisiert und vermutlich sogar in hohem Maße selbst erdenkt. Die wenigsten Unternehmen werden diese hochstrategische und sensible Rolle dauerhaft „nach draußen" vergeben wollen.

Und es muss eine Person geben, die die beiden unterschiedlichen Begriffs- und Denkwelten – Anwendungsentwicklung einerseits und Fachdomäne andererseits – gleichermaßen beherrscht. In internationalen, verteilten Teams sind hier die Anforderungen besonders hoch.

Gleiches gilt übrigens in abgewandelter Form auch für das Szenario, in dem vollständig auf Standardsoftware in den Kernprozessen gesetzt wird. Denn auch in diesem Fall wird es Applikationsverantwortliche geben, die die Nutzungsszenarien und die Roadmap ihrer Anwendung bestimmen.

Product Owner als Schlüsselfiguren

So werden die Product Owner zu Figuren mit Schlüsselfunktion. Sie müssen Ideen entwickeln, moderieren, kanalisieren, priorisieren und übersetzen können, um die fachlichen Anforderungen entstehen zu lassen und sie sinnvoll in die Entwicklung zu überführen und zu begleiten. Sie müssen die Software- und sicherheitstechnischen Argumente und Rahmenbedingungen verstehen und anwenden können. Sie müssen fach- und regional übergreifend Konsens herstellen können. Kurz gesagt: Es werden höchste Ansprüche an diese Rolle gelten.

Und der Lohn und die Anerkennung für die Mühen des Product Owners? Statussymbole im klassischen Sinne wird es nur wenige geben, der disziplinarisch geführte Head Count dürfte gering sein, und im üblichen Organigramm der Stabsstellen, Positionen und Funktionen wird die immense Bedeutung des „PO“ nicht sichtbar sein. Das verwaltete Budget allerdings – und die damit verbundene Möglichkeit, an der Gestaltung der Zukunft erheblich mitzuwirken – wird sich absolut auf Management-Niveau bewegen. Wenig Sichtbarkeit, viel Einfluss – das sind Insignien der grauen Eminenzen.

In zehn Jahren werden wir, unter anderem wegen des demografischen Wandels, in der Funktion des Product Owners eine Renaissance der grauen Eminenzen erleben. Die „POs“ werden wesentlich dazu beitragen, die IT im jeweiligen Unternehmen zu einer Erfolgsgeschichte zu machen – oder zu einer schlichten Kostenstelle. Manche Product Owner werden ihre Macht und Verantwortung annehmen und versuchen, sie zum Wohle des Unternehmens einzusetzen. Einige Repräsentanten dieser speziellen Klientel werden sich in ein rein betriebsorientiertes Verständnis ihrer Aufgabe zurückziehen. Die enorme Verantwortung, die hochstrategische Bedeutung sowie die Einzigartigkeit und Unverzichtbarkeit dieses Tätigkeitsspektrums bringen es mit sich: In zehn Jahren werden kompetente, versierte und erfolgreiche Product Owner ein Gehaltsniveau erreicht haben, das dem der Sales-Division entspricht. Ich wette, dass die 2023er-Gehaltsumfrage des CIO-Magazins zu folgendem Ergebnis kommt: Ein Product Owner wird prinzipiell im gleichen Gehaltskorridor vergütet wie ein Key Account Manager adäquaten Levels.

Denn eines ist klar: Von der Qualität der Product Owner wird künftig eine Menge abhängen, möglicherweise mehr, als wir uns heutzutage vorstellen können, denn ihrer Schnittstellenfunktion zwischen Fachbereich und IT wird eine ganz besondere Bedeutung zukommen. Die „POs“ werden viel stärker als bislang und viel intensiver, als wir es heute vermuten, sowohl den Fachbereich als auch die externen, möglicherweise sogar fremdsprachlichen Entwickler steuern. So wie die eigene IT sich zunehmend zum Wettbewerbsfaktor entwickelt, so entwickelt sich im Gleichschritt die Bedeutung der Product Owner für die jeweiligen Systeme. Und schließlich:

Spannend wird es sein mitzuerleben, ob es dieser IT-fokussierten Reinkarnation von „Graue-Eminenz-Mentalität“ gelingt, ihre substanziellen Schwächen wie Intransparenz und Willkürlichkeit weitgehend abzustreifen und stattdessen ihre immanenten Stärken vehement zu leben: Zielorientierung, Betonung des Wesentlichen, Sorgfaltspflicht.

Ich freue mich auf Ihre Gegenwette!

Kontakt: h.scharnberg@funk-gruppe.de

MEDIZIN: IT KOMMT AN DEN KÖRPER

Helmut Schlegel, Vorstand des Bundesverbandes der Deutschen Krankenhaus IT-Leiterinnen/Leiter e.V., Leiter IT Verbund Klinikum Nürnberg

„Ich wette, dass in zehn Jahren jeder zwanzigste Bürger über Sechzig einen medizinischen Datenkommunikator am Körper tragen wird."

Der Kostendruck im deutschen Gesundheitswesen verlangt von den Akteuren jegliche erfolgversprechenden Ansätze von Einsparmöglichkeiten. Ein seit Jahren von Kostenträgern des Gesundheitssystems verfolgter Ansatz ist die Stärkung der Prävention. Es ist wissenschaftlich erwiesen, dass eine effektive Früherkennung und Vermeidung von Krankheitsbildern kostengünstiger ist als deren aufwendige nachträgliche Therapie.

Diese Rechnung geht unter volkswirtschaftlicher Betrachtung auf, weil dadurch kostenrelevante Auswirkungen auf die Arbeitsmarktverfügbarkeit und Belastung der weiteren Sozialsysteme reduziert werden. In den vergangenen Jahren wurde dazu eine Vielzahl von Forschungs- und Entwicklungsprojekten aufgelegt. Nahezu alle dieser Initiativen haben positive und auch für den Praxiseinsatz erfolgsträchtige Ergebnisse produziert. Innovative Schwerpunkte in diesem Zusammenhang waren:

- Anwendungen der Telemedizin, zum Beispiel Übertragung von Herzfrequenzdaten an relevante Verarbeitungs- und Analyseinstanzen
- Minimalisierung der Sensor- und Medizintechnik, etwa Sensoren im EKG-Shirt
- Personalisierte Medizin im Sinne von auf den Menschen/Patienten individuell abgestimmten Werten
- Patientenorientierte Interoperabilität der Sektoren des Gesundheitssystems (Modelle der integrierten Versorgung, Disease-Management-Programme und weiteres)

Die integrative Verknüpfung dieser Ansätze und Innovationen unter dem Paradigma der Prävention weist unter einigen weiteren auf einen erfolgversprechenden Lösungsansatz hin, den man unter dem Begriff „Patienten-Monitoring" zusammenfassen kann. Einfach ausgedrückt meint diese Bezeichnung eine Ausweitung des auf den Intensivstationen in den Kliniken eingesetzten Patientendaten-Monitorings über PDM-Systeme, wobei hier allerdings die Zielsetzung anders gelagert ist.

Zur Umsetzung dieser spürbaren Erhöhung der Qualität der Gesundheitsversorgung über präventive Früherkennungsmethoden müssen diese Erfahrungen „industriell" umgesetzt (Produkt- und Serviceentwicklung) und über „Distributionskanäle“ (Arztpraxen und Krankenhäuser) an den Mann/die Frau (Patienten) gebracht werden. Als gesetzte Zielsetzung werden in zehn Jahren fast alle älteren und zusätzlich die chronisch gefährdeten Bürger in hoch entwickelten Industrienationen respektive wohlhabenden Ländern einen multifunktonalen medizinischen Daten-Recorder in der Größe einer Armbanduhr am Körper tragen.

Über Sensoren werden Vitalwerte des Trägers aufgezeichnet (Puls, Herzrhythmus, Temperatur, Blutzucker, Blutdruck und weiteres) und im Verbund mit dessen personalisierten Grenzwerten einem permanenten Monitoring zugeführt. Die personalisierte beziehungsweise individualisierte Medizin versucht, spezifische Faktoren zu identifizieren, mit denen sich Erkrankungswahrscheinlichkeiten und Wirkungen von Behandlungsverfahren besser vorhersagen lassen. Eine Überschreitung von festgelegten Limits oder eine Annäherung an kritische Werte wird dem Träger in Form von eindeutigen Signalen mitgeteilt. Überschreitungen über längere Zeit werden via UMTS oder künftig mittels dann aktueller, alternativer Übertragungstechniken an medizinische Servicezentren übermittelt. Diese Zentralen können rund um die Uhr über Alarmierungsfunktionen medizinische Notdienstfunktionen zu der enthaltenen GPS-Verortung des Trägers starten.

Medizinische 24/7-Präventiv-Betreuung per GPS-Verortung

Aus dieser Anforderung werden sich neue Geschäftsmodelle etablieren, und für dieses aufkommende Business wird die Informationstechnologie unverzichtbar, um nicht zu sagen, lebenswichtig sein. In diesem Zusammenhang ist die IT sozusagen Business Enabler. Größere Krankenhäuser und Krankenhausverbünde, zusammengeschlossene Arztnetzwerke oder auch eigens gegründete Unternehmen (etwa Ableger der Pharmaindustrie) werden als Anbieter beziehungsweise Betreiber von medizinischen Servicezentren dieser neuen Ära fungieren. Die Finanzierung wird über Zuzahlungen der potenziellen Patienten erfolgen.

Dabei ist mit hoher Wahrscheinlichkeit davon auszugehen, dass die klassischen Kostenträger diese Finanzierung übernehmen, weil es über einen Zeitraum von mehreren Jahren betrachtet deutlich wirtschaftlicher ist, die Kosten eines Gesundheits-Monitorings für Risikopatienten zu tragen, als die Therapie und Reha zum Beispiel eines Herzinfarktes oder eines Schlaganfalls zu bezahlen.

Ein Teil dieses Gesundheits-Monitorings wird integrativer Bestandteil des Ambient Assisted Living (AAL) bbeziehungsweise umgebungsunterstützten Lebens sein. Dieses Modell umfasst Methoden, Konzepte, (elektronische) Systeme, Produkte sowie Dienstleistungen, die das alltägliche Leben älterer und auch benachteiligter Menschen situationsabhängig und unaufdringlich unterstützen.

Zum heutigen Zeitpunkt verfügen laut einer in Nordrhein-Westfalen aufgelegten Studie aus dem Jahr 2009 lediglich zwei Prozent der Bevölkerung über konkrete Erfahrungen mit telemedizinischen Verfahren. Weiterhin verweist die Studie auf eine skeptische Haltung der über 75-Jährigen. Damit dürfte die größte Herausforderung für die Protagonisten darin liegen, Vertrauen in diese Technik bei technikaffinen älteren Menschen zu erzeugen.

Gleichwohl bin ich davon überzeugt, dass in zehn Jahren fast alle älteren und die chronisch erkrankten Bürger in den europäischen Industrienationen am Körper einen multifunktionalen, mit Sensoren ausgestatteten Daten-Recorder tragen. Mittels dieses Aufzeichnungs- und Kommunikationsgeräts ist die genannte Klientel zur präventiven Überwachung mit einem medizinischen Service-Center verbunden, und zwar dann, wenn die relevanten Vitaldaten in Risikobereiche von personifizierten Grenzwerten kommen.

Ich freue mich auf Ihre Gegenwette!

helmut.schlegel@klinikum-nuernberg.de

NEUES SPIEL MIT ECHTZEITANALYSE

Dr. Ralf Schneider, CIO der Allianz Gruppe

„Ich wette, dass Realtime Analytics in zehn Jahren die Spielregeln des gesamten Geschäfts verändert haben werden."

Die richtige Information zur richtigen Zeit am richtigen Ort in der erforderlichen Qualität – das ist gutes Informations-Management nach Lehrbuch. Für Finanzdienstleister war und ist Informations-Management das Herz ihres Geschäfts. Bei uns laufen keine Maschinen vom Band, sondern ausschließlich Produkte, die auf sorgfältig analysierten Informationen beruhen.

An Daten zu gelangen ist inzwischen keine Schwierigkeit mehr. Die Menge an verfügbaren Daten verzehnfacht sich alle fünf Jahre. Immer mehr Quellen liefern Input, Social Media, Weblogs, Kontextinformationen, Ortsinformationen und vieles mehr. Der Begriff „Big Data" beschreibt dieses Phänomen.

Daten allein sind aber nutzlos. Das Kunststück ist, strukturierte wie unstrukturierte lose Daten zu Information zu verknüpfen, sie also mit Bedeutung aufzuladen, in Sekundenschnelle zu analysieren, zu interpretieren und damit nutzbar zu machen. Das alles können Realtime Analytics leisten. Realtime Analytics eröffnen uns in vielen Bereichen neue Möglichkeiten.

Für Kunden können wir besser als je zuvor maßgeschneiderte Produkte liefern. Dabei werden Kundendaten, Umweltdaten, ein aktueller Anlass und natürlich wirtschaftliche Faktoren des Unternehmens in Sekundenbruchteilen verknüpft und ein individuelles Angebot erstellt.

Realtime Analytics in der Praxis

Stellen Sie sich vor, Sie buchen einen Tauchurlaub im Great Barrier Reef. Unsere Systeme analysieren blitzschnell Ihre Angaben: Reiseroute, gebuchte Aktivitäten, Ihre bisherigen Präferenzen, des Weiteren Wetterdaten und Warnmeldungen. Sie bieten Ihnen sofort die für Sie persönlich passenden und im Vergleich preisgünstigsten Angebote und Informationen – zum Beispiel Informationen über die Wettersituation, eine dazu passende Reiserücktrittsversicherung, falls Ihr Tauchausflug nicht stattfinden kann, eine genau Ihrer Aufenthaltsdauer entsprechende Krankenversicherung, Kontaktadressen von lokalen Fachärzten, die sich speziell mit der Allergie Ihres Kindes auskennen – ohne Wartezeiten, ohne lange Recherche.

Wünschen Sie doch den Kontakt zu einem Kundenberater, so kann dieser sofort dank Realtime Analytics umfassend Auskunft geben – egal, über welchen Kommunikationskanal Sie ihn kontaktieren. Oder Sie möchten das alles nicht – auch dieser Wunsch wird hinterlegt. Ziel ist es, den größtmöglichen Wert für den Kunden zu schaffen.

Auch in der internen Verwendung bieten Realtime Analytics enorme Möglichkeiten. Individuell zusammengestellte, tages-, stunden- oder minutenaktuelle Reportings für jede Zielgruppe sind möglich. Aktuelle Entwicklungen der Kundenbasis können analysiert werden. Betrugsversuche werden schneller aufgedeckt, da innerhalb weniger Augenblicke mithilfe von Umgebungsdaten und Abgleich mit der Historie Plausibilitätsprüfungen durchgeführt werden können. Auch bei der Abschätzung und Berechnung von Risiken bieten Realtime Analytics einen großen Vorteil. So wird beispielsweise der Verlauf von Naturkatastrophen, etwa die Entwicklung eines Hurrikans, in Echtzeit verfolgbar und voraussagbar. Die Definition wertstiftender Abfragen ist der zentrale Erfolgsfaktor.

Technische, rechtliche und inhaltliche Herausforderungen

Realtime Analytics eröffnen also ohne Zweifel vielfältige Chancen. Die Umsetzung bringt aber auch große technische, rechtliche und inhaltliche Herausforderungen mit sich. Technisch müssen globale, skalierbare Analytics-Lösungen aufgebaut werden, die die Datenflut föderal aufgebauter Unternehmen integrieren können. Unterschiedliche Systeme, die Daten enthalten oder generieren, müssen an mächtige In-Memory-Datenbanken und Analyse-Tools angebunden werden. Bei komplexen, heterogenen Unternehmen kann das einige Jahre in Anspruch nehmen.

Die neuen Analytics-Lösungen sollen zudem einfach und intuitiv bedient werden können. Informationsverarbeitung und -analyse ist nicht mehr nur ein Business Enabler, sondern der Kern des Business selbst. Der CIO wird als Botschafter im Board und im gesamten Unternehmen fungieren, um das Bewusstsein über die Potenziale von Realtime Analytics im Business zu schaffen.

Rechtlich gilt es vor allem die Fragen des Datenschutzes zu klären. Das Vertrauen des Kunden und der Schutz seiner Daten sind das höchste Gut der Versicherung. Die rechtlichen Rahmenbedingungen variieren von Land zu Land, jeder Kunde hat andere Präferenzen, sodass individuell entschieden werden muss, wo Realtime Analytics in welcher Form und Ausprägung eingesetzt werden können.

Sind die technischen und rechtlichen Bedingungen geklärt, bleibt die entscheidende inhaltliche Herausforderung, aus der massiven Datenflut die relevante Information herauszufiltern. Antworten auf nahezu jegliches erdenkliche Anliegen sind verfügbar – die schwierigste Herausforderung aber wird sein, zum richtigen Zeitpunkt die richtige Frage zu stellen. Heute und in zehn Jahren.

Ich freue mich auf Ihre Gegenwette!

Kontakt: amos.communications@allianz.com

NULL-HYPOTHESE FÜR DAS JAHR 2023

Dr. Wolfgang Standhaft, CIO und
Director Group IT bei der HeidelbergCement AG

„Ich wette, dass 2023 nahezu die gleichen Prinzipien für die IT gültig sind wie 2013.“

Was macht die IT im Kern aus? Sind es Technologien, Softwarehersteller, Hardware-Provider, Netzwerkdienstleister, Rechenzentrumsausrüster oder Berater mit immer neuen Angeboten zur Lösung von Kundenproblemen? Ein stetiges Angebot an „neuem Wein“, das hierbei auf die Anwendungsunternehmen einströmt.

Alle diese sogenannten Key Player auf dem IT-Markt stellen wichtige und unverzichtbare Dienstleistungen oder innovatives Equipment für Firmen zur Verfügung. Sie setzen Trends, passen sich an Entwicklungen der Unternehmen an und sind aus dem heutigen IT-Geschehen nicht wegzudenken. Ebenso gibt es eine Reihe von IT-Hypes und -Entwicklungen, die ein großes Marktpotenzial mitbringen und dieses auch ausschöpfen.

Beispielhaft erwähnt sei hier das Apple iPad, das für eine neue Generation von Consumer-Endgeräten steht, die sich sehr erfolgreich in einem als zuvor gesättigt zu bezeichnenden Markt durchgesetzt hat. Der Nutzen des Einsatzes in Unternehmen ist in hohem Maße vom Einzelfall abhängig. Ein anderes Beispiel ist das Cloud Computing, das trotz aller berechtigten Sicherheitsbedenken auf dem Weg ist, sich als Markttrend zu etablieren. Wiederum andere Trends kamen in den vergangenen Jahrzehnten und gingen genauso schnell wieder. Obwohl sie ein gewisses Marktpotenzial mitbrachten, hatten sie nie Erfolg und konnten sich in der Breite nicht durchsetzen.

Oder bilden vielmehr die Fähigkeiten, die Motivation und die Arbeitsmethoden der Inhouse-IT-Abteilungen, die zum Vorteil des Unternehmens eingesetzt werden können, den wahren Kern der IT? Ist es tatsächlich der effiziente Einsatz der „alten Schläuche“, die den Unterschied ausmachen und den bestmöglichen Service und das richtige Maß an Innovation für ein Unternehmen bereitstellen?

Der Schlüssel zum erfolgreichen IT-Bereich

Was also ist die Schlüsselqualifikation eines erfolgreichen IT-Bereichs beziehungsweise einer erfolgreichen CIO-Organisation in einem international tätigen Konzern? Sind es Technologien, ist es das schnelle Umsetzen von Trends, oder sind es andere Faktoren, die eine solche Organisation erfolgreich machen oder eben auch nicht?

Es wird schwer, hierauf eine allgemein gültige Antwort zu geben, da das Spektrum der IT-nutzenden Unternehmen sehr breit ist und somit auch die abzubildenden Prozesse und die Abhängigkeit eines Unternehmens von IT-gestützten Geschäftsprozessen nur schwer stark divergieren.

Als Beispiel seien hier Banken oder Versicherungen genannt, deren Prozesse eine hohe IT-Abhängigkeit aufweisen. Im Gegensatz dazu stehen klassische Industrien wie etwa die Zementindustrie, die sich in der Mitte des Weges der Effizienzsteigerung und Kostenoptimierung durch weltweite Einführung integrierter IT-unterstützter Prozesse befindet. Auf diesen Vorüberlegungen baut die These auf:

Erfolgreiche IT-Organisationen, die ihr Geschäft beherrschen, nämlich die serviceorientierte Bereitstellung von Dienstleistungen zu einem wettbewerbsfähigen Preisniveau, haben sowohl im Jahr 2013 als auch im Jahr 2023 eine Reihe von Gemeinsamkeiten, die zunächst völlig unabhängig von „IT" oder vom Einsatz von Technologie sind.

Es geht im Wesentlichen dabei immer um das strukturierte Lösen von Problemen in enger Anbindung und Abstimmung mit den Geschäftsbereichen und der jeweiligen Unternehmensstrategie. Die Ausrichtung der IT-Strategie sollte sich dabei aus der des Unternehmens ableiten – von den Anwendungen bis hin zur Infrastruktur. Sie erstreckt sich hierbei über sämtliche Bereiche der IT hinweg auf die Geschäfts- und Business-Ziele des Unternehmens.

Die Umsetzung der IT-Strategie muss bei diesem Ansatz innerhalb weniger, aber transparenter und zwingend vorgegebener Regelwerke ablaufen, um Kunden- und Serviceorientierung und obendrein einem strikten Kosten-Management Rechnung zu tragen. Ein Baustein dafür ist die Projektmethodik, die je nach Unternehmen bestimmte Freiheiten gewährt oder aber auch beschneidet. In jedem Fall sorgt sie dafür, dass Projekte strukturiert ablaufen, wohlorganisiert sind, kontrolliert werden und nachvollziehbar gegenüber dem Auftraggeber, nämlich den Fachbereichen auf Konzern- oder Landesebene, dargestellt werden.

Jede Innovation braucht ein solides Fundament

Des Weiteren ist die dosierte Einführung von technischen Neuerungen zu nennen, die von dem jeweiligen Geschäftsmodell abhängen und einen echten Mehrwert oder Nutzen versprechen. Im besten Fall ergeben sich – neben Effizienzsteigerungen und Kostensenkungen in bestehenden Abläufen – neue oder verbesserte Angebote für die externen Kunden. Zur Schlüsselqualifikation eines erfolgreichen IT-Bereichs gehören außerdem und unbedingt folgende klassische Kriterien:

- ein transparentes Projektportfolio-Management, das in der Ausrichtung der IT verankert ist und die vorhandenen Ressourcen bestmöglich im Sinne des Gesamtunternehmens oder der Teilorganisationen einsetzt;
- eine nachvollziehbare IT-Strategie, die unter verschiedenen Blickwinkeln in nicht technischer Sprache für alle Bezieher von IT-Dienstleistungen klar definiert, was möglich ist und was nicht;
- ein klares, stringentes Kosten-Management;
- eine mess- und fühlbare Serviceorientierung aller IT-Mitarbeiter, und zwar nicht nur im Helpdesk-Bereich.

Ich bin fest überzeugt von folgendem Grundsatz: Verankert und lebt der IT-Bereich eines Unternehmens – unter Anleitung und Lenkung durch die IT-Verantwortlichen – die klassischen IT-Grundsätze wie oben beschrieben, wird die Weiterverwendung vermeintlich „alter Schläuche“ auch im Jahr 2023 genauso aktuell sein wie heute und keineswegs die Einführung und Nutzung innovativer Lösungen und Konzepte hemmen. Ist nämlich eine IT-Organisation in der Lage, neue Entwicklungen – „neuen Wein“ – auf ihren Nutzen für das Unternehmen hin zu durchleuchten, die relevanten Technologien im angemessenen Maß einzubringen und sich nicht in den vielfältigen, ständig neu entstehenden IT-Spielplätzen zu verlieren, wird sie 2023 einen mehr denn je bedeutenden Platz im Unternehmen als Ansprechpartner auf Augenhöhe mit den Fachbereichen einnehmen. Und zwar aufgrund der richtigen Kombination von alten Schläuchen und jungem Wein.

Ich freue mich auf Ihre Gegenwette!

wolfgang.standhaft@heidelbergcement.com

GUT VERSICHERT ÜBER DAS INTERNET

Klaus Wolf, Leiter IT Steuerung bei Generali Deutschland Informatik Services GmbH

„Ich wette, dass in zehn Jahren Versicherungen als „Insurance-as-a-Service“ an die Kunden verkauft werden.“

Seit nunmehr zehn Jahren rast eine bisher nie gekannte Innovationswelle unter der Bezeichnung „Internetisierung“ über die globalisierte Welt. Bezüglich der Innovationsgeschwindigkeit, aber auch im Hinblick auf die Verbreitung innerhalb der Bevölkerung ist diese Entwicklung gleichermaßen atemberaubend wie erschreckend. Die nachfolgenden Schlagwörter stehen beispielhaft für diesen Zeitgeist: schnelle Internet-Verbindung, Always-On-Welt, mobile Endgeräte, Serviceorientierung, Sensorik, Cloud Computing.

Fundamental neu an dieser Entwicklung ist nicht, dass der Wandel in der Technologie gleichzeitig auch einen Wandel in der Gesellschaft induziert. Neu ist, dass der Verbraucher diese Entwicklung signifikant antreibt.

Für die Wirtschaft bedeutet dies: Nur das Unternehmen, das das Kundenverhalten bezüglich Veränderungsrichtung und -geschwindigkeit richtig prognostiziert und sich selbst entsprechend verändert, besitzt eine gesicherte Zukunft. Der dramatische Niedergang von Branchen und ihren Technologien, wie etwa Tonträger in der Musikbranche, aber auch die Renaissance des Versandhandels und der Logistik via Paket, belegen dies eindrucksvoll.

Die Versicherungsbranche wird sich dem Wandel, der durch die Internetisierung ausgelöst wird, ebenfalls nicht entziehen können. Der Grund hierfür liegt im Produkt „Versicherungen“ selbst: Es ist ein Leistungsversprechen, also ein immaterielles Gut, das nur aus Informationen besteht und für den Kunden nur durch Dienstleistungen im Beratungs-, Service- und Leistungsfall sichtbar wird.

Am deutlichsten wird das an einem Praxisbeispiel, an dem man bereits jetzt den Wandel durch die Internetisierung erkennen kann: Mit „Managed Claims“ bezeichnen die Versicherer eine moderne Schadenabwicklung. Fast jedes Versicherungsunternehmen hat bereits heute im Bereich der Kfz-Versicherung für die Schadensmeldung eine mehr oder minder funktionsreiche Schaden-App auf unterschiedlichen Smartphones im Einsatz. Neben der unmittelbaren Übermittlung von Informationen direkt vom Unfallort können hierbei auch zeitnah und aktuell Assistance-Leistungen wie Abschleppdienst oder Mietwagen abgerufen werden.

Für beide Seiten – Kunde und Versicherungsunternehmen – ergeben sich viele Vorteile bezüglich Qualität und Effizienz der Serviceleistung. Weitere Funktionen, wie zum Beispiel die automatische Identifizierung des Kfz-Versicherers des Unfallgegners oder die nötige Deckung des Schadens, sind schon heute denkbar und in der Erprobung.

Die Europäische Union plant, ab 2015 Neuwagen per Gesetz mit der sogenannten E-Call-Funktion auszurüsten. Vorgesehen ist, dass über eine Verbindung zwischen der Telematik des Fahrzeugs, dem GPS-System und einem Leitstellensystem ein Notruf abgesetzt wird, der von einer Leitstelle situativ bearbeitet wird. Zwischen Unfall und Beauftragung von Service-und Notfalldiensten vergehen nur noch wenige Sekunden. Hier wird nochmals eindrucksvoll klar, dass die Internetisierung Qualität und Effizienz von Services für alle Serviceteilnehmer hochgradig verbessert.

Was bedeutet nun die skizzierte Entwicklung für die IT eines Versicherungsunternehmens? Nachfolgend sind einige mögliche Herausforderungen aufgeführt, aus denen dann konkrete Anforderungen abgeleitet und hierzu für das jeweilige Unternehmen geeignete Lösungen entwickelt werden müssen:

- Steigerung der Komplexität in allen IT-Bereichen;
- Anforderungen an die Agilität in der Entwicklung, Bereitstellung und Wartung von IT-Systemen;
- Konsequente Verringerung der Fertigungstiefe;
- Permanenter Know-how-Aufbau und -Transfer für die Mitarbeiter;
- Zunahme der Integration zwischen allen IT-Anwendungen;
- Dominanz der Business-Strategien und schlüssige, nachvollziehbare Transformation in IT-Strategien.

In diesem Zusammenhang gilt es nunmehr, zwei Kernpunkte aus einer zu definierenden IT-Strategie anzusprechen:

- Erstellung und Pflege einer Unternehmensarchitektur;
- Etablierung des IT-Architekten als Verantwortlichen für alle technischen Lösungen.

Die Zielsetzung der Bereitstellung von Geschäftsservices am Point of Action – einschließlich der Nutzung aller hierfür benötigten, sich schnell ändernden oder hinzukommenden IT-

Technologie – muss beherrscht werden. Hierzu bedarf es aber nicht nur eines entsprechenden Ordnungsschemas, sondern auch einer entsprechenden Strukturierung und Modellbildung über die drei Ebenen Facharchitektur, Anwendungsarchitektur und Infrastrukturarchitektur.

Zwar wird dieses Thema auch schon über Jahre hinweg in Fachkreisen erörtert. Außerdem gibt es aus wissenschaftlicher Sicht eine ausreichende Bereitstellung von Referenzmodellen und Methoden, aber eine konsequente Umsetzung ist in der Praxis bisher nicht erfolgt. Wer hier den richtigen Zeitpunkt des Einstiegs verpasst, wird mit dem Zuwachs an Komplexität – sowohl im Business- als auch im IT-Bereich – nicht zurechtkommen. Technisch immer komplexer werdende Lösungen, die sich immer schneller werdenden Innovationen anpassen müssen, verlangen eine klare Konstruktionslehre und eine eindeutige Konstruktionsverantwortung.

Diese Erkenntnis ist selbst im IT-Bereich nicht unbekannt. Auch in diesem Fall mangelt es häufig jedoch an der gezielten Umsetzung in den Unternehmen. Man stelle sich eine vergleichbare Ignoranz nur einmal in der Automobilbranche vor. Der Schlüssel zum Erfolg ist hier die Rolle des IT-Architekten (Entwicklungsingenieurs). Diese Mitarbeiter nun schnell und in ausreichender Anzahl zu finden ist eine markante Herausforderung. Neben dem notwendigen Know-how bedarf es bei der anstehenden Aufgabenstellung nämlich vor allem entsprechender Erfahrungen im Bereich Business und IT. Ferner gehört eine Fülle von sogenannten Social Skills, wie technische Führerschaft und Kommunikationsverhalten, zu den geforderten Fähigkeiten.

Abschließend und zusammenfassend bleibt für die Versicherungswirtschaft festzuhalten: Der Wettlauf um die besten IT-Lösungen und das beste IT-Personal zur Umsetzung von „Insurance-as-a-Service" hat begonnen. Ich bin überzeugt, dass sich dieses neue und moderne, absolut kundenfreundliche Geschäftsmodell in zehn Jahren flächendeckend etabliert haben wird. Wie so häufig gilt auch hier: Wer nicht losläuft, der kann auch nicht gewinnen.

Ich freue mich auf Ihre Gegenwette!

Kontakt: klaus.wolf@generali.de

Foto: © Pikelwolf – Fotolia.com

DIE IT-FAKTEN DER GRÖSSTEN DEUTSCHEN KONZERNE

Die folgenden Angaben sind ein Auszug aus der Top-500-Datenbank auf cio.de, in der die 500 umsatzstärksten Unternehmen aus Deutschland gelistet sind. Hier sind sie, sortiert nach den 13 Branchen.

Foto: © VW

AUTOMOBIL

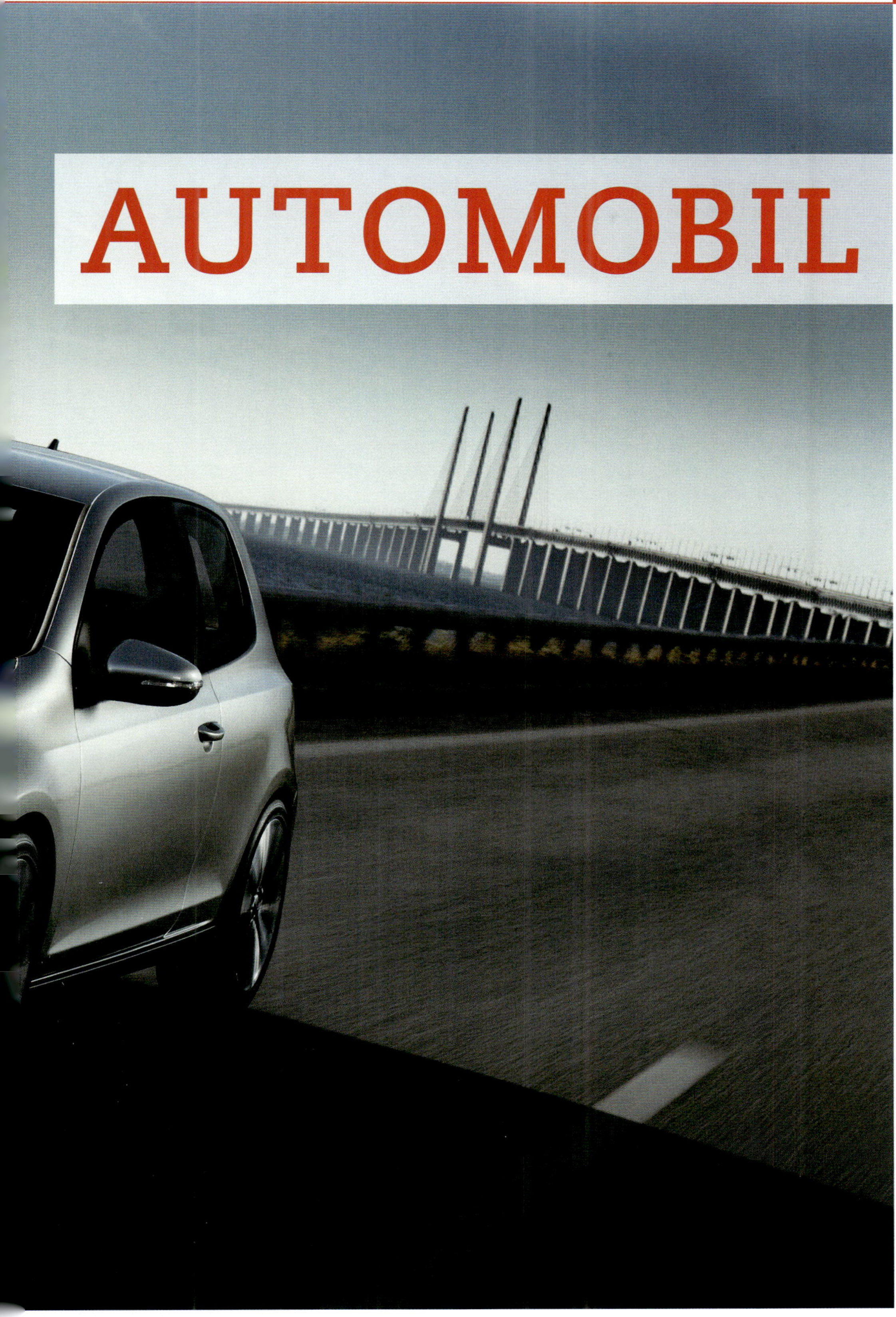

Volkswagen AG

UNTERNEHMENSINFORMATIONEN

Dr. Martin Hofmann

Die **Volkswagen AG** ist die Konzern-Muttergesellschaft der Fahrzeugmarken Audi, Bentley, Bugatti, Ducati, Lamborghini, MAN, Neoplan, Porsche, Scania, Seat, Škoda, Volkswagen und Volkswagen Nutzfahrzeuge. Sie ist der größte Automobilhersteller Europas.

Hauptsitz	Wolfsburg
Website	www.volkswagen-ag.de
Branche	Automobil
Umsatz	159.337 Millionen Euro (2011)
Mitarbeiter	502.000 weltweit
Vorstandsressorts	Martin Winterkorn (Vorstandsvorsitzender), Vorstandsmitglieder: Francisco Javier Garcia Sanz, Jochem Heizmann, Christian Klingler, Michael Macht, Horst Neumann, Hans Dieter Pötsch, Rupert Stadler

IT-KENNZAHLEN

CIO	Dr. Martin Hofmann
IT-Mitarbeiter	5.800 (weltweit)
IT-Budget	2.335,34 Millionen Euro*
IT-Benutzer	ca. 1,0 Mio.

IT-STRATEGIE

Ziele	Die Konzern-IT steuert weltweit und markenübergreifend die Applikationen und IT-Services des Unternehmens zur Unterstützung der Geschäftsprozesse.
Verantwortung	Konzernweit für die IT-Organisation, weltweit für die Konzernprogramme und -systeme, Konzernmodule und -standards sowie Application-Management und IT-Services
Anwendungen	Konzernweites Produktdaten-Management, Customer-Relationship- und Dealer-Management-Systeme, Standard Fabrik (UNIT) und Fertigungsinformationssystem (FIS), Governance, Risk-and-Compliance-IT-Lösungen, konzernweit einheitlicher Desktop-Client, Web-2.0-Nutzung, Beschaffungssysteme
Dienstleister	Hewlett-Packard, IBM, Microsoft, SAP, Siemens, T-Systems und weitere

AUSRICHTUNG

zentral	○●○○○	dezentral
standardisiert	○●○○○	best of breed
viel Outsourcing	○○●○○	wenig Outsourcing

Weitere Informationen unter:
premium.cio.de/top-500/unternehmen/volkswagen-ag

*nach Angaben von MBmedien

Daimler AG

UNTERNEHMENSINFORMATIONEN

Dr. Michael Gorriz

Die **Daimler AG** ist ein deutscher Hersteller von PKWs und Nutzfahrzeugen; ihre bekannteste Marke ist Mercedes-Benz (MB). Das Unternehmen ist außerdem Anbieter von Finanzdienstleistungen.

Hauptsitz	Stuttgart
Website	www.daimler.com
Umsatz	106.540 Millionen Euro (Stand: 31.12.2011)
EBIT	8.755 Mio. Euro (Stand: 31.12.2011)
Mitarbeiter	271.370 (Stand: 31.12.2011)
Vorstandsressorts	Dr. Dieter Zetsche (Vorsitzender des Vorstandes, Leiter MB Cars), Dr. Wolfgang Bernhard (Produktion und Einkauf MB Cars & MB Vans), Dr. Christine Hohmann-Dennhardt (Integrität und Recht), Wilfried Porth (Personal & Arbeitsdirektor), Andreas Renschler (Daimler Trucks), Bodo Uebber (Finanzen & Controlling, Daimler Financial Services), Dr. Thomas Weber (Konzernforschung & Mercedes-Benz Cars Entwicklung)

IT-KENNZAHLEN

CIO	Dr. Michael Gorriz
IT-Mitarbeiter	5.061 weltweite Mitarbeiter (Stand: 31.12.2011)
IT-Budget	1. 526,02 Millionen Euro*
IT-Benutzer	282.898

IT-STRATEGIE

Ziele	1. Erhöhung der Effizienz der Geschäftsprozesse durch IT, Beschränkung der Anzahl von Systemen und Applikationen auf ein Minimum 2. Einführung eines weltweit einheitlichen, verbindlichen IT-Prozessmodells 3. Entwicklung der IT-Organisation über die Rolle des Service-Providers hinaus zu einem Kompetenzzentrum für Prozess-Consulting 4. Erweiterung der IT-Architektur und von IT-Services im Bereich der kunden- und fahrzeugbezogenen IT, um durch IT neue Geschäftsoptionen zu ermöglichen
Verantwortung	Konzernweit für die IT-Organisation, global für die Konzern-IT-Systeme, IT-Security und IT-Services
Dienstleister	Daimler protics technical information consulting & solution, Daimler TSS, Microsoft, SAP, T-Systems

AUSRICHTUNG

zentral	○○●○○	dezentral
standardisiert	○○●○○	best of breed
viel Outsourcing	○○●○○	wenig Outsourcing

Weitere Informationen unter:
premium.cio.de/top-500/unternehmen/daimler-ag

*nach Angaben von MBmedien

BMW AG

UNTERNEHMENSINFORMATIONEN

Karl-Erich Probst

Die **BMW AG** ist die Muttergesellschaft der BMW Group mit der Auto- und Motorradmarke BMW, den Automarken MINI und Rolls-Royce sowie den Submarken BMW M (Hochleistungsmodelle) und BMW i (Elektromodelle).

Hauptsitz	München
Website	www.bmwgroup.com
Umsatz	68.821 Millionen Euro (für 2009)
Mitarbeiter	100.306 (Jahresende 2011)
Vorstandsressorts	Dr. Norbert Reithofer (Vorsitzender), Frank-Peter Arndt (Produktion), Dr. Herbert Diess (Entwicklung), Dr. Klaus Draeger (Einkauf und Lieferantennetzwerk), Dr. Friedrich Eichiner (Finanzen), Harald Krüger (Personal und Sozialwesen bis Ende Juni 2012), Harald Krüger (MINI, Motorrad, Rolls-Royce, Aftersales), Ian Robertson (Vertrieb und Marketing)
Tochterunternehmen	Bavaria Wirtschaftsagentur GmbH, BMW (Schweiz) AG, BMW Bank GmbH, BMW Car IT GmbH, BMW Fahrzeugtechnik GmbH, BMW Forschung und Technik GmbH, BMW M GmbH, BMW Maschinenfabrik Spandau GmbH, BMW Motoren GmbH, Rolls-Royce Motor Cars GmbH und weitere

IT-KENNZAHLEN

CIO	Karl-Erich Probst
IT-Mitarbeiter	2.800
IT-Budget	Projektabhängig
IT-Benutzer	90.000

IT-STRATEGIE

Ziele	Business Orientierung, Effizienz, Zukunftssicherung
Verantwortung	Föderale Struktur: Zentrale IT und ressortzentrale ITs (Vertrieb, Entwicklung, Produktion, Financial Services, Verwaltung)
Anwendungen	SRM, PDM, Engineering Solutions, SCM, Production Solutions, Ordering, Service, Part Logistics

AUSRICHTUNG

zentral	○○●○○	dezentral
standardisiert	○●○○○	best of breed
viel Outsourcing	○●○○○	wenig Outsourcing

Weitere Informationen unter: premium.cio.de/top-500/unternehmen/bmw-ag

Audi AG

UNTERNEHMENSINFORMATIONEN

Mattias Ulbrich

Die **Audi AG** ist ein deutscher Automobilhersteller, der dem Volkswagen-Konzern angehört. Seit dem Jahr 2000 bildet Audi zusammen mit Seat und Lamborghini als Audi-Gruppe die sportlich orientierte Markengruppe im Volkswagen-Konzern, neben der Markengruppe Volkswagen mit VW, Skoda, Bentley und Bugatti.

Hauptsitz	Ingolstadt
Website	www.audi.de
Umsatz	44.096 Millionen Euro (2011)
Mitarbeiter	62.806 weltweit
Vorstandsressorts	Rupert Stadler (Vorstandsvorsitzender), Dr. Bernd Martens (Beschaffung), Wolfgang Dürheimer (Technische Entwicklung), Frank Dreves (Produktion), Luca de Meo (Marketing und Vertrieb), Thomas Sigi (Personal- und Sozialwesen), Axel Strotbek (Finanzen und Organisation)
Tochterunternehmen	Automobili Lamborghini S.p.A., Audi Brussels S.A./N.V., Audi Hungaria Motor Kft. und weitere

IT-KENNZAHLEN

CIO	Mattias Ulbrich
IT-Mitarbeiter	Zirka 750 (2012)
IT-Budget	Zirka 348 Millionen Euro (2011)*
IT-Benutzer	Zirka 60.000 (2012)

IT-STRATEGIE

Ziele	Die Audi-IT gewährleistet mit innovativen IT-Lösungen und zukunftsfähigen Organisationsstrukturen eine nachhaltige Prozessintegration über alle Kernprozesse. Strategische Handlungsfelder: Komplexitätsbeherrschung, Erschließung von Innovationspotenzialen, vernetzte Zusammenarbeit im Konzern
Verantwortung	IT und Organisation bei Audi und den Tochtergesellschaften: von der Office-Infrastruktur bis hin zur IT-Unterstützung der Kernprozesse

AUSRICHTUNG

zentral	○●○○○	dezentral
standardisiert	○●○○○	best of breed
viel Outsourcing	○○●○○	wenig Outsourcing

Weitere Informationen unter:
premium.cio.de/top-500/unternehmen/audi-ag

*nach Angaben von MBmedien

Continental AG

UNTERNEHMENSINFORMATIONEN

Elisabeth Hoeflich

Die **Continental AG** ist ein börsennotierter Konzern der Automobilzulieferebranche mit Sitz in Hannover und über 200 Standorten in 46 Ländern. Mehrheitsaktionär des Konzerns ist die Schaeffler Gruppe. In Deutschland ist Continental Marktführer in der Reifenproduktion und weltweit einer der größten Kfz-Zulieferer (Nummer zwei in Europa).

Hauptsitz	Hannover
Website	www.continental-corporation.com
Umsatz	30.505 Millionen Euro
Mitarbeiter	163.788 weltweit
Vorstandsressorts	– Vorstandsvorsitzender: Unternehmenskommunikation, Qualität und Umwelt Konzern, Continental Business System, Zentralfunktionen Automotive – Finanzen, Controlling, Compliance, Recht und IT – Personal – Einkauf Konzern - Divisionen: Chassis & Safety, Powertrain, Interior, Reifen und ContiTech

IT-KENNZAHLEN

CIO	Elisabeth Hoeflich
IT-Mitarbeiter	2.000
IT-Budget	450 (in Millionen Euro für 2012)
IT-Benutzer	rund 90.000

IT-STRATEGIE

Ziele	Business-Orientierung mit Fokus auf Prozessoptimierung und Wertschöpfung, Harmonisierung und Standardisierung (Infrastruktur und Anwendungen), striktes Kosten-Management
Verantwortung	Corporate CIO berichtet an CFO und verantwortet IT global. Drei divisionale CIOs (Automotive, Reifen und ContiTech) sind für die Ausprägung der IT in den jeweiligen Geschäftsbereichen verantwortlich und haben dort eine zweite Berichtslinie (Matrix).
Anwendungen	SAP, Microsoft, Lotus Notes, Teamcenter, Windchill, MKS, Catia

AUSRICHTUNG

zentral	○●○○○	dezentral
standardisiert	○●○○○	best of breed
viel Outsourcing	○○●○○	wenig Outsourcing

Weitere Informationen unter:
premium.cio.de/top-500/unternehmen/continental-ag

Ford-Werke GmbH

UNTERNEHMENSINFORMATIONEN

Die **Ford-Werke GmbH** ist ein deutscher Automobilhersteller und eine Tochtergesellschaft der US-amerikanischen Ford Motor Company. Zu Ford Deutschland gehören neben dem Stammwerk Köln das Werk Saarlouis, das belgische Werk Genk sowie das spanische Werk Valencia. Seit 1998 ist Köln auch Sitz von Ford of Europe.

Hauptsitz	Köln
Website	www.ford.de
Umsatz	18.185 Millionen Euro (2010)
Mitarbeiter	24.290 in Deutschland (2010)
Vorstandsressorts	Bernhard Mattes (Vorsitzender), Wolfgang Booms, Dirk Heller, Caspar Dirk Hohage, Dr. Hermann H. Hollmann, Rainer Ludwig, Rüdiger Minrath, Dr. Wolfgang Schneider

IT-KENNZAHLEN

CIO	Hans-Joachim Heister*
IT-Mitarbeiter	740 in Europa, 290 in Deutschland (2010)*
IT-Budget	Zirka 1,5 Prozent vom Umsatz*
IT-Benutzer	Zirka 14.450*

IT-STRATEGIE

Ziele	Standardisierung von Systemen, Harmonisierung von Prozessen, Realisierung zusätzlicher Wertschöpfung durch die IT
Verantwortung	IT ist ein globales „Center of Excellence“, das heißt, die IT-Abteilungen der verschiedenen Ford-Organisationen und -Marken arbeiten sehr eng zusammen, es gibt einen globalen CIO.
Anwendungen	C3P, WERS (Engineering), CMMS3 (Logistik), Peoplesoft (HR), Vista (M&S), Euro Vac (Finanzen)
Dienstleister	CSC Deutschland Solutions GmbH

AUSRICHTUNG**

zentral	○●○○○	dezentral
standardisiert	○●○○○	best of breed
viel Outsourcing	○○○●○	wenig Outsourcing

Weitere Informationen unter:
premium.cio.de/top-500/unternehmen/ford-werke-gmbh

**nach Angaben von MBmedien; **Schätzung der CIO-Redaktion*

ZF Friedrichshafen AG

UNTERNEHMENSINFORMATIONEN

Peter Kraus

Die **ZF Friedrichshafen AG** (auch **ZF Group**) ist ein deutscher Automobilzulieferer mit Schwerpunkt Antriebs- und Fahrwerktechnik. Das Großunternehmen ist die Muttergesellschaft des ZF-Konzerns, der über 121 Produktionsgesellschaften in 27 Ländern und acht Hauptentwicklungsstandorte verfügt.

Hauptsitz	Friedrichshafen
Website	www.zf.com
Umsatz	15.509 Millionen Euro (2011)
Mitarbeiter	71.488 (Ende 2011)
Vorstandsressorts	Dr. Stefan Sommer (Vorsitzender des Vorstands/CEO): Markt, Unternehmensentwicklung, Corporate Governance, Konzernkommunikation, Materialwirtschaft, ZF Services , ZF Gusstechnologie, ZF Lenksysteme; Dr. Konstantin Sauer: Finanzen, Controlling, Informatik, Region Nordamerika; Dr. Peter Ottenbruch: Technik, Region Asien-Pazifik; Jürgen Holeksa: Personal, Arbeitsdirektor, Dienstleistungsgesellschaften; Dr. Gerhard Wagner: Antriebstechnik; Reinhard Buhl: Fahrwerktechnik; Rolf Lutz: Nutzfahrzeugtechnik, Region Südamerika; Wilhelm Rehm: Industrietechnik

IT-KENNZAHLEN

CIO	Peter Kraus
IT-Mitarbeiter	1.086 (2011)
IT-Budget	168 Millionen Euro (2011)
IT-Benutzer	50.006 (2011)

IT-STRATEGIE

Ziele	Flexibilisierung der IT-Leistungserbringung bei steigender Nachfrage, Erhöhung der Stabilität und Effizienz des Service Center IT, Verbreitung von IT-Innovationen innerhalb von ZF, Stärkung des Service Center IT in den Regionen
Verantwortung	CIO berichtet an den Vorstand Finanzen, interne, weltweit aufgestellte Serviceeinheit, professionelle Services zu Marktpreisen
Anwendungen	MS Office, MS Outlook, SAP, Navision, Axalant PLM, Pro/E, Catia

AUSRICHTUNG

zentral	○○●○○	dezentral
standardisiert	○●○○○	best of breed
viel Outsourcing	○○○●○	wenig Outsourcing

Weitere Informationen unter:
premium.cio.de/top-500/unternehmen/ZF-Friedrichshafen-ag

Adam Opel AG

UNTERNEHMENSINFORMATIONEN

Dr. Heinz-Gerd Lehnhoff

Die **Adam Opel AG** ist ein deutscher Automobilhersteller, der seit seiner Umwandlung in eine Aktiengesellschaft im Jahre 1929 (von 2005 bis Ende 2010 GmbH) zum US-amerikanischen Automobilkonzern General Motors (GM) gehört. Opel hat neben dem Stammwerk am deutschen Unternehmenssitz in Rüsselsheim noch Fabriken unter anderem in Bochum und Eisenach.

Hauptsitz	Rüsselsheim
Website	www.opel.de
Umsatz	11.139 Millionen Euro (2010)
Mitarbeiter	23.200 in Deutschland (2010)
Vorstandsressorts	Dr. Thomas Sedran (Stellv. Vorstandsvorsitzender), Holger Kimmes, Alfred E. Rieck, Peter Thom, Susanna Webber, Johan Willems
Tochterunternehmen	Unter dem Dach der Adam Opel AG sind alle GM-Unternehmen zusammengefasst, die Opel/Vauxhall-Fahrzeuge und -Komponenten herstellen, sowie die europäischen Vertriebsgesellschaften

IT-KENNZAHLEN

PIO	Dr. Heinz-Gerd Lehnhoff (Process Information Officer im Bereich Product. Development)*
IT-Mitarbeiter	Keine Angaben
IT-Budget	Zirka 160 Millionen Euro*
IT-Benutzer	Zirka 9.600*

AUSRICHTUNG**

zentral	○○○●○	dezentral
standardisiert	○●○○○	best of breed
viel Outsourcing	○○○●○	wenig Outsourcing

Weitere Informationen unter: premium.cio.de/top-500/unternehmen/adam-opel-ag

*nach Angaben von MBmedien; **Schätzung der CIO-Redaktion

Dr. Ing. h.c. F. Porsche AG

UNTERNEHMENSINFORMATIONEN

Dr. Sven Lorenz

Die **Dr. Ing. h.c. F. Porsche AG** ist ein deutscher Premium-Automobilhersteller und eine 50,1-prozentige Tochtergesellschaft der Porsche Automobil Holding SE. Das Unternehmen besitzt Werke zur Pkw-Produktion in Stuttgart und Leipzig. Miteigentümer der Porsche AG ist seit Dezember 2009 mit 49,9 Prozent die Volkswagen AG.

Hauptsitz	Stuttgart
Website	www.porsche.com
Umsatz	10.900 Millionen Euro (2011)
Mitarbeiter	15.300 (Ende 2011)
Vorstandsressorts	Matthias Müller (Vorsitzender), Wolfgang Hatz (Forschung und Entwicklung), Wolfgang Leimgruber (Produktion und Logistik), Bernhard Maier (Vertrieb und Marketing), Lutz Meschke (Finanzen und IT), Uwe-Karsten Städter (Beschaffung)

IT-KENNZAHLEN

CIO	Dr. Sven Lorenz
IT-Mitarbeiter	390
IT-Budget	77,24 Millionen Euro*
IT-Benutzer	15.000

IT-STRATEGIE

Ziele	Messbar ein effizientes und sicheres Informations-Management sowie eine effektive und innovative Prozessintegration zu betreiben
Dienstleister	Mieschke, Hofmann & Partner

AUSRICHTUNG

zentral	○●○○○	dezentral
standardisiert	○●○○○	best of breed
viel Outsourcing	○○●○○	wenig Outsourcing

Weitere Informationen unter:
premium.cio.de/top-500/unternehmen/dr-ing-h-c-f-porsche-ag

*nach Angaben von MBmedien

Schaeffler Holding GmbH & Co. KG

UNTERNEHMENSINFORMATIONEN

Harald Gießer

Schaeffler ist ein deutscher Kfz-Zulieferer und insgesamt in den Sparten Automotive, Industrie und Aerospace tätig. Zum Konzern gehören die Produktmarken INA, FAG, LuK, Hydrel und weitere. Das Gesamtunternehmen ist in der Personengesellschaft Schaeffler Holding GmbH & Co. KG gebündelt.

Hauptsitz	Herzogenaurach
Website	www.schaeffler-gruppe.de
Umsatz	10.700 Millionen Euro (2011)
Mitarbeiter	74.000 (2011)
Vorstandsressorts	Dr. Jürgen M. Geißinger (Vorstandsvorsitzender), Klaus Rosenfeld (Vorstand Finanzen), Wolfgang Dangel (Vorstand Automotive), Robert Schullan (Vorstand Industrie), Prof. Dr. Peter Gutzmer (Vorstand F&E), Kurt Mirlach (Vorstand Personal & Arbeitsdirektor)
Tochterunternehmen	INA Drives & Mechatronics GmbH & Co. oHG, LUK GmbH & Co. oHG, Schaeffler Elfershausen GmbH & Co. oHG, Schaeffler Technologies GmbH &Co. KG, und weitere

IT-KENNZAHLEN

CIO	Harald Gießer
IT-Mitarbeiter	Zirka 3.330*
IT-Budget	431 Millionen Euro für 2012*
IT-Benutzer	37.016 (2011)*

AUSRICHTUNG**

zentral	○○●○○	dezentral
standardisiert	○●○○○	best of breed
viel Outsourcing	○●○○○	wenig Outsourcing

Weitere Informationen unter: premium.cio.de/top-500/unternehmen/Schaeffler Holding-GmbH&Co.KG

**nach Angaben von MBmedien; **Schätzung der CIO-Redaktion*

Foto: © MEV-Verlag, Germany

BANKEN

Deutsche Bank AG

UNTERNEHMENSINFORMATIONEN

Henry Ritchotte

Die **Deutsche Bank AG,** das größte Kreditinstitut Deutschlands, ist als Universalbank tätig. Besonderes Gewicht legt sie auf das Investment Banking mit der Emission von Aktien, Anleihen und Zertifikaten. Im Privatkundengeschäft liegt ihr Marktanteil einschließlich der Postbank bei rund 15 Prozent.

Hauptsitz	Frankfurt am Main
Website	www.deutsche-bank.de
Bilanzsumme	2.103.000 Millionen Euro (31.03.2012)
Mitarbeiter	100.682 (31.03.2012)
Vorstandsressorts	Jürgen Fitschen und Anshu Jain (Co-Vorsitzende des Vorstands), Stefan Krause (CFO), Stephan Leithner (CEO Europa – ohne Deutschland und Großbritannien –, Human Resources, Legal & Compliance, Government & Regulatory Affairs), Stuart Lewis (CRO), Rainer Neske (Head of Private & Business Clients), Henry Ritchotte (COO)
Tochterunternehmen	Deutsche Bank Trust Company Americas (USA), Deutsche Postbank AG (Deutschland) und weitere

IT-KENNZAHLEN

CIO	Henry Ritchotte
IT-Mitarbeiter	Zirka 24.000 im Bereich Group Technology & Operations (31.03.2012)
IT-Budget	2.194 Millionen Euro für EDV-Aufwendungen (31.12.2011)
IT-Benutzer	Keine Angaben

IT-STRATEGIE

Ziele	Unterstützung und Umsetzung der Konzern- sowie Geschäftsbereichsstrategie durch effektive, kostenbewusste IT-Plattformen sowie eine integrative Architekturlandschaft und ein cross-divisionales Architektur-Management, Optimieren und weiterführende Automatisierung im Prozess- und Transaktions-Management, Weiterentwicklung von Collaboration-Plattformen sowie Ausbau der Online- und Mobile-Banking-Technologie zur Anwendung im Client-Relationship-Management
Verantwortung	Bereich Group Technology & Operations: Martin Slumbers (Global Business Services), Anthony McCarthy, Wolfgang Gaertner, Rolf Riemenschnitter (Global Technology), Thorsten Demel (GTO COO), Karen Bell (GTO Regional Management), Jeff Baer (Global Logistics Services)

AUSRICHTUNG

zentral	●○○○○	dezentral
standardisiert	○○●○○	best of breed
viel Outsourcing	○○●○○	wenig Outsourcing

Weitere Informationen unter:
premium.cio.de/top-500/unternehmen/deutsche-bank-ag

Commerzbank AG

UNTERNEHMENSINFORMATIONEN

Stephan Müller

Die **Commerzbank Aktiengesellschaft** ist die zweitgrößte Großbank Deutschlands. Sie ist als Universalbank tätig, betreut weltweit 15 Millionen Privat- und Firmenkunden und ist aktives Mitglied der Cash Group.

Hauptsitz	Frankfurt am Main
Website	www.commerzbank.de
Bilanzsumme	661.800 Millionen Euro (Ende 2011)
Mitarbeiter	58.160 (Ende 2011)
Vorstandsressorts	Martin Blessing (Vorstandsvorsitzender), Frank Annuscheit, Markus Beumer, Stephan Engels, Jochen Klösges, Michael Reuther, Stefan Schmittmann, Ulrich Sieber, Martin Zielke
Tochterunternehmen	Comdirect-Bank AG, Eurohypo AG, Commerz Systems GmbH und weitere

IT-KENNZAHLEN

CIO	Stephan Müller
IT-Mitarbeiter	Zirka 4.000 (Ende 2011)
IT-Budget	Zirka 1.200 Millionen Euro für 2012, zirka 1.000 Millionen Euro für 2013
IT-Benutzer	Zirka 58.000

IT-STRATEGIE

Ziele	Ausrichtung der IT-Leistungen an den Bedürfnissen der internen und externen Kunden auf Basis gemeinsamer technischer Komponenten (wo möglich), dadurch kontinuierliche Steigerung von Effektivität und Effizienz
Verantwortung	CIO berichtet direkt an Vorstand
Anwendungen	Privatkundenvertrieb: TOM, EVA; Wertpapierabwicklung: Cowias; Buchung: CoRealK; Handels-Frontend: Summit, Murex
Dienstleister	Steria Mummert Consulting, Atos, Accenture, IBM, HP

AUSRICHTUNG

zentral	○●○○○	dezentral
standardisiert	○○●○○	best of breed
viel Outsourcing	○○○●○	wenig Outsourcing

Weitere Informationen unter:
premium.cio.de/top-500/unternehmen/commerzbank-ag

KfW Bankengruppe AöR

UNTERNEHMENSINFORMATIONEN

Dr. Edeltraud Leibrock

Die **KfW Bankengruppe** widmet sich insbesondere der Realisierung von öffentlichen Aufträgen wie der Förderung von Mittelstand und Existenzgründern, der Gewährung von Investitionskrediten an kleine und mittlere Unternehmen sowie der Finanzierung von Infrastrukturvorhaben, Wohnungsbau und Energiespartechniken.

Hauptsitz	Frankfurt am Main
Website	www.kfw.de
Bilanzsumme	494.800 Millionen Euro (31.12.2011)
Mitarbeiter	Zirka 5.000 (31.12.2011)
Vorstandsressorts	Dr. Ulrich Schröder (Vorsitzender, Konzernsteuerung), Dr. Günther Bräunig (Kapitalmarkt, Personal, Recht), Dr. Norbert Kloppenburg (Internationale Finanzierungen), Dr. Edeltraud Leibrock (Organisation, IT), Bernd Loewen (Risiko, Rechnungswesen), Dr. Axel Nawrath (Inländische Finanzierungen, Umweltvorstand)
Tochterunternehmen	KfW IPEX-Bank GmbH, DEG Deutsche Investitions- und Entwicklungsgesellschaft mbH u. a.

IT-KENNZAHLEN

CIO	Dr. Edeltraud Leibrock
IT-Mitarbeiter	430 (31.12.2011)
IT-Budget	31,45 Millionen Euro*
IT-Benutzer	Zirka 5.000 (31.12.2011)

IT-STRATEGIE

Ziele	Der Bereich IT der KfW Bankengruppe versteht sich als Business-Partner der Fachbereiche und richtet seine Leistungen an den geschäftsstrategischen Zielen der KfW aus. Der Bereich IT ist Partner der internen Kunden mit Richtlinienkompetenz in IT-Themen und berät die Fachbereiche mit Verantwortung für die Bank insgesamt.
Verantwortung	Innerhalb des Verantwortungsbereichs von Dr. Edeltraud Leibrock wird der Bereich IT von Klaus Neumann geleitet. Entscheidungen zum Projektportfolio trifft ein bankweites Projekt Board. Der Bereich IT verantwortet sowohl die IT der KfW als auch die ihrer Tochtergesellschaft KfW IPEX-Bank. Strategische IT-Entscheidungen der Tochtergesellschaft DEG werden mit dem Bereich IT der KfW abgestimmt.

AUSRICHTUNG

zentral	○●○○○	dezentral
standardisiert	○○●○○	best of breed
viel Outsourcing	○○○●○	wenig Outsourcing

Weitere Informationen unter:
premium.cio.de/top-500/unternehmen/kfw-bankengruppe-aoer

*nach Angaben von MBmedien

UniCredit Bank AG

UNTERNEHMENSINFORMATIONEN

Heinz Laber

Die **UniCredit Bank AG,** bekannt unter ihrer Marke „Hypovereinsbank" (HVB), ist ein Tochterunternehmen der UniCredit S.p.A., einer in Europa tätigen Großbank mit Hauptsitz in Mailand. Die HVB ist als Universalbank in Deutschland tätig, wobei sie sich auf das Privat- und Firmenkundengeschäft sowie auf kundenbezogene Kapitalmarktaktivitäten und das Private Banking konzentriert.

Hauptsitz	München
Website	www.hypovereinsbank.de
Bilanzsumme	400.400 Millionen Euro (2011)
Mitarbeiter	21.472 (2011, HVB Group)
Vorstandsressorts	Theodor Weimer (Vorstandssprecher), Peter Buschbeck (Privatkunden, SMB), Lutz Diederichs (Corporate & Investment Banking), Jürgen Danzmayr (Private Banking), Andrea Umberto Varese (CRO), Peter Hofbauer (CFO), Heinz Laber (Arbeitsdirektor; Org, Einkauf, Backoffice, IT, Corp. Logistics & Facility Management)
Tochterunternehmen	Bankhaus Neelmeyer AG, DAB Bank AG, Unicredit Direct Services GmbH, HVB Immobilien AG, Unicredit Leasing GmbH, HVB Profil Gesellschaft für Personalmanagement mbH, iii-investments, PlanetHome AG, Wealth Management Capital Holding GmbH

IT-KENNZAHLEN

CIO	Heinz Laber
IT-Mitarbeiter	Zirka 850 (2011)*
IT-Budget	Zwölf Prozent vom Umsatz
IT-Benutzer	Zirka 18.350 (2011)*

IT-STRATEGIE

Ziele	Unterstützung der Geschäftsfelder- und Konzernstrategien durch gemeinsame IT-Plattform, Architektur-Management und klare Strukturprozesse
Verantwortung	Zentraler Dienstleister für Kunden und Mitarbeiter
Anwendungen	Kontokorrent-, Risiko-, Finance-, Controlling- und Treasury-Systeme
Dienstleister	Service Management & Governance, HR Shared Service Center

AUSRICHTUNG

zentral	○●○○○	dezentral
standardisiert	○●○○○	best of breed
viel Outsourcing	○●○○○	wenig Outsourcing

Weitere Informationen unter:
premium.cio.de/top-500/unternehmen/unicredit-bank-ag

*nach Angaben von MBmedien

LBBW Landesbank Baden-Württemberg AöR

UNTERNEHMENSINFORMATIONEN

Dr. Martin Setzer

Die **Landesbank Baden-Württemberg (LBBW)** ist Universalbank und internationale Geschäftsbank. Zu ihr gehören die drei regionalen Kundenbanken Baden-Württembergische Bank (BW-Bank), Rheinland-Pfalz Bank und Sachsen Bank. Für die Sparkassen in Baden-Württemberg, Rheinland-Pfalz und Sachsen übernimmt sie die Zentralbankfunktion. Auf dem Gebiet der Landeshauptstadt Stuttgart erfüllt die BW-Bank für die LBBW die Aufgaben einer Sparkasse.

Hauptsitz	Stuttgart
Website	www.lbbw.de
Bilanzsumme	373.100 Milliarden Euro (31.12.2011)
Mitarbeiter	12.231 (31.12.2011)
Vorstandsressorts	Hans-Jörg Vetter (Vorstandsvorsitzender), Michael Horn (Stellvertretender Vorstandsvorsitzender), Ingo Martin Mandt (Mitglied des Vorstands), Hans-Joachim Strüder (Mitglied des Vorstands), Karl-Manfred Lochner (Mitglied des Vorstands), Dr. Martin Setzer (Generalbevollmächtigter, COO)

IT-KENNZAHLEN

CIO	Dr. Martin Setzer
IT-Mitarbeiter	771 (Prognose zum 31.12.2012)
IT-Budget	Mehr als 250 Millionen Euro
IT-Benutzer	Über 12.000

IT-STRATEGIE

Ziele	Integrationsfähigkeit, Standardisierung, Reduktion der Fertigungstiefe
Verantwortung	Dr. Martin Setzer
Anwendungen	Eigenentwickeltes Kernbankensystem (Konto3000/ProFIS), Wertpapiersystem BOS/DIS, Calypso, Kondor sowie Financial Data Base und SAP
Dienstleister	IBM Deutschland GmbH, Cellent Finance Solutions AG, DPS Engineering GmbH, Calypso, Misys, T-Systems

AUSRICHTUNG

zentral	○●○○○	dezentral
standardisiert	○○●○○	best of breed
viel Outsourcing	○○○●○	wenig Outsourcing

Weitere Informationen unter:
premium.cio.de/top-500/unternehmen/lbbw-landesbank-baden-wuerttemberg-aoer

BayernLB AöR

UNTERNEHMENSINFORMATIONEN

Nils Niermann

Die **Bayerische Landesbank (BayernLB)** ist eine Anstalt des öffentlichen Rechts. Sie ist Hausbank des Freistaates Bayern und Zentralbank für die bayerischen Sparkassen. Mit Ausnahme der Führung von Spareinlagen betreibt das Institut als Universalbank alle Arten von Bankgeschäften. Im November 2008 kündigte die bayerische Staatsregierung an, aufgrund der Finanzkrise vom Herbst 2008 sowie der 2015 auslaufenden Übergangsfrist für die staatliche Gewährträgerhaftung die BayernLB bis 2014 teilweise und bis Ende 2015 vollständig zu privatisieren.

Hauptsitz	München
Website	www.bayernlb.de
Bilanzsumme	309.144 Millionen Euro (2011)
Mitarbeiter	10.893 (2011)
Vorstandsressorts	Gerd Häusler (Vorstandsvorsitzender), Dr. Edgar Zoller (Stellv. Vorstandsvorsitzender), Jan-Christian Dreesen (Mitglied des Vorstands), Marcus Kremer (Mitglied des Vorstands), Stephan Winkelmeier (Mitglied des Vorstands), Nils Niermann (Mitglied des Vorstands, unter anderem für IT zuständig)

IT-KENNZAHLEN

CIO	Nils Niermann
IT-Mitarbeiter	Zirka 400 (ohne Tochterunternehmen, 2011)*
IT-Budget	Zirka 200 Millionen Euro (ohne Tochterunternehmen, 2011)*
IT-Benutzer	Zirka 5.200 (ohne Tochterunternehmen, 2011)*

AUSRICHTUNG

zentral	●○○○○	dezentral
standardisiert	○●○○○	best of breed
viel Outsourcing	○○●○○	wenig Outsourcing

Weitere Informationen unter: premium.cio.de/top-500/unternehmen/bayerische-landesbank-aoer

*nach Angaben von MBmedien

DZ Bank AG

UNTERNEHMENSINFORMATIONEN

Die **DZ Bank AG** Deutsche Zentral-Genossenschaftsbank ist innerhalb des genossenschaftlichen Finanzsektors als Zentralinstitut für mehr als 900 Kreditgenossenschaften zuständig. Darüber hinaus ist die DZ Bank Geschäftsbank für Firmenkunden sowie für Institutionelle aus dem In- und Ausland. Sie fungiert darüber hinaus als Holding für Verbundunternehmen der DZ Bank Gruppe.

Hauptsitz	Frankfurt am Main
Website	www.dzbank.de
Bilanzsumme	245.412 Millionen Euro (2011)
Mitarbeiter	3.909 (2011)
Vorstandsressorts	Wolfgang Kirsch (Vorstandsvorsitzender), Lars Hille (Allg. Geschäftsführung), Wolfgang Köhler (Allg. Geschäftsführung), Hans-Theo Macke (Allg. Geschäftsführung), Albrecht Merz (Finanzen/Controlling), Thomas Ullrich (IT, Organisation, Operations/Services und Personal), Frank Westhoff (Kredit und Recht einschließlich Compliance Office, Datenschutz)

IT-KENNZAHLEN

CIO	Thomas Ullrich
IT-Mitarbeiter	1.150*
IT-Budget	200,77 Millionen Euro*
IT-Benutzer	22.560*

IT-STRATEGIE

Ziele	Die IT ist Partner und Dienstleister der Fachbereiche und ermöglicht die erfolgreiche Umsetzung der Geschäftsstrategien; sie ist verantwortlich für den sicheren und stabilen IT-Betrieb der Anwendungen und für eine mittelfristige Stabilisierung der IT-Kosten-Basis
Anwendungen	SAP (Kernbankensystem, Controlling, Rechnungswesen, Meldewesen), Geno WP (Beratung und Verkauf Wertpapiere und Fonds), VR BankenPortal (gebündelte Informationsversorgung der Volksbanken und Raiffeisen-Banken), Murex (Geld, Devisen, Renten und OTC), Front Arena (Aktien und Derivate), IQUBIC (Priceserver), Octagon (Abwicklung)

AUSRICHTUNG**

zentral	○●○○○	dezentral
standardisiert	○●○○○	best of breed
viel Outsourcing	○●○○○	wenig Outsourcing

Weitere Informationen unter: http://premium.cio.de/top-500/unternehmen/dz-bank-ag

*nach Angaben von MBmedien; **Schätzung der CIO-Redaktion*

Hypo Real Estate Holding AG

UNTERNEHMENSINFORMATIONEN

Die **Hypo Real Estate Holding (HRE)** ist eine seit 2009 verstaatlichte deutsche Bankenholding. Zum HRE-Konzern gehören die Deutsche Pfandbriefbank AG und die Depfa Bank plc, die in den Bereichen gewerbliche Immobilienfinanzierungen sowie Staats- und Infrastrukturfinanzierungen tätig sind.

Hauptsitz	Unterschleißheim
Website	www.hyporealestate.de
Bilanzsumme	236.600 Millionen Euro (2011)
Mitarbeiter	1.419 (2011)
Vorstandsressorts	Manuela Better (Vorsitzende), Dr. Bernhard Scholz (Immobilienfinanzierung), Alexander Freiherr von Uslar-Gleichen (CFO), Wolfgang Groth (Treasury/Asset Management)

IT-KENNZAHLEN

CIO	Wolfgang Groth
IT-Mitarbeiter	Zirka 100
IT-Budget	11,69 Millionen Euro*
IT-Benutzer	Zirka 1.400 plus „temporary user"

IT-STRATEGIE

Ziele	Effektive und effiziente Unterstützung der Geschäftsmodelle der Bank, basierend auf Standardsoftwarelösungen
Anwendungen	SAP und Summit

AUSRICHTUNG

zentral	●○○○○	dezentral
standardisiert	○●○○○	best of breed
viel Outsourcing	○●○○○	wenig Outsourcing

Weitere Informationen unter: premium.cio.de/top-500/unternehmen/hypo-real-estate-holding-ag

*nach Angaben von MBmedien

NordLB Nordd. Landesbank Girozentrale

UNTERNEHMENSINFORMATIONEN

Andreas Fischelscher

Die **Norddeutsche Landesbank Girozentrale,** kurz: Nord/LB, ist ein Kreditinstitut in der Rechtsform einer gemeinsamen rechtsfähigen Anstalt des öffentlichen Rechts der deutschen Länder Niedersachsen und Sachsen-Anhalt. Sie ist Landesbank und zugleich Girozentrale für die Sparkassen in Niedersachsen, Sachsen-Anhalt und Mecklenburg-Vorpommern.

Hauptsitz	Hannover
Website	www.nordlb.de
Bilanzsumme	227.630 Millionen Euro (2011)
Mitarbeiter	4.523

IT-KENNZAHLEN

CIO	Andreas Fischelscher
IT-Mitarbeiter	330
IT-Budget	205 Millionen Euro für 2012
IT-Benutzer	4.523

IT-STRATEGIE

Ziele	Effiziente und sichere IT und Organisation, die die Strategie der Bank nachhaltig unterstützt, Zukunftsfähigkeit der IT-Architektur (Daten, Funktionen) und der Strukturen und Prozesse der Bank
Verantwortung	Bereitstellung, Steuerung und Betrieb der Gesamt-IT, Umsetzung und Steuerung der Unternehmensprojekte, zentraler Dienstleister für Prozesse und Organisation der Bank
Anwendungen	OSPlus, SAP (Fokus Banksteuerung), Murex, diverse Eigenentwicklungen (Host-Plattform und Java-Plattformen)
Dienstleister	Finanz Informatik, IBM, Cap Gemini, Steria Mummert

AUSRICHTUNG

zentral	○●○○○	dezentral
standardisiert	○○●○○	best of breed
viel Outsourcing	○○●○○	wenig Outsourcing

Weitere Informationen unter:
premium.cio.de/top-500/unternehmen/nordlb-norddeutsche-landesbank-girozentrale

Hypothekenbank Frankfurt AG

UNTERNEHMENSINFORMATIONEN

Die **Hypothekenbank Frankfurt AG**, vormals Eurohypo AG, ist eine Spezialbank für gewerbliche Immobilien und Staatsfinanzierung. Sie ist eine hundertprozentige Tochtergesellschaft der Commerzbank. In Entsprechung der Abwicklungsauflage der EU-Kommission im Rahmen der gewährten Staatshilfen an die Commerzbank wurde die Eurohypo in die Bereiche „Commercial Real Estate" und „Public Finance" aufgespalten. Gemäß einer Vorgabe der EU-Kommission musste die Marke Eurohypo aufgegeben werden, zum 31. August 2012 erfolgte die Umbenennung in „Hypothekenbank Frankfurt AG".

Hauptsitz	Eschborn
Website	www.eurohypo.de
Bilanzsumme	209.900 Millionen Euro (2011)
Mitarbeiter	1.170 (2011)
Vorstandsressorts	Thomas Köntgen (Sprecher des Vorstands), Dr. Thomas Bley (Finanzen/Controlling), Sascha Klaus (Allg. Geschäftsführung), Ralf Woitschig (Allg. Geschäftsführung)

IT-KENNZAHLEN

CIO	Ralf Woitschig*
IT-Mitarbeiter	Zirka 50 (2011)*
IT-Budget	Zirka 10 Millionen Euro (2011)*
IT-Benutzer	Zirka 1.030 (2011)*

AUSRICHTUNG

zentral	○●○○○	dezentral
standardisiert	○○○●○	best of breed
viel Outsourcing	○○○●○	wenig Outsourcing

Weitere Informationen unter:
premium.cio.de/top-500/unternehmen/eurohypo-ag

*nach Angaben von MBmedien

Foto: © MEV-Verlag, Germany

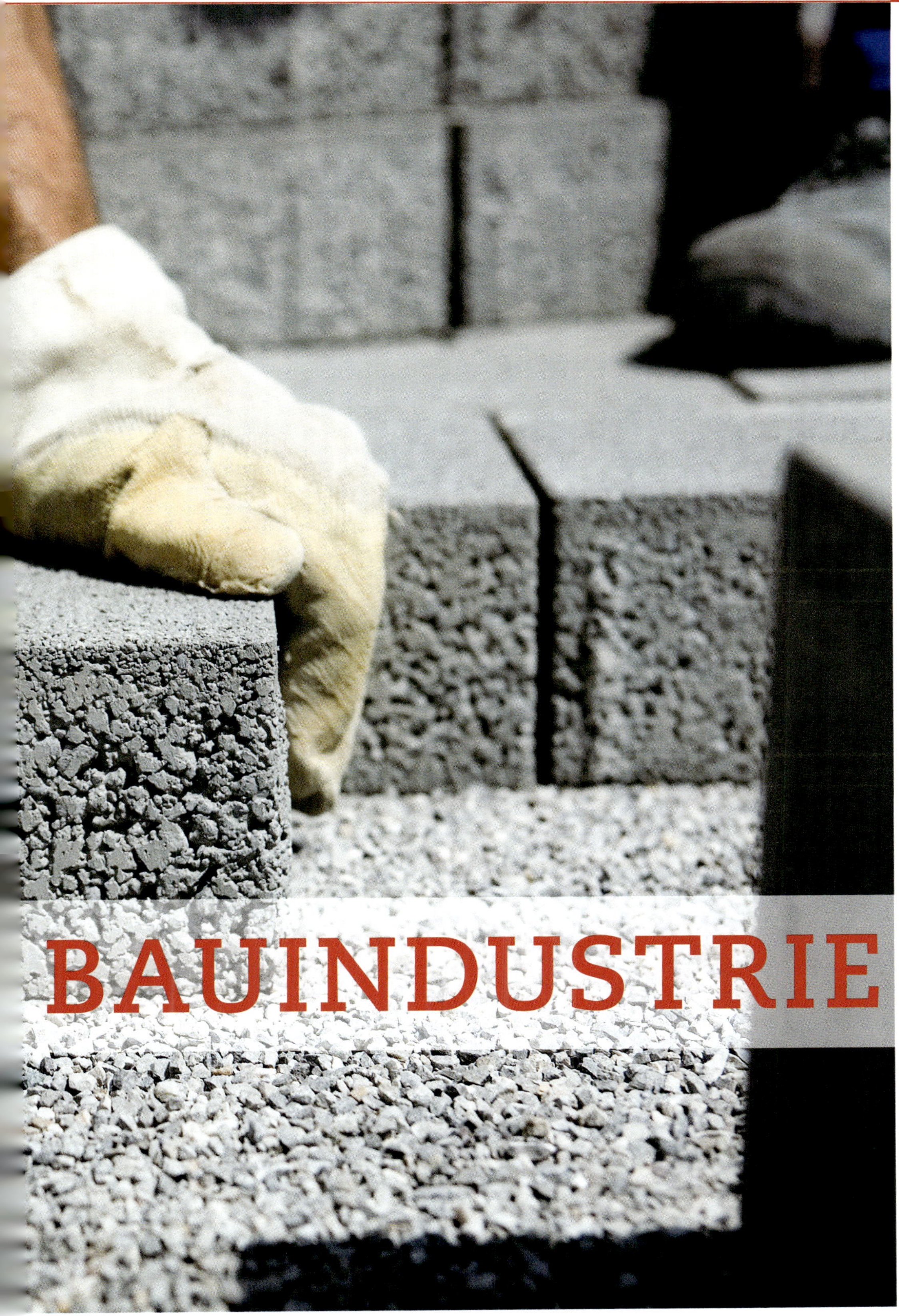

BAUINDUSTRIE

Hochtief AG

UNTERNEHMENSINFORMATIONEN

Frank Schroeder

Die **Hochtief AG** ist ein börsennotierter, international tätiger Baudienstleister. Das Unternehmen ist in Deutschland Marktführer und weltweit der fünftgrößte Baudienstleister. Die Angebotspalette des Konzerns umfasst die Entwicklung, den Bau und Dienstleistungen sowie Konzessionen und Betrieb.

Hauptsitz	Essen
Website	www.hochtief.de
Umsatz	23.282 Millionen Euro
Mitarbeiter	76.736
Vorstandsressorts	Frank Stieler (CEO), Marcelino Fernándes Verdes (COO), Peter Sassenfeld (CFO, Arbeitsdirektor)
Tochterunternehmen	Leighton Holdings, Turner Construction Company, Flatiron Construction Corp., E.E. Cruz

IT-KENNZAHLEN

CIO	Frank Schroeder
IT-Mitarbeiter	3.395*
IT-Budget	394,57 Millionen Euro*
IT-Benutzer	21.880*

IT-STRATEGIE

Ziele	Optimale, angemessene Unterstützung der Unternehmenseinheiten und Geschäftsprozesse mit standardisierten, modularen IT-Lösungen. Zielgerichtete Konfiguration und Adaption der am Markt verfügbaren IT-Produkte und -Standards
Verantwortung	Corporate-IT-Management: CIO berichtet an Leiter Konzernentwicklung, außerdem gibt es IT-Verantwortliche in den Konzerndivisionen Europe, Americas und Asia Pacific Concessions. Das Corporate-IT-Management ist im Innovations-Management integriert. Externe IT-Dienstleistungen werden über das Vertrags-Management des Konzerns gesteuert und koordiniert.
Anwendungen	Microsoft, SAP, Navision, Autodesk, Collaboration / Projekt- und Plan-Management-Tools

AUSRICHTUNG

zentral	○●○○○	dezentral
standardisiert	○●○○○	best of breed
viel Outsourcing	○●○○○	wenig Outsourcing

Weitere Informationen unter:
premium.cio.de/top-500/unternehmen/hochtief-ag

**nach Angaben von MBmedien*

Eurobaustoff Handelsgesellschaft mbH & Co. KG

UNTERNEHMENSINFORMATIONEN

Die **Eurobaustoff Handelsgesellschaft mbH & Co. KG** ist ein europaweit tätiger Unternehmensverbund im Groß- und Einzelhandel mit Baustoffen, Holz und Fliesen. Kommanditisten von Eurobaustoff sind rund 500 mittelständische, selbstständige Baustofffachhändler; die meisten Gesellschafter haben ihre Niederlassungen in Deutschland.

Hauptsitz	Karlsruhe und Bad Nauheim
Website	www.eurobaustoff.de
Umsatz	12.100 Millionen Euro (2011)
Mitarbeiter	263 (2011)
Vorstandsressorts	Ulrich Wolf (Vorsitzender der Geschäftsführung), Jörg Hoffmann (Geschäftsführer), Ralf Kaspar Kemmerling (Geschäftsführer), Boy Meesenburg (Aufsichtsratsvorsitzender)
Tochterunternehmen	Eurobaustoff Versicherungsmakler GmbH, Infokom GmbH (IT-Dienstleister)

IT-KENNZAHLEN

CIO	Marco Spies*
IT-Mitarbeiter	10 (2011)*
IT-Budget	1,25 Millionen Euro (2011)*
IT-Benutzer	70 (2011)*

AUSRICHTUNG**

zentral	○●○○○	dezentral
standardisiert	○○○●○	best of breed
viel Outsourcing	○●○○○	wenig Outsourcing

Weitere Informationen unter:
premium.cio.de/top-500/unternehmen/eurobaustoff-handelsgesellschaft-mbh-co-kg

*nach Angaben von MBmedien; **Schätzung der CIO-Redaktion

HeidelbergCement AG

UNTERNEHMENSINFORMATIONEN

Dr. Wolfgang Standhaft

Die **HeidelbergCement AG** ist ein börsennotierter deutscher Baustoffkonzern. Zum Angebot zählen Normalzemente, Sonderzemente beispielsweise für den Bau von Wasserbauwerken und Kläranlagen sowie Spezialbindemittel und Umwelttechnik. Weitere Geschäftsfelder sind Zuschlagsstoffe wie Sand und Kies, Beton- und Kalkprodukte.

Hauptsitz	Heidelberg
Website	www.heidelbergcement.com
Umsatz	11.762 Millionen Euro
Mitarbeiter	53.437

IT-KENNZAHLEN

CIO	Dr. Wolfgang Standhaft
IT-Mitarbeiter	Zirka 750
IT-Budget	Zirka 135 Millionen Euro für 2012
IT-Benutzer	Zirka 28.000

IT-STRATEGIE

Ziele	Standardisierung von Infrastruktur und Key-Applikationen
Anwendungen	Oracle, SAP, Microsoft, Inform
Dienstleister	Xeptum

AUSRICHTUNG

zentral	○●○○○	dezentral
standardisiert	○○●○○	best of breed
viel Outsourcing	○○○●○	wenig Outsourcing

Weitere Informationen unter:
premium.cio.de/top-500/unternehmen/heidelbergcement-ag

Knauf Gips KG

UNTERNEHMENSINFORMATIONEN

Die **Knauf Gips KG** ist ein Hersteller von Baustoffen aus Gips, Dämm- und Isolierstoffen, bauchemischen Produkten, Formteilen und Verpackungen sowie Baumaschinen. Das Unternehmen ist Teil der Knauf Gruppe Deutschland, die weltweit mehr als 150 Werke betreibt.

Hauptsitz	Iphofen
Website	www.knauf.de
Bilanzsumme	Zirka 5.200 Millionen Euro (2011)
Mitarbeiter	Zirka 24.000 (2011)
Vorstandsressorts	Alexander Knauf (Vorsitzender der Geschäftsleitung), Manfred Grundke (Allg. Geschäftsführung), Edgar Binnemann (Allg. Geschäftsführung)
Tochterunternehmen	Knauf AMF, Knauf Bauprodukte, Knauf Dämmstoffe, Knauf Insulation, Knauf Integral, Knauf Perlite, Knauf PFT, Marbos, Richter System, Sakret Bausysteme, Knauf Information Services

IT-KENNZAHLEN

CIO	Dietmar Kieslich (Knauf Information Services GmbH)
IT-Mitarbeiter	Zirka 360 (2011)*
IT-Budget	Zirka 40 Millionen Euro (2011)*
IT-Benutzer	Zirka 2.320 (2011)*

AUSRICHTUNG**

zentral	○○○●○	dezentral
standardisiert	○●○○○	best of breed
viel Outsourcing	○○○●○	wenig Outsourcing

Weitere Informationen unter: premium.cio.de/top-500/unternehmen/knauf-gips-kg

*nach Angaben von MBmedien; **Schätzung der CIO-Redaktion

STRABAG AG

UNTERNEHMENSINFORMATIONEN

Die **STRABAG AG** ist seit über 80 Jahren im deutschen Verkehrswegebau tätig. Im Konzernverbund der STRABAG SE, die zu den größten europäischen Baukonzernen zählt, bearbeitet die STRABAG AG mit ihren zahlreichen Tochter- und Beteiligungsgesellschaften vorwiegend die Fläche Deutschland. Das Unternehmen verfügt über ein flächendeckendes Netz von Asphaltmischanlagen, Steinbrüchen, Schotterwerken sowie Sand- und Kiesgruben im gesamten Bundesgebiet.

Hauptsitz	Köln
Website	www.strabag.de
Umsatz	3.787 Millionen Euro (2011)
Mitarbeiter	11.676 (2011)
Vorstandsressorts	Dr. Thomas Birtel (Finanzen, Rechnungswesen, Controlling, Risiko-Management), Dr. Walter Fleischer (Techn. Unternehmensbereichsleiter, Forschung & Entwicklung, IQM, Umweltschutz/Arbeitssicherheit), Peter Kern (Kfm. Unternehmensbereichsleiter, Personal, Compliance, Recht, Revision, Beschaffungs-Management, BMTI), Jörg Rösler (Techn. Unternehmensbereichsleiter, BMTI), Lothar Schulz (Techn. Unternehmensbereichsleiter, Vermessung & Abrechnung, BMTI)
Tochterunternehmen	Josef Riepl Unternehmen für Ingenieur- und Hochbau GmbH (Regensburg), STRABAG Projektentwicklung GmbH (Köln), STRABAG Sportstättenbau GmbH (Dortmund)

IT-KENNZAHLEN

CIO	Dr. Walter Fleischer
IT-Budget	Zirka 68,40 Millionen Euro (2011)*
IT-Benutzer	Zirka 2.500 (2011)*

IT-STRATEGIE

Dienstleister	BRVZ Bau-, Rechen- und Verwaltungszentrum GmbH (Köln)

AUSRICHTUNG

zentral	○○○●○	dezentral
standardisiert	○●○○○	best of breed
viel Outsourcing	○○○●○	wenig Outsourcing

Weitere Informationen unter:
premium.cio.de/top-500/unternehmen/strabag-ag

*nach Angaben von MBmedien

Ed. Züblin AG

UNTERNEHMENSINFORMATIONEN

Die **Ed. Züblin AG** ist eines der großen deutschen Bauunternehmen mit Schwerpunkt Hoch- und Ingenieurbau. Der Konzern verfügt über zahlreiche Niederlassungen und Tochtergesellschaften im In- und Ausland. Das Leistungsspektrum umfasst dabei alle baurelevanten Aufgaben – vom komplexen Schlüsselfertigbau über den Ingenieur-, Brücken- oder Tunnelbau bis hin zum Bereich Public Private Partnership. Züblin gehört zum Unternehmensverbund der österreichischen STRABAG SE.

Hauptsitz	Stuttgart
Website	www.zueblin.de
Umsatz	2.714 Millionen Euro (2011)
Mitarbeiter	13.411 (2011)
Vorstandsressorts	Jörn Beckmann (Vorstandsmitglied), Karl-Heinz Müller (Vorstandsmitglied), Klaus Pöllath (Vorstandsmitglied), Hans-Joachim Rühlig (Finanzen/Controlling), Edgar Schömig (Vorstandsmitglied), Dr. Alexander Tesche (Vorstandsmitglied)
Tochterunternehmen	Züblin International GmbH, Züblin Spezialtiefbau GmbH, Züblin Stahlbau GmbH, Züblin Bayern/Systembau, Züblin Umwelttechnik GmbH, Züblin Gebäudetechnik GmbH, Züblin MAB GmbH

IT-KENNZAHLEN

CIO	Matthias Steinbach
IT-Budget	Zirka 36 Millionen Euro (2011, inkl. Fachbereiche und TK-Kosten)*
IT-Benutzer	Zirka 2500 (2011)*

IT-STRATEGIE

Dienstleister	BRVZ Bau-, Rechen- und Verwaltungszentrum GmbH (Stuttgart)

AUSRICHTUNG**

zentral	○○○●○	dezentral
standardisiert	○●○○○	best of breed
viel Outsourcing	○○○●○	wenig Outsourcing

Weitere Informationen unter:
premium.cio.de/top-500/unternehmen/ed-zueblin-ag

*nach Angaben von MBmedien; **Schätzung der CIO-Redaktion*

M+W Group GmbH

UNTERNEHMENSINFORMATIONEN

Die **M+W Group GmbH** bietet weltweit ein ganzheitliches Dienstleistungsspektrum rund um High-Tech-Gebäude und Produktionsanlagen einschließlich Wartung, Instandhaltung und Modernisierung. Die in Stuttgart ansässige Muttergesellschaft M+W Group GmbH steuert die weltweiten Tätigkeiten der Gruppe sowie die drei Geschäftsbereiche „Facility Solutions", „Process Solutions" und „Product Solutions".

Hauptsitz	Stuttgart
Website	www.mwgroup.net
Branche	Automobil
Umsatz	2.482 Millionen Euro (2011)
Mitarbeiter	7.084 weltweit (2011)
Vorstandsressorts	Georg Stumpf (Chairman of the Supervisory Board), Jürgen Wild (CEO), Dr. Hannes Rosenthaler (CFO)

IT-KENNZAHLEN

CIO	Ralf Schweller
IT-Mitarbeiter	Zirka 270 (2011)*
IT-Budget	Zirka 31 Millionen Euro (2011)*
IT-Benutzer	Zirka 1.760 (2011)*

AUSRICHTUNG

zentral	○○●○○	dezentral
standardisiert	○●○○○	best of breed
viel Outsourcing	○○●○○	wenig Outsourcing

Weitere Informationen unter:
premium.cio.de/top-500/unternehmen/M+W-Group-GmbH

**nach Angaben von MBmedien*

SCHÜCO International KG

UNTERNEHMENSINFORMATIONEN

Kurt Trautmann

Die **Schüco International KG** ist ein Unternehmen der Bauzulieferbranche. Es stellt vor allem Fenster- und Türsysteme her, außerdem Glasfassaden, Solarsysteme, Wintergärten, Balkone und Rollläden. Das Unternehmen gehört seit Mitte der 1960er Jahre zur Otto Fuchs KG.

Hauptsitz	Bielefeld
Website	www.schueco.de
Umsatz	2.230 Millionen Euro (2011)*
Mitarbeiter	5.000*
Vorstandsressorts	Dr. Hinrich Mählmann (Geschäftsführung), Horst Platzhoff (Geschäftsleitung), Dr. Nico Reiner (Geschäftsleitung), Helmut Marzahn (Geschäftsleitung), Carsten Heuer (Geschäftsleitung)
Tochterunternehmen	Malibu GmbH & Co. KG, Schüco PWS GmbH & Co. KG, Schüco Solar Projekt GmbH, Schüco Service GmbH

IT-KENNZAHLEN

CIO	Kurt Trautmann
IT-Mitarbeiter	250
IT-Budget	25,87 Millionen Euro für 2012
IT-Benutzer	1.450 (2011)

IT-STRATEGIE

Ziele	Flexibilisierung der IT-Leistungserbringung bei steigender Nachfrage, Erhöhung der Stabilität und Effizienz des Service Center IT, Verbreitung von IT-Innovationen innerhalb von ZF, Stärkung des Service Center IT in den Regionen
Verantwortung	CIO berichtet an den Vorstand Finanzen, interne weltweit aufgestellte Serviceeinheit, professionelle Services zu Marktpreisen
Anwendungen	MS Office, MS Outlook, SAP, Navision, Axalant PLM, Pro/E, Catia

AUSRICHTUNG**

zentral	○●○○○	dezentral
standardisiert	○○●○○	best of breed
viel Outsourcing	○○●○○	wenig Outsourcing

Weitere Informationen unter:
premium.cio.de/top-500/unternehmen/schueco-international-kg

*nach Angaben von MBmedien; **Schätzung der CIO-Redaktion*

Dyckerhoff AG

UNTERNEHMENSINFORMATIONEN

Die **Dyckerhoff AG** ist ein börsennotierter Baustoffhersteller und gehört mehrheitlich zur italienischen Buzzi-Unicem-Gruppe. Die Kerngeschäfte der Dyckerhoff AG und ihrer Beteiligungen umfassen Produktion und Vertrieb von Zement und Transportbeton.

Hauptsitz	Wiesbaden
Website	www.dyckerhoff.de
Umsatz	Zirka 1.600 Millionen Euro (2011)
Mitarbeiter	Zirka 6.790 weltweit (2011)
Vorstandsressorts	Wolfgang Bauer (Vorstandsvorsitzender), Michele Buzzi (Unternehmensentwicklung, Managing Director), Dr. Stefan Fink (Finanzen und Controlling), Dr. Stefan John (Business Services)
Tochterunternehmen	Deuna Zement GmbH (Deuna), Dyckerhoff Beton GmbH & Co. KG (Wiesbaden)

IT-KENNZAHLEN

CIO	Wolfgang Peseke
IT-Mitarbeiter	Zirka 310 (2011)*
IT-Budget	Zirka 21 Millionen Euro (2011)*
IT-Benutzer	Zirka 3.800 (2011)*

IT-STRATEGIE

Dienstleister	digit Dienstleistungs- und Ingenieurgesellschaft für Informationstechnik mbH (Griesheim, Hess)

AUSRICHTUNG**

zentral	○○○●○	dezentral
standardisiert	○●○○○	best of breed
viel Outsourcing	○○○●○	wenig Outsourcing

Weitere Informationen unter: premium.cio.de/top-500/unternehmen/dyckerhoff-ag

**nach Angaben von MBmedien; **Schätzung der CIO-Redaktion*

Max Bögl Bauunternehmung GmbH & Co. KG

UNTERNEHMENSINFORMATIONEN

Die Firmengruppe **Max Bögl Bauunternehmung GmbH & Co. KG** ist ein international tätiges Bauunternehmen mit den Bereichen Hochbau, Tiefbau, Ingenieurbau, Fertigteilwerke, Stahl- und Anlagenbau, Tunnelbau, Micro-Tunneling, Roh-und Baustoffe, Versicherungs- und Finanzdienstleistungen, Projektentwicklung sowie Erneuerbare Energien.

Hauptsitz	Sengenthal
Website	www.max-boegl.de
Bilanzsumme	1.600 Millionen Euro (2011)
Mitarbeiter	5.800 (2011)
Vorstandsressorts	Johann Bögl, Johann Braun, Johann Heß, Gerhard Hupfer, Johann Holzinger, Roland Zemler
Tochterunternehmen	Max Bögl Bauservice, Max Bögl Roh- und Baustoffe, Max Bögl Verkehrstechnik, Max Bögl Grundbesitzvermietungs und -verwaltungs-Ges., Max Bögl Hoch- und Tiefbau, Max Bögl Stahl- und Anlagenbau, Max Bögl Beteiligungs-Ges., Max Bögl Projektentwicklung, Max Bögl Transport und Geräte, Max Bögl Windpower Winnberg, Max Bögl Versicherungs- und Finanzdienstleistungen, IBOS GmbH, WÜWA Bau GmbH, BK Infrastruktur GmbH, Max Bögl Wind AG, Bögl Reitz GmbH

IT-KENNZAHLEN

CIO	Manfred Großhauser
IT-Mitarbeiter	Zirka 270 (2011)*
IT-Budget	Zirka 31 Millionen Euro (2011)*
IT-Benutzer	Zirka 1.740 (2011)*

AUSRICHTUNG**

zentral	○●○○○	dezentral
standardisiert	○●○○○	best of breed
viel Outsourcing	○●○○○	wenig Outsourcing

Weitere Informationen unter:
premium.cio.de/top-500/unternehmen/max-boegl-bauunternehmung-gmbh-co-kg

**nach Angaben von MBmedien; **Schätzung der CIO-Redaktion*

Foto: © Franz Pfluegl – Fotolia.com

CHEMIE

BASF SE

UNTERNEHMENSINFORMATIONEN

Dr. Robert Blackburn

Die **BASF SE** ist der zurzeit weltweit größte Chemiekonzern mit mehr als 390 internationalen Produktionsstandorten. Der Umsatz von BASF verteilt sich insbesondere auf die Geschäftsbereiche Chemikalien, Kunststoffe, Veredelungsprodukte, Functional Solutions, Pflanzenschutz und Ernährung, Öl und Gas sowie Biotechnologie und Gentechnik.

Hauptsitz	Ludwigshafen am Rhein
Website	www.basf.com
Umsatz	73.500 Millionen Euro (2011)
Mitarbeiter	111.141 (31.12.2011)
Vorstandsressorts	Dr. Kurt Bock (Vorsitzender des Vorstands, Ressort I), Margret Suckale (Arbeitsdirektorin, Ressort II), Dr. Hans-Ulrich Engel (Finanzvorstand, Ressort III), Michael Heinz (Ressort IV), Dr. Harald Schwager (Ressort V), Wayne T. Smith (Ressort VI), Dr. Andreas Kreimeyer (Sprecher der Forschung, Ressort VII), Dr. Martin Brudermüller (Stellvertretender Vorstandsvorsitzender, Ressort VIII)

IT-KENNZAHLEN

CIO	Dr. Robert Blackburn, President Information Services & Supply Chain Management
IT-Mitarbeiter	3.300
IT-Budget	1.000 Millionen Euro für 2012
IT-Benutzer	111.000

IT-STRATEGIE

Ziele

Zum Jahresbeginn 2012 wurde das Kompetenzzentrum Information Services um das Arbeitsgebiet Supply Chain Management erweitert und umbenannt in Information Services & Supply Chain Management (IS & SCM).Die IS & SCM-Strategie basiert auf der „We create chemistry“-Strategie der BASF. Das IS & SCM Kompetenzzentrum unterstützt BASF bei den Wachstumszielen und trägt erheblich zum Erreichen eines Wettbewerbsvorteils bei. Es bietet unterschiedliche Servicemodelle, ausgerichtet an spezifischen Kunden- und Industriezielgruppen, und entwickelt innovative Lösungen für eine nachhaltige Geschäftsentwicklung. Es wird als Lösungsanbieter wahrgenommen, der sich am Bedarf der Industrie ausrichtet.

AUSRICHTUNG

zentral	○○●○○	dezentral
standardisiert	○○●○○	best of breed
viel Outsourcing	○○●○○	wenig Outsourcing

Weitere Informationen unter:
premium.cio.de/top-500/unternehmen/basf-se

Bayer AG

UNTERNEHMENSINFORMATIONEN

Die **Bayer AG** ist ein weltweit tätiges Unternehmen der chemischen Industrie mit Kernkompetenzen auf den Gebieten Gesundheit, Ernährung und hochwertige Materialien. Der Bayer-Konzern verfügt heute weltweit über 350 Gesellschaften in Form von Tochter- und Beteiligungsunternehmen.

Daniel Hartert

Hauptsitz	Leverkusen
Website	www.bayer.de
Umsatz	36.528 Millionen Euro
Mitarbeiter	111.800
Vorstandsressorts	Dr. Marijn Dekkers (Vorsitzender), Werner Baumann (Finanzen), Dr. Wolfgang Plischke (Innovation, Technologie und Umwelt), Dr. Richard Pott (Strategie und Personal)

IT-KENNZAHLEN

CIO	Daniel Hartert
IT-Mitarbeiter	4.607 interne Fulltime Equivalents (FTE) (zzgl. 1.770 externe FTE)
IT-Budget	1.192 Millionen Euro für 2012
IT-Benutzer	115.100

IT-STRATEGIE

Ziele	Agieren auf Basis einheitlicher Standards für konzernweite Anwendung, Differenzierung für unterschiedliche Anforderungen der Teilkonzerne, kontinuierliches Benchmarking der internen Dienstleistungen, kontinuierliches Senken der IT-Kosten, Verringern der Komplexität von IT-Strukturen im Konzern, Erhöhung der Effizienz des Bayer-Arbeitsplatzes
Verantwortung	Konzern-CIO, CIOs der Teilkonzerne tragen Verantwortung für IT-Strategie der Teilkonzerne und treten als interne Auftraggeber auf; Bayer Business Services trägt Verantwortung für Serviceerbringung zu wettbewerbsfähigen Bedingungen und agiert selbst als interner Dienstleister
Anwendungen	Globale ERP- und Systeme für R&D sowie Marketing & Sales der Teilkonzerne, konzernweit einheitliche Systeme für Finance & Accounting, HR, Procurement, Logistics sowie für den Arbeitsplatz einschl. Kollaboration
Dienstleister	BBS, Microsoft, SAP, ATOS, Cap Gemini

AUSRICHTUNG

zentral	○○●○○	dezentral
standardisiert	○○●○○	best of breed
viel Outsourcing	○○○●○	wenig Outsourcing

Weitere Informationen unter:
premium.cio.de/top-500/unternehmen/bayer-ag

Phoenix Group

UNTERNEHMENSINFORMATIONEN

Die **Phoenix Group** ist ein Pharmahandelskonzern mit den Sparten Großhandel, Einzelhandel und Supplier Services. Das Unternehmen bietet ein breites Spektrum an Arzneimitteln, Gesundheitsprodukten und Dienstleistungen bis hin zum modernen Warenwirtschaftssystem für Apotheken.

Hauptsitz	Mannheim
Website	www.phoenixgroup.eu
Bilanzsumme	494.800 Millionen Euro (31.12.2011)
Mitarbeiter	28.141 (31.01.2012)
Vorstandsressorts	Reimund Pohl (Vorsitzender der Geschäftsführung), Stefan Herfeld (Einzelhandel), Oliver Windholz (Vertrieb, Marketing), Michael Majerus (Finanzen), Hans-Ulrich Kummer (Betrieb, Logistik)
Tochterunternehmen	ADG Apotheken Dienstleistungs-Gesellschaft mbH, Phoenix Pharma-Einkauf GmbH, transmed Transport GmbH und weitere

IT-KENNZAHLEN

CIO	Dr. Günter Bugert
IT-Mitarbeiter	Zirka 450 (2011)
IT-Budget	75,59 Millionen Euro*
IT-Benutzer	Zirka 18.000 (2011)

IT-STRATEGIE

Ziele	Standardisierung, Konsolidierung
Verantwortung	SAP, Cognos, Eigenentwicklungen, Oracle
Dienstleister	Interner Betrieb

AUSRICHTUNG

zentral	○○○●○	dezentral
standardisiert	○●○○○	best of breed
viel Outsourcing	○○○○●	wenig Outsourcing

Weitere Informationen unter: premium.cio.de/top-500/unternehmen/phoenix-group

*nach Angaben von MBmedien

Bayer HealthCare AG

UNTERNEHMENSINFORMATIONEN

Matthias Moritz

Die **Bayer HealthCare AG,** seit Oktober 2003 ein rechtlich selbstständiges Unternehmen und ein Teilkonzern der Bayer AG, erforscht, entwickelt, produziert und vertreibt medizinische Produkte, die der Vorsorge, der Diagnose und der Behandlung von Krankheiten dienen. Wichtige Produktionsstätten sind die Bayer-Werke in Leverkusen, Wuppertal, Bitterfeld und Bergkamen.

Hauptsitz	Leverkusen
Website	www.bayerhealthcare.com
Umsatz	17.167 Millionen Euro
Mitarbeiter	55.700
Vorstandsressorts	Pharmaceuticals, Animal Health, Consumer Care, Medical Care, Central Administration & Organization, Global Drug Discovery, Product Supply, Development, Human Resources, Global Business Development & Licensing

IT-KENNZAHLEN

CIO	Matthias Moritz
IT-Mitarbeiter	275
IT-Budget	543 Millionen Euro für 2012
IT-Benutzer	über 50.000

IT-STRATEGIE

Ziele

- Competitive Edge: Prozessinnovationen, Einbringen von Best-in-Class-Praktiken
- Business Alignment durch Einbringen der Geschäftsfeldstrategien
- Operational Efficiency: Prozessharmonisierungen, Applikationsstandardisierung, Governance-Prozesse, Informed Decision Making

Dienstleister Bayer Business Services

AUSRICHTUNG

zentral	●○○○○	dezentral
standardisiert	○●○○○	best of breed
viel Outsourcing	○●○○○	wenig Outsourcing

Weitere Informationen unter:
premium.cio.de/top-500/unternehmen/bayer-healthcare-ag

Henkel AG & Co. KGaA

UNTERNEHMENSINFORMATIONEN

Henkel ist weltweit in den drei Geschäftsfeldern Wasch-/Reinigungsmittel, Kosmetik/Körperpflege und Adhesive Technologies (Klebstofftechnologien) tätig. Das 1876 gegründete Unternehmen hält mit bekannten Marken wie Persil, Schwarzkopf oder Loctite global führende Marktpositionen im Konsumenten- und im Industriegeschäft.

Dr. Peter Wroblowski

Hauptsitz	Düsseldorf
Website	www.henkel.de
Umsatz	15.605 Millionen Euro (2011)
Mitarbeiter	47.265 (31.12.2011)
Vorstandsressorts	Kasper Rorsted (Vorstandsvorsitzender), Carsten Knobel (CFO & Einkauf), Kathrin Menges (Personal, Infrastruktur-Services), Jan-Dirk Auris (Adhesive Technologies), Hans Van Bylen (Kosmetik/Körperpflege), Bruno Piacenza (Wasch-/Reinigungsmittel)
Tochterunternehmen	Clynol GmbH, Hans Schwarzkopf & Henkel GmbH und weitere

IT-KENNZAHLEN

CIO	Dr. Peter Wroblowski
IT-Mitarbeiter	Zirka 500 (2011)*
IT-Budget	Zirka 200 Millionen Euro*
IT-Benutzer	275,79

IT-STRATEGIE

Ziele	Geschäftsprozesse mithilfe von IT optimieren, IT-Betrieb zu optimalen Kosten
Verantwortung	CIO und Executive-Komitee
Anwendungen	ERP mit Electronic Data Interchange (EDI), Business Warehouses für die Bereiche Advanced Planning and Optimization (APO)
Dienstleister	T-Systems International GmbH

AUSRICHTUNG**

zentral	●○○○○	dezentral
standardisiert	○●○○○	best of breed
viel Outsourcing	○●○○○	wenig Outsourcing

Weitere Informationen unter: premium.cio.de/top-500/unternehmen/henkel-ag-co-kgaa

*nach Angaben von MBmedien; **Schätzung der CIO-Redaktion

Evonik Industries AG

UNTERNEHMENSINFORMATIONEN

Jochen Gintzel

Die **Evonik Industries AG** ist ein Unternehmen der Spezialchemie. Die Aktivitäten des Konzerns sind den drei Segmenten Consumer, Health & Nutrition, Resource Efficiency und Specialty Materials zugeordnet.

Hauptsitz	Essen
Website	www.evonik.com
Branche	Automobil
Umsatz	14.540 Millionen Euro (2011)*
Mitarbeiter	33.556 (2011)*
Vorstandsressorts	Dr. Klaus Engel (Vorstandsvorsitzender), Dr. Wolfgang Colberg (Vorstand Finanzen), Thomas Wessel (Vorstand Personal), Dr. Thomas Haeberle (Vorstandsmitglied Segment Resource Efficiency), Patrik Wohlhauser (Vorstandsmitglied Segment Consumer, Health & Nutrition), Dr. Dahai Yu (Vorstandsmitglied Segment Specialty Materials)
Tochterunternehmen	Evonik Degussa GmbH, Evonik Goldschmidt GmbH, Evonik Oxeno GmbH, ASTA Medica GmbH, Evonik Röhm GmbH, Rhein-Lippe Wohnen GmbH, Rütgers GmbH und weitere

IT-KENNZAHLEN

CIO	Jochen Gintzel
IT-Mitarbeiter	1.510*
IT-Budget	198 Millionen Euro für 2012*
IT-Benutzer	23.489 (2011)*

AUSRICHTUNG**

zentral	○○●○○	dezentral
standardisiert	○●○○○	best of breed
viel Outsourcing	○○○●○	wenig Outsourcing

Weitere Informationen unter:
premium.cio.de/top-500/unternehmen/evonik-industries-ag

**nach Angaben von MBmedien; **Schätzung der CIO-Redaktion*

Linde AG

UNTERNEHMENSINFORMATIONEN

Ronald Geiger

Die **Linde Group** ist ein weltweit tätiger Gase- und Engineering-Konzern. Das Unternehmen ist in drei Divisionen aufgeteilt: Industriegase & Medizinische Gase, Anlagenbau sowie Logistikdienstleistungen. Die größte Division Gases beinhaltet die zwei Business Areas Merchant & Packaged Gases (Flüssig- und Flaschengase) und Electronics (Elektronikgase).

Hauptsitz	München
Website	www.linde.de
Umsatz	13.787 Millionen Euro (2011)
Mitarbeiter	Zirka 50.500 (2011)
Vorstandsressorts	Dr. Wolfgang Reitzle (Vorstandsvorsitzender), Georg Denoke (Finanzen/Controlling), Dr. Aldo Belloni (Allg. Geschäftsführung), Thomas Blades (Allg. Geschäftsführung), Sanjiv Lamba (Allg. Geschäftsführung)

IT-KENNZAHLEN

CIO	Ronald Geiger
IT-Mitarbeiter	Zirka 360 (2011)
IT-Budget	Zirka zwei Prozent vom Umsatz
IT-Benutzer	Zirka 5.650 (2011)

IT-STRATEGIE

Ziele	Geschäftsanwendungen generell auf Basis von SAP; falls wettbewerbsdifferenzierend, werden Best-of-Breed-Anwendungen betrieben; Standardisierung von Geschäftsprozessen wird durch Template-Ansätze forciert; IT-Infrastruktur auf Basis globaler Standards
Verantwortung	Global Process Owner; globale, regionale IT-Manager; Business Unit; Business Area; Global Function Owner; CIO

AUSRICHTUNG**

zentral	○●○○○	dezentral
standardisiert	○●○○○	best of breed
viel Outsourcing	○●○○○	wenig Outsourcing

Weitere Informationen unter: premium.cio.de/top-500/unternehmen/linde-ag

***Schätzung der CIO-Redaktion*

Merck KGaA

UNTERNEHMENSINFORMATIONEN

Frederic Wohlwend

Die **Merck KGaA** ist ein deutsches Unternehmen der Chemie- und Pharmaindustrie und völlig unabhängig vom US-Pharmakonzern Merck & Co., Inc. Beide Unternehmen sind aber auf die deutsche Industriellenfamilie Merck zurückzuführen. Im Gegensatz zum Fokussierungstrend setzt Merck weiterhin auf die zwei Standbeine Pharma und Chemie.

Hauptsitz	Darmstadt
Website	www.merckgroup.com
Umsatz	10.300 Millionen Euro (2011)
Mitarbeiter	40.676
Vorstandsressorts	Dr. Karl-Ludwig Kley (Vorsitzender der Geschäftsleitung), Dr. Kai Beckmann (Mitglied der Geschäftsleitung, unter anderem verantwortlich für Human Resources und IT), Dr. Stefan Oschmann (Mitglied der Geschäftsleitung, verantwortlich für Pharma), Dr. Bernd Reckmann (Mitglied der Geschäftsleitung, verantwortlich für Chemie), Matthias Zachert (Mitglied der Geschäftsleitung, verantwortlich für Finanzen)

IT-KENNZAHLEN

CIO	Frederic Wohlwend
IT-Mitarbeiter	1.000
IT-Budget	236,99 Millionen Euro*
IT-Benutzer	40.000

IT-STRATEGIE

Ziele	Unter anderem IT-Innovationen zur Marktdifferenzierung; Harmonisierung von Prozessen, Daten und Systemen; Konsolidierung der IT-Landschaft
Dienstleister	SAP ist strategischer Lieferant für alle ERP-bezogenen Geschäftsanwendungen.

AUSRICHTUNG

zentral	○●○○○	dezentral
standardisiert	○●○○○	best of breed
viel Outsourcing	○○●○○	wenig Outsourcing

Weitere Informationen unter:
premium.cio.de/top-500/unternehmen/merck-kgaa

*nach Angaben von MBmedien

Helm AG

UNTERNEHMENSINFORMATIONEN

Die **Helm AG,** 1900 von Karl Otto Helm in Hamburg gegründet, ist ein deutscher Mischkonzern, der in den Bereichen Chemie, Pharmazie, Kunststoffprodukte, Pflanzenschutz und Düngemittel vorwiegend als Händler tätig ist.
Die Helm AG betreibt über 60 Niederlassungen in rund 30 Ländern in Europa, Nord- und Südamerika sowie Asien. Das Unternehmen gehört heute zu den 30 größten Familienunternehmen Deutschlands.

Hauptsitz	Hamburg
Website	www.helmag.com
Bilanzsumme	9.503 Millionen Euro
Mitarbeiter	11.379 weltweit
Vorstandsressorts	Hans-Christian Sievers (Vorstandsvorsitzender), Rainer Detering (CFO), Axel Bourjau (Allg. Geschäftsführung), Volker Seebeck (Allg. Geschäftsführung), Stephan Schnabel (Allg. Geschäftsführung)
Tochterunternehmen	Helm Düngemittel GmbH

IT-KENNZAHLEN

CIO	Oliver Bösch
IT-Mitarbeiter	60*
IT-Budget	3,58 Millionen Euro*
IT-Benutzer	601*

IT-STRATEGIE

Verantwortung	Weltweite IT-Policies & IT-Projekte, IT-Infrastruktur & Prozesse
Anwendungen	Warenwirtschaftssystem, Navision, Micro Strategy

AUSRICHTUNG

zentral	○○○●○	dezentral
standardisiert	○○○●○	best of breed
viel Outsourcing	○○○●○	wenig Outsourcing

Weitere Informationen unter:
premium.cio.de/top-500/unternehmen/helm-ag

*nach Angaben von MBmedien

LANXESS AG

UNTERNEHMENSINFORMATIONEN

Christoph Schulze-Berge

Die **Lanxess AG** ist ein Spezialchemiekonzern. Das Kerngeschäft bilden Entwicklung, Herstellung und Vertrieb von Kunststoffen, Kautschuken, Spezialchemikalien und Zwischenprodukten. Zusätzlich unterstützt das Unternehmen seine Kunden bei der Entwicklung und Umsetzung von branchenspezifischen Systemlösungen.

Hauptsitz	Leverkusen, ab Mitte 2013 Köln
Website	www.lanxess.de
Umsatz	8.800 Millionen Euro (2011)
Mitarbeiter	16.712 (Mai 2012)
Vorstandsressorts	Dr. Axel C. Heitmann (Vorstandsvorsitzender/CEO), Dr. Rainier van Roessel (Arbeitsdirektor, Group Function IT), Dr. Werner Breuers (Performance Polymers und Advanced Intermediates, Global Procurement & Logistics, Innovation & Technology, Industrial & Environmental Affairs), Dr. Bernhard Düttmann (CFO)
Tochterunternehmen	Perlon-Monofil GmbH, Rhein Chemie Rheinau GmbH, DuBay Polymer GmbH, SALTIGO GmbH und weitere

IT-KENNZAHLEN

CIO	Christoph Schulze-Berge
IT-Mitarbeiter	Zirka 660 (2011)*
IT-Budget	Zirka 84 Millionen Euro (2011)*
IT-Benutzer	Zirka 10.040 (2011)*

AUSRICHTUNG**

zentral	○○●○○	dezentral
standardisiert	○○●○○	best of breed
viel Outsourcing	○○○●○	wenig Outsourcing

Weitere Informationen unter: premium.cio.de/top-500/unternehmen/lanxess-ag

*nach Angaben von MBmedien; **Schätzung der CIO-Redaktion

Foto: © BP

ENERGIE UND ROHSTOFFE

E.ON AG

UNTERNEHMENSINFORMATIONEN

Edgar Aschenbrenner

Die **E.ON AG** ist die Holding des größten nichtstaatlichen Energiekonzerns der Welt, der hauptsächlich auf das europäische Gas- und Elektrizitätsgeschäft fokussiert ist. Bei der Stromversorgung ist E.ON in der Erzeugung, dem Handel und Vertrieb tätig, bei der Gasversorgung in allen Wertschöpfungsstufen.

Hauptsitz	Düsseldorf
Website	www.eon.com
Umsatz	Zirka 113.167 Millionen Euro (2011)
Mitarbeiter	Zirka 80.000
Vorstandsressorts	Dr. Johannes Teyssen (Vorsitzender des Vorstands), Jørgen Kildahl (Erzeugung, Gasgeschäft, Trading), Prof. Dr. Klaus-Dieter Maubach (Forschung und Entwicklung, Neubauprojekte), Dr. Bernhard Reutersberg (Landesgesellschaften, Verteilung und Vertrieb), Dr. Marcus Schenck (Finanzen, Controlling, Rechnungswesen), Regine Stachelhaus (Personal, IT, Einkauf, Recht & Compliance, Arbeitsdirektorin)

IT-KENNZAHLEN

CIO	Edgar Aschenbrenner
IT-Mitarbeiter	Zirka 3.000
IT-Budget	518,49 Millionen Euro*
IT-Benutzer	Zirka 76.000

IT-STRATEGIE

Ziele	Die IT unterstützt als globale Support-Funktion das E.ON-Business und leistet mit skalierbaren IT-Lösungen einen signifikanten Wertbeitrag für den Konzern.
Verantwortung	Source-make-deliver-Modell: E.ON IT trägt die Gesamtverantwortung, strategische Partner liefern IT-Commodity-Services zu
Anwendungen	Unternehmenskritische Applikationen im energiewirtschaftlichen und kaufmännischen Umfeld, innovative Lösungen für Energy Intelligence sowie Collaboration/Mobile Business
Dienstleister	Hewlett-Packard, T-Systems, Cap Gemini

AUSRICHTUNG

zentral	○●○○○	dezentral
standardisiert	○●○○○	best of breed
viel Outsourcing	○●○○○	wenig Outsourcing

Weitere Informationen unter: premium.cio.de/top-500/unternehmen/e-on-ag

*nach Angaben von MBmedien

E.ON Energy Trading SE

UNTERNEHMENSINFORMATIONEN

E.ON Energy Trading steuert die gesamten europäischen Energiehandelsaktivitäten des E.ON-Konzerns und bündelt somit den Handel von Strom, Gas, Kohle, Öl und CO_2-Zertifikaten in einer funktionalen Market Unit. Das Unternehmen verantwortet das konzernweite Rohstoff-Risiko-Management und die Optimierung der E.ON-Kontrakte drei Jahre im Voraus.

Hauptsitz	Düsseldorf
Website	www.eon-energy-trading.com
Bilanzsumme	70.500 Millionen Euro (2011)
Mitarbeiter	1.002 (2011)
Vorstandsressorts	Klaus Schäfer (CEO), Christopher Delbrück (CFO), Gareth Griffiths (CCO Global Merchant Trading and Origination), Egbert Laege (CCO Asset Optimization)

IT-KENNZAHLEN

CIO	Karl Markgraf
IT-Mitarbeiter	140 (2011)
IT-Budget	5,1 Millionen Euro*
IT-Benutzer	1.002 interne

IT-STRATEGIE

Ziele	Standardisierung beziehungsweise Konsolidierung der IT-Anwendungen
Verantwortung	Source-make-deliver-Modell: E.ON IT trägt die Gesamtverantwortung, strategische Partner liefern IT-Commodity-Services zu
Anwendungen	Endur, Xenon, Solarc, Lexifi, Zainet, Neon, SAP, Trema, Trayport, Reuters, LIM
Dienstleister	E.ON IT GmbH (Hannover), weitere Offshore-Dienstleister

AUSRICHTUNG

zentral	○●○○○	dezentral
standardisiert	○○●○○	best of breed
viel Outsourcing	○●○○○	wenig Outsourcing

Weitere Informationen unter:
premium.cio.de/top-500/unternehmen/e-on-energy-trading-se

*nach Angaben von MBmedien

BP Europa SE

UNTERNEHMENSINFORMATIONEN

BP Europa SE ist die europäische Aktiengesellschaft der BP-Gruppe. Bei BP Europa SE handelt es sich nicht um eine Holding-Struktur, sondern um eine in sechs Ländern operativ tätige Gesellschaft (Deutschland Österreich, Schweiz, Niederlande, Belgien, Polen) mit Sitz in Hamburg und der Hauptverwaltung in Bochum. Dabei wird das Geschäft in den Ländern durch Zweigniederlassungen geführt.

Hauptsitz	Hamburg (Unternehmenssitz), Bochum (Hauptverwaltung)
Website	www.deutschebp.de
Umsatz	53.145 Millionen Euro in Deutschland (2011)
Mitarbeiter	4.902 in Deutschland (2011)
Vorstandsressorts	Michael Schmidt (Vorstandsvorsitzender), Sabine Dietrich (HSSE, Safety & operatives Risikomanagement), Dr. Ludger Dohm (Finanzen), Guy Moeyens (Fuels Value Chain Rhine & Raffinerien), Wojciech Mora (Schmierstoffe)
Tochterunternehmen	Aral AG, Castrol Marine Oil GmbH und weitere

IT-KENNZAHLEN

CIO	Thomas Petersen
IT-Mitarbeiter	Zirka 370 (Deutschland, 2011)*
IT-Budget	Zirka 38 Millionen Euro (Deutschland, 2011)*
IT-Benutzer	Zirka 3.700 (Deutschland, 2011)*

IT-STRATEGIE

Verantwortung	Thomas Petersen (Deutschland), John Leggate (CIO weltweit)

AUSRICHTUNG

zentral	○●○○○	dezentral
standardisiert	○○●○○	best of breed
viel Outsourcing	○○●○○	wenig Outsourcing

Weitere Informationen unter:
premium.cio.de/top-500/unternehmen/bp-europa-se

*nach Angaben von MBmedien

RWE AG

UNTERNEHMENSINFORMATIONEN

Michael Neff

Die **RWE AG** ist einer der größten Energieversorgungskonzerne Europas und gemessen am Umsatz der zweitgrößte Deutschlands. Rund 90 Prozent des bilanzierten Anlagekapitals in Deutschland sind in Vertriebs- und Verteilnetzen gebunden.

Hauptsitz	Essen
Website	www.rwe.com
Umsatz	51.686 Millionen Euro (2011)
Mitarbeiter	72.068 (2011)
Vorstandsressorts	Peter Terium (CEO), Dr. Leonhard Birnbaum (Chief Commercial Officer), Alwin Fitting (Personalvorstand), Dr. Rolf Pohlig (CFO), Dr. Rolf Martin Schmitz (COO)

IT-KENNZAHLEN

CIO	Michael Neff (CIO des RWE-Konzerns, Geschäftsführer der RWE IT GmbH)
IT-Mitarbeiter	Zirka 3.600 im RWE Konzern
IT-Budget	Zirka 1.100 Millionen Euro für 2012
IT-Benutzer	Zirka 72.000

IT-STRATEGIE

Ziele	Differenzierung in der IT zur Erzielung von Wettbewerbsvorteilen im RWE-Kerngeschäft, Unterstützen von Wachstumszielen und M&A-Aktivitäten auf der Geschäftsseite, Entwickeln IT-getriebener Innovationen, um Potenziale in neuen Geschäftsfeldern zu nutzen, effizientes Betreiben der IT und Realisieren wirtschaftlich sinnvoller Skaleneffekte und Synergien in der IT
Verantwortung	Zentrales CIO-Office in Essen, Informations-Manager in Konzerngesellschaften, Group IT Executive Meeting, IT GmbH
Anwendungen	SAP, Microsoft, Oracle und eigene technische Applikationen
Dienstleister	RWE IT GmbH (Essen), IBM, Accenture, Verizon, HP

AUSRICHTUNG

zentral	○●○○○	dezentral
standardisiert	○●○○○	best of breed
viel Outsourcing	○○○●○	wenig Outsourcing

Weitere Informationen unter:
premium.cio.de/top-500/unternehmen/rwe-ag

Shell Deutschland Oil GmbH

UNTERNEHMENSINFORMATIONEN

Die Geschäftsbereiche von **Shell** in Deutschland sind Erdgas, Erdgas-Marketing, Verarbeitung und Vertrieb von Mineralölprodukten, Petrochemikalien sowie Forschung und Entwicklung. Das Mineralölgeschäft ist in der Shell Deutschland Oil GmbH (SDO) gebündelt. Hierzu gehören im Wesentlichen die Raffinerieverarbeitung, die Logistik, der Vertrieb sowie das Marketing von Mineralölprodukten.

Hauptsitz	Hamburg
Website	www.shell.de
Umsatz	23.914 Millionen Euro (2010)
Mitarbeiter	5.600
Vorstandsressorts	Peter Blauwhoff (Vorstandsvorsitzender), Klaus-Dieter Bortel (Finanzen/ Controlling), Armin Senger (Personal)
Tochterunternehmen	euroShell Deutschland GmbH, Shell Direct GmbH*

IT-KENNZAHLEN

CIO	Klaus-Dieter Bortel
IT-Mitarbeiter	Zirka 210 (2011)*
IT-Budget	Zirka 21 Millionen Euro (2011)*
IT-Benutzer	Zirka 3.220 (2011)*

AUSRICHTUNG

zentral	○○●○○	dezentral
standardisiert	○●○○○	best of breed
viel Outsourcing	○○●○○	wenig Outsourcing

Weitere Informationen unter: premium.cio.de/top-500/unternehmen/shell-deutschland-oil-gmbh

*nach Angaben von MBmedien

Thüga-Gruppe

UNTERNEHMENSINFORMATIONEN

Georg Lessak

450 Städte und Gemeinden bilden gemeinsam mit ihren rund 100 kommunalen Energie- und Wasserdienstleistern und der **Thüga AG** als Kern und Bindeglied das größte Netz an eigenständigen Energieunternehmen in Deutschland: die Thüga-Gruppe. Grundsätzlich halten Städte und Gemeinden die Mehrheit an den Unternehmen.

Hauptsitz	München
Website	www.thuega.de
Umsatz	21.300 Millionen Euro (2011)
Mitarbeiter	18.200 (2011)
Vorstandsressorts	Ewald Woste (Vorstandsvorsitzender), Bernd Rudolph (Stellv. Vorstandsvorsitzender), Dr. Gerhard Holtmeier (Mitglied des Vorstands), Michael Riechel (Mitglied des Vorstands), Dr. Christof Schulte (Mitglied des Vorstands)
Tochterunternehmen	Thüga Energieeffizienz GmbH, Thüga Energie GmbH, Thüga Energienetze GmbH und weitere

IT-KENNZAHLEN

CIO	Georg Lessak
IT-Mitarbeiter	Zirka 815 (2011)*
IT-Budget	Zirka 119 Millionen Euro (2011)*
IT-Benutzer	Zirka 9.600 (2011)* .

IT-STRATEGIE

Dienstleister	Conergos GmbH & Co. KG (München)

AUSRICHTUNG**

zentral	○○●○○	dezentral
standardisiert	○○●○○	best of breed
viel Outsourcing	○○●○○	wenig Outsourcing

Weitere Informationen unter:
premium.cio.de/top-500/unternehmen/thuega-ag

**nach Angaben von MBmedien; **Schätzung der CIO-Redaktion*

ALSTOM Deutschland AG

UNTERNEHMENSINFORMATIONEN

Alstom ist ein weltweit agierender Konzern im Transport- und Energiebereich. Letzterer gliedert sich in die Sektoren „Power" (Entwicklung und Bau von Kraftwerken, Turbinen, Dampferzeugung, Wasserkraft, Umweltschutztechnologien) und „Grid" (Energieübertragung und -verteilung). Die hiesigen Tätigkeiten werden von der Alstom Deutschland AG geführt.

Hauptsitz	Mannheim
Website	www.alstom.com
Umsatz	20.000 Millionen Euro weltweit (GJ 2011/2012)
Mitarbeiter	92.000 weltweit, 6.300 in Deutschland (2011)
Vorstandsressorts	Andreas Wittke (Sprecher), Rolf Stierle, Thomas Fligge, Martin Lange, Thomas Kresser
Tochterunternehmen	Alstom Information Technology Centre GmbH, Alstom Transport Deutschland GmbH und weitere

IT-KENNZAHLEN

CIO	Daniel Liyew
IT-Mitarbeiter	Zirka 370 in Deutschland (2011)*
IT-Budget	Zirka 54 Millionen Euro (2011)*
IT-Benutzer	Zirka 4.400 in Deutschland (2011)*

AUSRICHTUNG**

zentral	○○○●○	dezentral
standardisiert	○●○○○	best of breed
viel Outsourcing	○○●○○	wenig Outsourcing

Weitere Informationen unter:
premium.cio.de/top-500/unternehmen/alstom-deutschland-ag

**nach Angaben von MBmedien; **Schätzung der CIO-Redaktion*

EnBW Energie Baden-Württemberg AG

UNTERNEHMENSINFORMATIONEN

Adolf Treml

Die **EnBW Energie Baden-Württemberg AG** produziert, handelt, transportiert und vertreibt Energie und bedient die Bereiche Strom, Gas sowie Energie- und Umweltdienstleistungen. Neben seinem Haupt- und Heimatmarkt ist das Unternehmen deutschlandweit und auf verschiedenen Märkten Europas aktiv.

Hauptsitz	Karlsruhe
Website	www.enbw.com
Umsatz	18.789 Millionen Euro (2011)
Mitarbeiter	20.959 weltweit
Vorstandsressorts	Hans-Peter Villis (Allg. Geschäftsführung), Dr. Bernhard Beck (Personal, Recht, IT), Thomas Kusterer (CFO)

IT-KENNZAHLEN

CIO	Adolf Treml
IT-Mitarbeiter	800
IT-Budget	340 Millionen Euro für 2012
IT-Benutzer	15.000

AUSRICHTUNG

zentral	○○●○○	dezentral
standardisiert	○○●○○	best of breed
viel Outsourcing	○○○●○	wenig Outsourcing

Weitere Informationen unter:
premium.cio.de/top-500/unternehmen/enbw-energie-baden-wuerttemberg-ag

Vattenfall Europe AG

UNTERNEHMENSINFORMATIONEN

Die **Vattenfall Europe AG** ist ein deutscher Stromkonzern, Hauptaktionär ist mit einem 100-prozentigen Anteil der schwedische Mutterkonzern Vattenfall AB.

Hans Rösch

Hauptsitz	Berlin
Website	www.vattenfall.com
Bilanzsumme	10.956 Millionen Euro (2011)
Mitarbeiter	20.532 (2011)
Vorstandsressorts	Tuomo Hatakka (Vorstandsvorsitzender), Stefan Dohler (Finanzen), Torsten Meyer (Arbeitsdirektor, seit 01.08.2012)

IT-KENNZAHLEN

CIO	Hans Rösch, Business Division Information Officer Production (berichtet an Claes Wallnér, Head of IT der Vattenfall-Gruppe)
IT-Mitarbeiter	Zirka 700, davon rund 600 in der IT-Tochter Vattenfall Europe Information Services GmbH
IT-Budget	Zirka 130 Millionen
IT-Benutzer	Zirka 16.000

IT-STRATEGIE

Ziele	IT-Vision: Schaffung einer einheitlichen IT-Organisation. IT-Mission: aktive Unterstützung des Geschäfts beim Erreichen der strategischen Ziele durch Bereitstellung effizienter IT-Lösungen. IT-Ziele: Erhöhung der Kundenzufriedenheit bei Managern und Endbenutzern, Verbesserung des Preis-Leistungs-Verhältnisses durch Ausrichtung an den Geschäftszielen und Demand-Management sowie kontinuierliche Senkung der IT-Kosten, Steigerung des Geschäftswerts der IT durch effektives Portfolio- und Projekt-Management
Verantwortung	Der Head of IT hat Richtlinienkompetenz für die IT-Infrastruktur und übergreifend genutzte Anwendungen in der Vattenfall-Gruppe. Die für IT Demand und IT Supply verantwortlichen Manager sind ihm direkt unterstellt.
Anwendungen	SAP ERP, SAP IS-U, Produktionsdatensystem, Betriebsführungssysteme Tagebau, Netzinformationssysteme

AUSRICHTUNG

zentral	○●○○○	dezentral
standardisiert	○○●○○	best of breed
viel Outsourcing	○○○●○	wenig Outsourcing

Weitere Informationen unter:
premium.cio.de/top-500/unternehmen/vattenfall-europe-ag

Wintershall Holding GmbH

UNTERNEHMENSINFORMATIONEN

Wintershall, eine 100-prozentige BASF-Tochtergesellschaft, ist der größte deutsche Erdöl- und Erdgasproduzent. Die Aktivitäten des Unternehmens umfassen zwei Bereiche: zum einen die Exploration (Erforschung, Erkundung, Untersuchung) und Produktion (Förderung) von Erdöl und Erdgas, zum anderen den Erdgashandel, der auch Transport und Speicherung beinhaltet.

Hauptsitz	Kassel
Website	www.wintershall.com
Umsatz	12.100 Millionen Euro (Anfang 2012)
Mitarbeiter	2.100 (2011)
Vorstandsressorts	Dr. Rainer Seele (Vorstandsvorsitzender), Martin Bachmann (Exploration & Produktion), Dr. Ties Tiessen (Finanzen), Dr. Gerhard König (Erdgashandel), Mario Mehren (Russia)
Tochterunternehmen	Gaspool Balancing Services GmbH, Untertage-Speicher-Gesellschaft mbH, VNG-Verbundnetz Gas AG, Wintershall Russia Holding GmbH, Wintershall Erdgas Handelshaus GmbH & Co. KG und weitere

IT-KENNZAHLEN

CIO	Bernd Etzler
IT-Mitarbeiter	Zirka 90 (2011)*
IT-Budget	Zirka 9 Millionen Euro (2011)*
IT-Benutzer	Zirka 1.400 (2011)*

AUSRICHTUNG**

zentral	○●○○○	dezentral
standardisiert	○○●○○	best of breed
viel Outsourcing	○○●○○	wenig Outsourcing

Weitere Informationen unter:
premium.cio.de/top-500/unternehmen/wintershall-holding-ag

*nach Angaben von MBmedien; **Schätzung der CIO-Redaktion

Foto: © MEV-Verlag, Germany

FINANZEN

Volkswagen Financial Services AG

UNTERNEHMENSINFORMATIONEN

Dr. Martin Hofmann

Die **Volkswagen Financial Services AG** ist eine 100-prozentige Tochtergesellschaft der Volkswagen AG. Sie ist zuständig für die Koordination der weltweiten Finanzdienstleistungsaktivitäten des Volkswagen-Konzerns. Im europäischen und im asiatisch-pazifischen Raum sowie in den Regionen Nordamerika und Südamerika wird das operative Geschäft direkt über Tochtergesellschaften gesteuert.

Hauptsitz	Braunschweig
Website	www.vwfsag.de
Umsatz	76.946 Millionen Euro (2011)
Mitarbeiter	7.322 (2011)
Vorstandsressorts	Frank Witter (Vorstandsvorsitzender), Dr. Michael Reinhart (Risiko-Management), Lars-Henner Santelmann (Vertrieb und Marketing), Christiane Hesse (Personal und Organisation), Frank Fiedler (Finanzen)

IT-KENNZAHLEN

CIO	Dr. Martin Hofmann (CIO der Volkswagen AG, auch zuständig für die Volkswagen Financial Services AG)
IT-Mitarbeiter	Zirka 305 (2011)*
IT-Budget	Zirka 72 Millionen Euro (2011)*
IT-Benutzer	Zirka 6.450 (2011)*

AUSRICHTUNG

zentral	○●○○○	dezentral
standardisiert	○●○○○	best of breed
viel Outsourcing	○○●○○	wenig Outsourcing

Weitere Informationen unter:
premium.cio.de/top-500/unternehmen/volkswagen-financial-services-ag

*nach Angaben von MBmedien

Volkswagen Leasing GmbH

UNTERNEHMENSINFORMATIONEN

Dr. Martin Hofmann

Die **Volkswagen Leasing GmbH** ist der professionelle Finanzdienstleister des Volkswagen-Konzerns. Als 100-prozentige Tochter der Volkswagen Financial Services AG hat sie sich in Zusammenarbeit mit den Händlerpartnern des Volkswagen-Konzerns zur größten Automobil-Leasinggesellschaft in Europa mit über 876.000 verleasten Fahrzeugen (Stand 12/2011) entwickelt.

Hauptsitz	Braunschweig
Website	www.volkswagenleasing.de
Umsatz	17.043 Millionen Euro (2011)
Mitarbeiter	436 (2011)
Vorstandsressorts	Lars-Henner Santelmann (Sprecher; Marketing/Sales, Privatkunden-Bereich), Gerhard Künne (Geschäftskunden-Bereich), Dr. Heidrun Zirfas (Großkunden-Bereich)

IT-KENNZAHLEN

CIO	Dr. Martin Hofmann (CIO der Volkswagen AG, auch zuständig für die Volkswagen Leasing GmbH)
IT-Mitarbeiter	Zirka 20 (2011)*
IT-Budget	Zirka 2,5 Millionen Euro (2011)*
IT-Benutzer	Zirka 220 (2011)*

AUSRICHTUNG

zentral	○●○○○	dezentral
standardisiert	○●○○○	best of breed
viel Outsourcing	○○●○○	wenig Outsourcing

Weitere Informationen unter:
premium.cio.de/top-500/unternehmen/volkswagen-leasing-gmbh

*nach Angaben von MBmedien

Eurofactor AG

UNTERNEHMENSINFORMATIONEN

Alexander Siegelin

Die **Eurofactor AG** zählt zu den führenden Factoring-Anbietern in Deutschland und ist seit 1988 im Factoring-Markt tätig. Sie hat neben dem Hauptsitz in Oberhaching Vertriebsstellen in München, Düsseldorf, Köln und Bremen sowie ein Kundenzentrum in Oberhausen. Das Unternehmen ist Mitglied der Factors Chain International (FCI), der International Factors Group (IFG) und des Deutschen Factoring Verbandes (DFV). Alleiniger Aktionär ist die Eurofactor S.A., eine Tochtergesellschaft der Credit Agricole Leasing & Factoring S.A., die zu Crédit Agricole S.A. gehört.

Hauptsitz	Oberhaching bei München
Website	www.eurofactor.de
Umsatz	13.387 Millionen Euro (2011)
Mitarbeiter	100 (2011)
Vorstandsressorts	Klaus Taube (Vorstandsvorsitzender), Stefan Wagner (Unternehmensbereich Markt), Peter Klaus (Unternehmensbereich Marktfolge)

IT-KENNZAHLEN

CIO	Alexander Siegelin
IT-Mitarbeiter	4 (2011)
IT-Budget	Zirka 0,67 Millionen Euro (2011)*
IT-Benutzer	Zirka 100 (2011)

IT-STRATEGIE

Ziele	Unterstützung der Geschäftsbereiche, Effizienzsteigerung, Zukunftsfähigkeit, Sicherheit
Verantwortung	Gesamte IT der Eurofactor AG
Anwendungen	ERP (Factoring-spezifisch), Reporting, Bankanbindung

AUSRICHTUNG

zentral	○●○○○	dezentral
standardisiert	○○○●○	best of breed
viel Outsourcing	○○○●○	wenig Outsourcing

Weitere Informationen unter:
premium.cio.de/top-500/unternehmen/eurofactor-ag

*nach Angaben von MBmedien

Deutsche Leasing AG

UNTERNEHMENSINFORMATIONEN

Die **Deutsche Leasing AG** (DL) ist die größte herstellerunabhängige Leasing-Gesellschaft in Deutschland. Das Unternehmen ist Leasing-Kompetenzzentrum der Sparkassen-Finanzgruppe; Gesellschafter sind rund 400 Sparkassen, direkt oder über Beteiligungsgesellschaften.

Hauptsitz	Bad Homburg v.d.H.
Website	www.deutsche-leasing.com
Umsatz	14.458 Millionen Euro (2011)
Mitarbeiter	1.749 (2011)
Vorstandsressorts	Kai Ostermann (Vorsitzender), Rainer Weis, Friedrich Jüngling, Matthias Laukin

IT-KENNZAHLEN

CIO	Otto Schmitz
IT-Mitarbeiter	Zirka 80 (2011)*
IT-Budget	Zirka 19 Millionen Euro (2011)*
IT-Benutzer	Zirka 1.590 (2011)*

AUSRICHTUNG**

zentral	○●○○○	dezentral
standardisiert	○●○○○	best of breed
viel Outsourcing	○○○●○	wenig Outsourcing

Weitere Informationen unter: premium.cio.de/top-500/unternehmen/deutsche-leasing-ag

*nach Angaben von MBmedien; **Schätzung der CIO-Redaktion*

Daimler Financial Services AG

UNTERNEHMENSINFORMATIONEN

Die **Daimler Financial Services (DFS)** ist der Finanzdienstleister der Daimler Group und in dieser Eigenschaft eine weltweit operierende Leasing- und Finanzierungsgesellschaft. Entlang der fahrzeugbezogenen Wertschöpfungskette werden umfassende Finanzdienstleistungsangebote mit Finanzierung, Leasing, Versicherungen, Flotten-Management und Kreditkarten geschnürt.

Hauptsitz	Berlin/Stuttgart
Website	www.daimler-financialservices.com
Umsatz	12.080 Millionen Euro (2011)
Mitarbeiter	7.065 (2011)
Vorstandsressorts	Klaus Entenmann (Vorsitzender des Vorstands), Dr. Dieter Buhl (Human Resources Sales & Financial Services), Richard Howard (Afrika & Asien/ Pazifik), David Olsen (Finanzen, Controlling, Risk Management, Global Services), Franz Reiner (Europa, Vorsitzender des Vorstands der Mercedes-Benz Bank AG), Peter Zieringer (Americas, President and CEO Mercedes-Benz Financial Services USA LLC)
Tochterunternehmen	Daimler AG + Co. Wertpapierhandel oHG, Daimler Insurance Services GmbH, Daimler Vorsorge + Versicherungsdienst GmbH, Mercedes Benz Bank AG, Mercedes-Benz Banking Service GmbH

IT-KENNZAHLEN

CIO	Nikitas Drakopoulos
IT-Mitarbeiter	Zirka 500 (30.04.2012)
IT-Budget	71,33 Millionen Euro*
IT-Benutzer	Über 10.000

IT-STRATEGIE

Ziele	Optimale Kosteneffektivität und -effizienz der Systemlandschaft, Integration der Prozesse und Systeme über die Vertriebsstufen Headquarter, Markt und Händler, um den Kunden einen schnellen und allumfassenden Service zu gewährleisten
Anwendungen	Computacenter, Fujitsu Technology, IBM Deutschland, SAP Deutschland, T-Systems International, Hewlett-Packard

AUSRICHTUNG

zentral	○●○○○	dezentral
standardisiert	○○●○○	best of breed
viel Outsourcing	○●○○○	wenig Outsourcing

Weitere Informationen unter: premium.cio.de/top-500/unternehmen/daimler-financial-services-ag

**nach Angaben von MBmedien*

Lufthansa AirPlus Servicekarten GmbH

UNTERNEHMENSINFORMATIONEN

Heinz Plaga

Lufthansa AirPlus Servicekarten GmbH ist ein Anbieter von Lösungen für das Business-Travel-Management. Die Bezahlung, die Abrechnung und die Analyse von Dienstreisen und die Verwaltung von Reisekosten werden dabei mit verschiedenen Produkten unterstützt. Dazu gehören vor allem die Installation eines zentralen Abrechnungskontos, die Bereitstellung von Kreditkarten für Mitarbeiter und der Einsatz von Analyse-Tools. Alleiniger Gesellschafter ist die Deutsche Lufthansa AG.

Hauptsitz	Neu-Isenburg
Website	www.airplus.com
Umsatz	10.400 Millionen Euro (2011)
Mitarbeiter	1.024 (2011)
Vorstandsressorts	Patrick W. Diemer (Geschäftsführung), Stephan Gemkow (Vorsitzender des Aufsichtsrats)

IT-KENNZAHLEN

CIO	Heinz Plaga
IT-Mitarbeiter	Zirka 200*
IT-Budget	Zirka 3,5 Millionen Euro (2011)*
IT-Benutzer	Zirka 890 (2011)*

AUSRICHTUNG**

zentral	○●○○○	dezentral
standardisiert	○●○○○	best of breed
viel Outsourcing	○○○●○	wenig Outsourcing

Weitere Informationen unter:
premium.cio.de/top-500/unternehmen/lufthansa-airplus-servicekarten-gmbh

*nach Angaben von MBmedien; **Schätzung der CIO-Redaktion

SüdFactoring GmbH

UNTERNEHMENSINFORMATIONEN

Die **SüdFactoring GmbH** ist seit 1968 am Markt aktiv und bietet alle Dienstleistungen rund um das Factoring an. Fokusbranchen sind Apparate- und Maschinenbau, Automotive, Elektro-, Elektronik-, Informations- und Telekommunikationstechnologie sowie die Möbel-, Textil- und Bekleidungsindustrie. Das Unternehmen ist eine 100-prozentige Tochter der LBBW.

Hauptsitz	Stuttgart
Website	www.suedfactoring.de
Umsatz	9.305 Millionen Euro (2011)
Mitarbeiter	Zirka 90 (2011)
Vorstandsressorts	Horst J. Wieland (Sprecher der Geschäftsführung), Alexander Wiedenbach

IT-KENNZAHLEN

CIO	Ulrich Biedermann
IT-Mitarbeiter	Zirka 20 (2011)*
IT-Budget	Zirka 1,6 Millionen Euro (2011)*
IT-Benutzer	Zirka 1.080 (2011)*

IT-STRATEGIE

Ziele	Business-IT-Alignment, BCM/ITSCM
Verantwortung	SF-Factoring, Actis Paba, IBM Lotus Domino und ContentManager OnDemand
Anwendungen	dms-dmz-Group, IBM

AUSRICHTUNG

zentral	○●○○○	dezentral
standardisiert	○○●○○	best of breed
viel Outsourcing	○○○●○	wenig Outsourcing

Weitere Informationen unter:
premium.cio.de/top-500/unternehmen/suedfactoring-gmbh

*nach Angaben von MBmedien

VR-Leasing AG

UNTERNEHMENSINFORMATIONEN

Die **VR-Leasing AG** ist die Leasing-Tochter der DZ-Bank-Gruppe und Teil der genossenschaftlichen Finanzgruppe. Sie ist Spezialanbieter für mittelstandsorientierte Finanzierungslösungen in Deutschland und Europa. Das Unternehmen bietet Finanzierungsmöglichkeiten insbesondere für Fahrzeuge, Maschinen, Informations- und Kommunikationstechnik, regenerative Energien sowie Immobilien an.

Hauptsitz	Eschborn
Website	www.vr-leasing.de
Bilanzsumme	7.537 Millionen Euro (2011)*
Mitarbeiter	1.873 (2011)*
Vorstandsressorts	Theophil Graband (Vorstandsvorsitzender), Ian Lees (Vorstand Produkte, Finanzen, Rechnungswesen, IT, Controlling & Beteiligungen), Kerstin Scholz (Vorstand Risiko-Management/Refinanzierung & Produktion), Michael Henrich, (Vorstand Vertrieb)
Tochterunternehmen	VR-Leasing Einkaufs-GmbH, VR-Medico Leasing GmbH, VR-Diskontbank GmbH, VR-Factorem GmbH, Cathena GmbH, VRL-Beteiligungs-GmbH (Auswahl)

IT-KENNZAHLEN

CIO	Ludwig Schott
IT-Mitarbeiter	80 (2011)*
IT-Budget	14,56 Millionen Euro für 2012*
IT-Benutzer	1.648 (2011)*

AUSRICHTUNG**

zentral	○○○●○	dezentral
standardisiert	○●○○○	best of breed
viel Outsourcing	○○○●○	wenig Outsourcing

Weitere Informationen unter:
premium.cio.de/top-500/unternehmen/vr-leasing-ag

**nach Angaben von MBmedien; **Schätzung der CIO-Redaktion*

GEFA Gesellschaft für Absatzfinanzierung mbH

UNTERNEHMENSINFORMATIONEN

Die **GEFA Gesellschaft für Absatzfinanzierung mbH** ist im Bereich herstellerunabhängige Absatz- und Investitionsfinanzierung für mobile Wirtschaftsgüter tätig und bedient überwiegend eine mittelständische Klientel. Das Unternehmen verfügt bundesweit über elf Filialen, gehört seit 2001 zur Großbank Société Générale und vertreibt seine Produkte unter der Dachmarke Société Générale Equipment Finance.

Hauptsitz	Wuppertal
Website	www.gefa.de
Bilanzsumme	7.282 Millionen Euro (2011)
Mitarbeiter	758 (2011)
Vorstandsressorts	Christian Eymery (Geschäftsführer), Dr. Rolf Hagen (Geschäftsführer),Jochen Jehmlich (Sprecher der Geschäftsführung)
Tochterunternehmen	GEFA Leasing GmbH

IT-KENNZAHLEN

CIO	Michael Quint
IT-Mitarbeiter	Zirka 45 (2011)*
IT-Budget	Zirka 3,5 Millionen Euro (2011)*
IT-Benutzer	Zirka 685 (2011)*

AUSRICHTUNG**

zentral	○○○●○	dezentral
standardisiert	○●○○○	best of breed
viel Outsourcing	○○○●○	wenig Outsourcing

Weitere Informationen unter:
premium.cio.de/top-500/unternehmen/gefa-gesellschaft-fuer-absatzfinanzierung-mbh

**nach Angaben von MBmedien; **Schätzung der CIO-Redaktion*

DKV Euro Service GmbH & Co. KG

UNTERNEHMENSINFORMATIONEN

DKV Euro Service ist tätig im Bereich Servicebewegung für das Transport- und Omnibusgewerbe auf Europas Straßen. Mit der DKV Card und ergänzenden Dienstleistungen bietet das Unternehmen seinen Kunden eine auf das Tagesgeschäft abgestimmte Produktpalette zur Optimierung und Steuerung von Fuhrparks. Mit mehr als 54.000 Akzeptanzstellen in 42 europäischen Ländern verfügt DKV über ein breitflächiges und engmaschiges Versorgungsnetz, das ein breites Spektrum bargeldloser Services ermöglicht.

Hauptsitz	Ratingen bei Düsseldorf
Website	www.dkv-euroservice.de
Umsatz	4.303 Millionen Euro (2011)
Mitarbeiter	600 (2011)
Vorstandsressorts	Dr. Alexander Hufnagl (Allg. Geschäftsführung), Dr. Werner Grünewald (Allg. Geschäftsführung)

IT-KENNZAHLEN

CIO	Uwe Hohn
IT-Mitarbeiter	Zirka 70 (2011)*
IT-Budget	Zirka 10 Millionen Euro (2011)*
IT-Benutzer	Zirka 600 (2011)*

AUSRICHTUNG**

zentral	●○○○○	dezentral
standardisiert	○●○○○	best of breed
viel Outsourcing	○●○○○	wenig Outsourcing

Weitere Informationen unter:
premium.cio.de/top-500/unternehmen/dkv-euro-service-gmbh-co-kg

*nach Angaben von MBmedien; **Schätzung der CIO-Redaktion

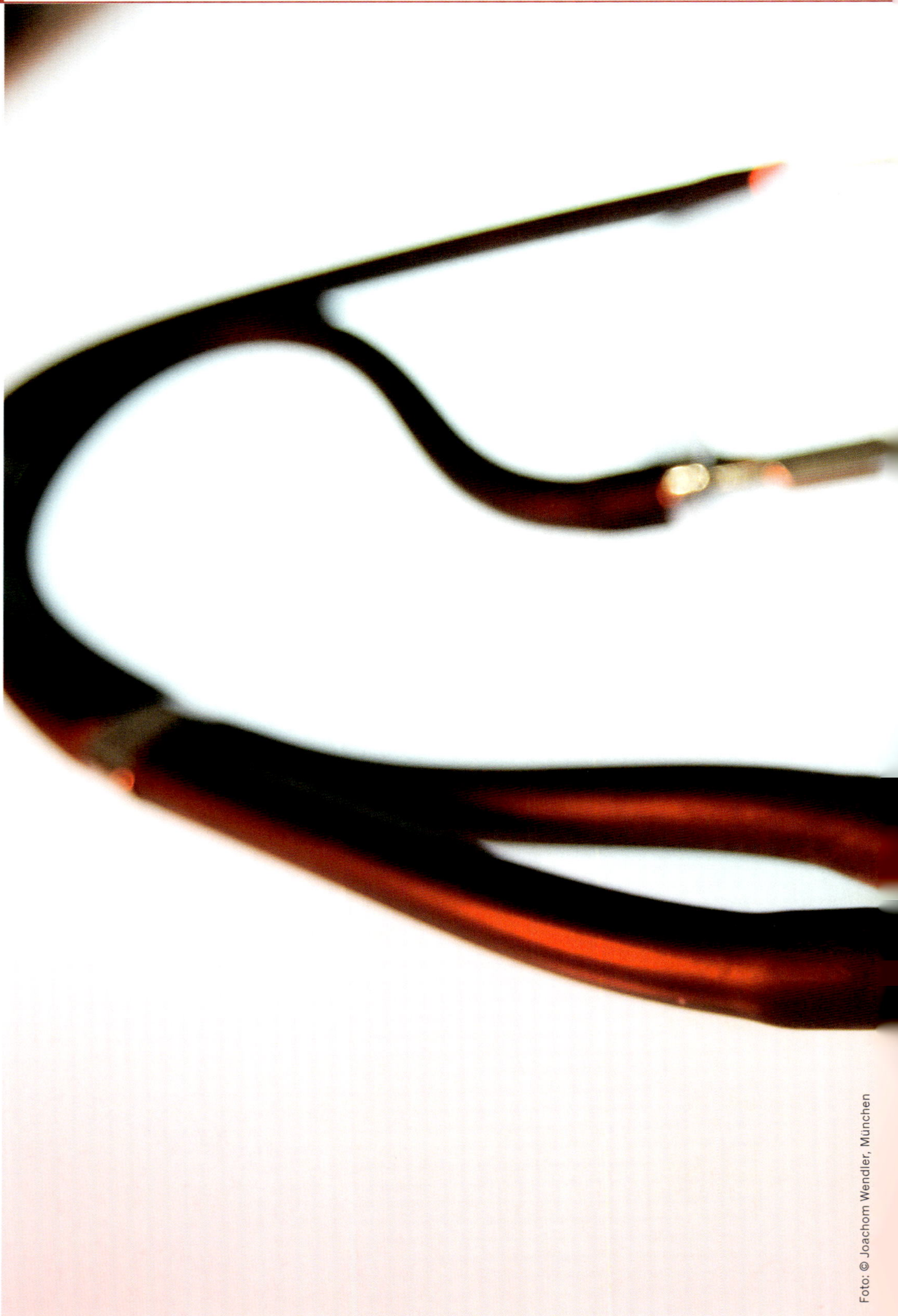

Foto: © Joachom Wendler, München

GESUNDHEIT

Celesio AG

UNTERNEHMENSINFORMATIONEN

Alfons Wahlers

Die börsennotierte **Celesio AG** ist ein Pharmagroßhändler in Deutschland und Europa sowie Betreiber mehrerer Apothekenketten in Europa. Das Unternehmen ist Teil der Haniel-Gruppe. Die Aktiengesellschaft gliedert sich in die Geschäftsbereiche Patient and Consumer Solutions, Pharmacy Solutions und Manufacturer Solutions.

Hauptsitz	Stuttgart
Website	www.celesio.com
Umsatz	23.030 Millionen Euro (2011)
Mitarbeiter	36.670
Vorstandsressorts	Markus Pinger (Vorstandsvorsitzender), Stephan Borchert (Allg. Geschäftsführung), Marion Helmes (Finanzen), Wolfgang Mähr (Allg. Geschäftsführung)

IT-KENNZAHLEN

CIO	Alfons Wahlers
IT-Mitarbeiter	120 (Deutschland), 600 konzernweit (2011)
IT-Budget	214,23 Millionen Euro*
IT-Benutzer	23.000 konzernweit (2011)

IT-STRATEGIE

Ziele	Wechsel von einer dezentralen in eine föderale IT-Organisation, agile Infrastruktur- und Anwendungsplattformen auf Basis von Standardsoftware (SAP) durch schrittweise Angleichung, Professionalisierung von IT-Services durch Auslagerung an externen Dienstleister (HP) und gleichzeitige Modernisierung, Zentralisierung, Konsolidierung
Verantwortung	Portalsysteme auf Basis SAP inkl. Finanz- und Controlling-System, Warenwirtschaftssystem Gain, zentrales Data Warehouse, CRM für optimale Unterstützung der kundenbezogenen Aktivitäten, verschiedene Internet-Portalsysteme
Dienstleister	Hewlett-Packard, SAP

AUSRICHTUNG**

zentral	○●○○○	dezentral
standardisiert	○●○○○	best of breed
viel Outsourcing	○○○●○	wenig Outsourcing

Weitere Informationen unter:
premium.cio.de/top-500/unternehmen/celesio-ag

**nach Angaben von MBmedien; **Schätzung der CIO-Redaktion*

Fresenius SE & Co. KGaA

UNTERNEHMENSINFORMATIONEN

Klaus Kieren

Fresenius ist ein weltweit tätiger Gesundheitskonzern mit Produkten und Dienstleistungen für die Dialyse, das Krankenhaus und die ambulante medizinische Versorgung von Patienten. Zur Fresenius Gruppe gehören vier Unternehmensbereiche, die weltweit eigenverantwortlich wirtschaften und handeln: Fresenius Medical Care, Fresenius Kabi, Fresenius Helios und Fresenius Vamed.

Hauptsitz	Bad Homburg v.d.H.
Website	www.fresenius.de
Umsatz	16.500 Millionen Euro (2011)
Mitarbeiter	160.000
Vorstandsressorts	Dr. Ulf M. Schneider (Vorsitzender des Vorstands), Rainer Baule (Vorstand Unternehmensbereich Fresenius Kabi), Dr. Francesco De Meo (Vorstand Unternehmensbereich Fresenius Helios), Dr. Jürgen Götz (Vorstand Recht, Compliance und Personal/Arbeitsdirektor), Dr. Ben Lipps (Vorstand Unternehmensbereich Fresenius Medical Care) bis 31.12.2012, ab 01.01.2013 Rice Powell, Stephan Sturm (Vorstand Finanzen), Dr. Ernst Wastler (Vorstand Unternehmensbereich Fresenius Vamed)
Tochterunternehmen	Fresenius Medical Care AG & Co. KGaA, Fresenius Kabi Deutschland GmbH, Helios Kliniken GmbH, Vamed AG (Wien), Fresenius Biotech GmbH, Fresenius Netcare GmbH

IT-KENNZAHLEN

CIO	Klaus Kieren (Geschäftsführer der Fresenius Netcare GmbH, IT-Tochterunternehmen der Fresenius-Gruppe und konzernweit zuständig für IT-Belange)*
IT-Mitarbeiter	Zirka 500 (Fresenius Netcare GmbH)*
IT-Budget	520,64 Millionen Euro*
IT-Benutzer	21.140 (konzernweit)*

AUSRICHTUNG

zentral	●○○○○	dezentral
standardisiert	●○○○○	best of breed
viel Outsourcing	●○○○○	wenig Outsourcing

Weitere Informationen unter:
premium.cio.de/top-500/unternehmen/fresenius-se-co-kgaa

*nach Angaben von MBmedien

Fresenius Medical Care AG & Co. KGaA

UNTERNEHMENSINFORMATIONEN

Klaus Kieren

Fresenius Medical Care ist Anbieter von Produkten und Dienstleistungen für Patienten mit chronischem Nierenversagen. Produkte für die Hämodialyse und die Peritonaldialyse wie Dialysegeräte, Dialysatoren und damit verbundene Einwegprodukte gehören ebenfalls zum Portfolio. Fresenius Medical Care ist ein Tochterunternehmen der Fresenius-Gruppe.

Hauptsitz	Bad Homburg v.d.H.
Website	www.fmc-ag.de
Bilanzsumme	9.192 Millionen Euro (2011)
Mitarbeiter	79.160 (weltweit)
Vorstandsressorts	Dr. Ben J. Lipps (Vorsitzender), Rice Powell (stellvertretender Vorsitzender und zuständiges Vorstandsmitglied für die Region Nordamerika), Michael Brosnan (Finanzen), Roberto Fusté (Asien-Pazifik), Dr. Emanuele Gatti (Europa, Naher Osten, Afrika und Lateinamerika sowie Strategieentwicklung), Dr. Rainer Runte (weltweit zuständig für Recht, Compliance, Intellectual Property, Corporate Business Development sowie Arbeitsdirektor für Deutschland), Kent Wanzek (Produktion)

IT-KENNZAHLEN

CIO	Klaus Kieren (Geschäftsführer der Fresenius Netcare GmbH, IT-Tochterunternehmen der Fresenius-Gruppe und konzernweit zuständig für IT-Belange)*
IT-Mitarbeiter	Zirka 500 (Fresenius Netcare GmbH)*
IT-Budget	460,94 Millionen Euro*
IT-Benutzer	21.140 (Fresenius Gruppe)*

AUSRICHTUNG

zentral	●○○○○	dezentral
standardisiert	●○○○○	best of breed
viel Outsourcing	●○○○○	wenig Outsourcing

Weitere Informationen unter: premium.cio.de/top-500/unternehmen/fresenius-medical-care-ag-co-kgaa

**nach Angaben von MBmedien*

HELIOS Kliniken GmbH

UNTERNEHMENSINFORMATIONEN

Dirk Herzberger

Die **HELIOS Kliniken-Gruppe** ist einer der größten Anbieter von stationärer und ambulanter Patientenversorgung Europas. Zur Gruppe gehören 75 Kliniken, darunter sechs Krankenhäuser der Maximalversorgung in Erfurt, Berlin-Buch, Wuppertal, Schwerin, Krefeld und Duisburg. HELIOS versorgt in seinen Kliniken stationär jährlich rund 750.000 Patienten und verfügt insgesamt über mehr als 23.000 Betten. HELIOS gehört zum Gesundheitskonzern Fresenius.

Hauptsitz	Berlin
Website	www.helios-kliniken.de
Umsatz	2.664 Millionen Euro (2011)
Mitarbeiter	28.696
Vorstandsressorts	Dr. Francesco De Meo (Vorsitzender der Geschäftsführung/CEO), Armin Engel (CSO; Medizintechnik, Servicebereiche, Bau und Projektsteuerung, Einkauf), Karin Gräppi (CLO; Konzernarbeitsdirektorin, Personalentwicklung), Olaf Jedersberger (COO), Prof. Dr. Ralf Kuhlen (CMO; Medizinische Entwicklung, Qualitäts-Management und -Controlling, Organisations- und Prozessentwicklung, Risk Management), Jörg Reschke (CFO; IT, Finanzen, Rechnungswesen, Controlling)

IT-KENNZAHLEN

CIO	Dirk Herzberger
IT-Mitarbeiter	Zirka 1.500 (2011)*
IT-Budget	127,73 Millionen Euro*
IT-Benutzer	Zirka 14.100 (2011)*

IT-STRATEGIE

Dienstleister	Siemens Medical Solutions GSD GmbH (Berlin)

AUSRICHTUNG**

zentral	○○○●○	dezentral
standardisiert	○●○○○	best of breed
viel Outsourcing	○○○●○	wenig Outsourcing

Weitere Informationen unter:
premium.cio.de/top-500/unternehmen/helios-kliniken-gmbh

*nach Angaben von MBmedien; **Schätzung der CIO-Redaktion

Rhön-Klinikum AG

UNTERNEHMENSINFORMATIONEN

Die **Rhön-Klinikum AG** ist eine private börsennotierte Betreibergesellschaft von Krankenhäusern, Kliniken und Medizinischen Versorgungszentren (MVZ). Gewachsen ist das Unternehmen in den vergangenen Jahren primär durch Übernahme öffentlicher Häuser. Ende April 2012 kündigte der Gesundheitskonzern Fresenius an, die Rhön-Kliniken kaufen und mit dem eigenen Klinikunternehmen Helios zusammenführen zu wollen. Die Übernahme ist allerdings bis August 2012 nicht zustande gekommen.

Dr. Kurt Heinz Marquardt

Hauptsitz	Bad Neustadt
Website	www.rhoen-klinikum-ag.com
Umsatz	2.629 Millionen Euro (2011)*
Mitarbeiter	33.078
Vorstandsressorts	Wolfgang Pföhler (Aufsichtsratsvorsitzender), Martin Menger (Vorsitzender), Dr. Werner Seeger (Stellv. Vorsitzender), Dr. Christiane Hinck-Kneip (Allg. Geschäftsführung), Dr. Jochen A. Werner (Allg. Geschäftsführung)
Tochterunternehmen	Auklamm-Klinikum GmbH, Herzzentrum Leipzig GmbH, Klinikum Gifhorn GmbH, Klinikum Pirna GmbH und weitere

IT-KENNZAHLEN

CIO	Dr. Kurt Heinz Marquardt
IT-Mitarbeiter	Zirka 1.490 (2011)*
IT-Budget	Zirka 114 Millionen Euro für 2012*
IT-Benutzer	Zirka 16.200 (2011)*

AUSRICHTUNG**

zentral	○○●○○	dezentral
standardisiert	○●○○○	best of breed
viel Outsourcing	○○●○○	wenig Outsourcing

Weitere Informationen unter: premium.cio.de/top-500/unternehmen/rhoen-klinikum-ag

*nach Angaben von MBmedien; **Schätzung der CIO-Redaktion*

Asklepios Kliniken Verwaltungs GmbH

UNTERNEHMENSINFORMATIONEN

Martin Stein

Die **Asklepios-Kliniken-Gruppe** ist ein primär in Deutschland agierender Klinikbetreiber. In Public Private Partnership, durch aktuelle Privatisierungen oder bereits länger privat betriebene Krankenhäuser werden von Asklepios gekauft und betrieben. Einen weiteren Geschäftsbereich stellen Beratungsdienstleistungen im Bereich Krankenhaus-Management dar. Die Asklepios-Gruppe ist heute mit über 100 Kliniken einer der größten Klinikbetreiber in Deutschland.

Hauptsitz	Hamburg
Website	www.asklepios.com
Umsatz	2.557 Millionen Euro (2011)*
Mitarbeiter	33.152 (2011)*
Vorstandsressorts	Carsten Pape, Dr. h.c. Peter Coy
Tochterunternehmen	AKG Kliniken GmbH, Asklepios Dienstleistungs-GmbH, Asklepios Ehealth GmbH, Asklepios International GmbH, GFB Medi GmbH, Asklepios Gesundheitszentrum GmbH und weitere (Auswahl)

IT-KENNZAHLEN

CIO	Martin Stein
IT-Mitarbeiter	1.490 Millionen Euro*
IT-Budget	114 Millionen Euro für 2012*
IT-Benutzer	16.245*

IT-STRATEGIE

Dienstleister	Asklepios Kliniken Hamburg GmbH

AUSRICHTUNG**

zentral	○○○●○	dezentral
standardisiert	○●○○○	best of breed
viel Outsourcing	○○○●○	wenig Outsourcing

Weitere Informationen unter: premium.cio.de/top-500/unternehmen/asklepios-kliniken-vewaltungsgesellschaft-mbh

*nach Angaben von MBmedien; **Schätzung der CIO-Redaktion

SANA Kliniken AG

UNTERNEHMENSINFORMATIONEN

Bernd Christoph Meisheit

Die **Sana Kliniken AG** ist eine private Krankenhausgruppe von Akut-, Fach- und Rehabilitationskliniken und Altenheimen. Das Unternehmen betreibt bundesweit 43 Krankenhäuser aller Versorgungsstufen. Neben dem Kerngeschäft der Akutmedizin unterhält es Fachkliniken in den Indikationen Herz/Kreislauf, Orthopädie und Neurologie sowie Rehabilitationskliniken und Altenheime. Neben den konzerneigenen Kliniken führt Sana weitere zwölf Krankenhäuser im Management-Auftrag.

Hauptsitz	Ismaning
Website	www.sana.de
Umsatz	1.629 Millionen Euro (2011)*
Mitarbeiter	23.626*
Vorstandsressorts	Dr. Michael Philippi (Vorstandsvorsitzender), Jan Stanslowski (Vorstand), Thomas Lemke (Vorstand)
Tochterunternehmen	Sana IT Services GmbH, Sana Personal Service GmbH, Sana Klinik Pegnitz GmbH, Sana Klinikum Hof GmbH, Sana Rechnungswesen GmbH und weitere

IT-KENNZAHLEN

CIO	Bernd Christoph Meisheit
IT-Mitarbeiter	Zirka 1.060 (2011)*
IT-Budget	Zirka 81 Millionen Euro für 2012*
IT-Benutzer	Zirka 11.580 (2011)*

IT-STRATEGIE

Ziele	Flexibilisierung der IT-Leistungserbringung bei steigender Nachfrage, Erhöhung der Stabilität und Effizienz des Service-Center-IT, Verbreitung von IT-Innovationen innerhalb der ZF, Stärkung des Service-Center-IT in den Regionen
Verantwortung	CIO berichtet an den Vorstand Finanzen, interne weltweit aufgestellte Serviceeinheit, professionelle Services zu Marktpreisen
Anwendungen	MS Office, MS Outlook, SAP, Navision, Axalant PLM, Pro/E, CATIA

AUSRICHTUNG**

zentral	○○○●○	dezentral
standardisiert	○●○○○	best of breed
viel Outsourcing	○○○●○	wenig Outsourcing

Weitere Informationen unter:
premium.cio.de/top-500/unternehmen/sana-kliniken-ag

**nach Angaben von MBmedien; **Schätzung der CIO-Redaktion*

Charité – Universitätsmedizin Berlin

UNTERNEHMENSINFORMATIONEN

Helmut Greger

Die **Charité** ist mit 3.200 Betten und 7.000 Studenten eine der größten Universitätskliniken Europas. Seit 2003 sind die medizinischen Fakultäten der Humboldt- und Freien Universität Berlin unter dem Namen Charité – Universitätsmedizin Berlin (Körperschaft des Öffentlichen Rechts) vereinigt. Die Charité ist an vier Hauptstandorten in den Berliner Bezirken Lichterfelde, Buch, Mitte und Wedding untergebracht. Damit Forschung, Lehre und Krankenversorgung besser organisiert werden können, hat die Charité 17 Charité-Zentren gegründet. Innerhalb der Zentren arbeiten mehr als 100 Kliniken und Institute.

Hauptsitz	Berlin
Website	www.charite.de
Umsatz	1.200 Millionen Euro (2010)
Mitarbeiter	13.000
Vorstandsressorts	Karl Max Einhäupl (Vorstandsvorsitzender), Annette Grüters-Kieslich (Amtierende Dekanin), Matthias Scheller (Direktor des Klinikums)
Tochterunternehmen	Charité CFM Facility Management GmbH

IT-KENNZAHLEN

CIO	Helmut Greger
IT-Mitarbeiter	Zirka 585 (2011)*
IT-Budget	Zirka 60 Millionen Euro (2011)*
IT-Benutzer	Zirka 6.370 (2011)*

IT-STRATEGIE

Dienstleister	Computer und Medienservice der Humboldt-Universität zu Berlin, Rechenzentrum Charité

AUSRICHTUNG**

zentral	○○○●○	dezentral
standardisiert	○●○○○	best of breed
viel Outsourcing	○○○●○	wenig Outsourcing

Weitere Informationen unter:
premium.cio.de/top-500/unternehmen/charite-universitaetsmedizin-berlin

*nach Angaben von MBmedien; **Schätzung der CIO-Redaktion

Vivantes – Netzwerk für Gesundheit GmbH

UNTERNEHMENSINFORMATIONEN

Gunther Nolte

Die **Vivantes Netzwerk für Gesundheit GmbH** ist ein Krankenhausbetreiber in Berlin. Alleiniger Anteilseigner ist das Land Berlin. Vivantes betreibt neun Krankenhäuser mit mehr als 100 Kliniken und Institutionen, die insgesamt über rund 5.300 Betten verfügen. Ferner werden zwölf Pflegeheime für Senioren, zwei Seniorenwohnhäuser, eine ambulante Rehabilitation, mehrere medizinische Versorgungszentren, eine ambulante Krankenpflege sowie Tochtergesellschaften für Catering, Reinigung und Wäsche betrieben.

Hauptsitz	Berlin
Website	www.vivantes.de
Bilanzsumme	865 Millionen Euro (2011)*
Mitarbeiter	13.938*
Vorstandsressorts	Joachim Bovelet (Vorsitzender der Geschäftsführung), Dr. med. Dorothea Dreizehnter (Klinik-Management), Manfred Rompf (Personal-Management), Bernd Kahnes (Finanz-Management)
Tochterunternehmen	Vivantes Service GmbH, Vivantes Komfortklinik GmbH, Vivantes International GmbH, Vivantes-Forum für Senioren GmbH und weitere

IT-KENNZAHLEN

CIO	Gunther Nolte
IT-Mitarbeiter	Zirka 625 (2011)*
IT-Budget	Zirka 48 Millionen Euro für 2012*
IT-Benutzer	Zirka 6.830 (2011)*

AUSRICHTUNG**

zentral	○●○○○	dezentral
standardisiert	○●○○○	best of breed
viel Outsourcing	○○○●○	wenig Outsourcing

Weitere Informationen unter:
premium.cio.de/top-500/unternehmen/vivantes-netzwerk-fuer-gesundheit-gmbh

**nach Angaben von MBmedien; **Schätzung der CIO-Redaktion*

SRH Holding (SdbR)

UNTERNEHMENSINFORMATIONEN

Dr. Stefan Müller

Die **SRH Holding (SdbR)** ist eine private Stiftung bürgerlichen Rechts. Sie fungiert als Dachgesellschaft für diverse Tochterunternehmen, die auf den Gebieten des Gesundheits-, Bildungs- und Sozialwesens tätig sind. Dazu zählt der Betrieb von privaten Hochschulen, Berufsfach- und allgemeinbildenden Schulen, Bildungszentren für Weiterbildung und berufliche Rehabilitation sowie Krankenhäusern und drei Rehabilitationskliniken. Die private SRH-Stiftung unterstützt wissenschaftliche Projekte und praktische Maßnahmen, um die Weiterentwicklung im Gesundheits-, Bildungs- und Sozialwesen zu fördern.

Hauptsitz	Heidelberg
Website	www.srh.de
Umsatz	565 Millionen Euro (2011)
Mitarbeiter	8.243
Vorstandsressorts	Prof. Klaus Hekking (Vorstandsvorsitzender), Hans-Joachim Eucker (Stellvertretender Vorstandsvorsitzender), Dr. Thomas Wolfram (Vorstand)

IT-KENNZAHLEN

CIO	Dr. Stefan Müller
IT-Mitarbeiter	Zirka 370 (2011)*
IT-Budget	Zirka 28 Millionen Euro (2011)*
IT-Benutzer	Zirka 4.040 (2011)*

AUSRICHTUNG

zentral	○●○○○	dezentral
standardisiert	○●○○○	best of breed
viel Outsourcing	○●○○○	wenig Outsourcing

Weitere Informationen unter: premium.cio.de/top-500/unternehmen/srh-holding-sdbr

*nach Angaben von MBmedien

Foto: © Joachim Wendler, München

HANDEL

METRO AG

UNTERNEHMENSINFORMATIONEN

Silvester Macho

Die **Metro AG,** die öffentlich auch unter dem Namen Metro Group auftritt, ist eine strategische Management-Holding. Das operative Geschäft teilt sich in die Geschäftsfelder Großhandel, Lebensmitteleinzelhandel, Nonfood-Fachmärkte und Warenhäuser. In diesen Bereichen sind die Vertriebsmarken der Metro AG selbstständig am Markt tätig. Sogenannte Querschnittsgesellschaften übernehmen für die Vertriebsmarken konzernweit übergreifende Dienstleistungen wie etwa IT.

Hauptsitz	Düsseldorf
Website	www.metrogroup.de
Umsatz	66.702 Millionen Euro (2011)
Mitarbeiter	280.856 (2011)
Vorstandsressorts	Olaf Koch (Vorstandsvorsitzender), Mark Frese (Vorstand Finanzen), Heiko Hutmacher (Vorstand Personal), Frans W.H. Muller
Tochterunternehmen	Asset Verwaltungs-GmbH & Co. Objekt Leipzig KG, Metro Cash & Carry International GmbH, Metro Dienstleistungs-Holding GmbH, Metro Group Asset Management Services GmbH, Metro Kaufhaus und Fachmarkt Holding GmbH, Media-Saturn Holding GmbH, Metro Leasing GmbH, Metro Systems GmbH

IT-KENNZAHLEN

CIO	Silvester Macho
IT-Mitarbeiter	Zirka 2.300*
IT-Budget	737,98 Millionen Euro*
IT-Benutzer	Zirka 100.000*

IT-STRATEGIE

Als interner IT-Dienstleister der Metro Group berät die Metro Systems GmbH die Gesellschaften des Handelskonzerns in IT-Belangen, entwickelt Lösungen entlang der gesamten Wertschöpfungskette und sorgt für eine leistungsfähige IT-Infrastruktur. Gliederung in drei Geschäftsbereiche: „Business Process Engineering" bildet die Schnittstelle zum operativen Geschäft; „Business Solution Management" ist für Systemarchitektur sowie Softwarelösungen für Geschäftsprozesse zuständig; „Business Solution Operation" stellt den Betrieb der IT-Infrastruktur auf internationaler Ebene sicher.

AUSRICHTUNG**

zentral	○○●○○	dezentral
standardisiert	○○○●○	best of breed
viel Outsourcing	○○○●○	wenig Outsourcing

Weitere Informationen unter: premium.cio.de/top-500/unternehmen/metro-ag

*nach Angaben von MBmedien; **Schätzung der CIO-Redaktion

REWE-Zentral-Aktiengesellschaft

UNTERNEHMENSINFORMATIONEN

Jens Siebenhaar

Die **Rewe Group** ist ein deutscher Handelskonzern. Unternehmensschwerpunkte sind der Lebensmittelhandel und die Touristiksparte. Die Basis der genossenschaftlichen Handelsgruppe bilden die selbstständigen Einzelhändler.

Hauptsitz	Köln
Website	www.rewe-group.de
Umsatz	48.370 Millionen Euro (2011)*
Mitarbeiter	323.000 europaweit, 222.000 in Deutschland
Vorstandsressorts	Alain Caparros (Vorstandsvorsitzender), Manfred Esser (Vorstand Strategischer Einkauf), Jan Kunath (Vorstand Discount National), Lionel Souque (Vorstand Vollsortiment National), Frank Wiemer (Vorstand Logistik, Informationstechnologie)
Tochterunternehmen	Glockenbrot Bäckerei GmbH & Co. oHG, Rewe Dortmund Großhandel eG, Rewe Touristik GmbH, Rewe-Informations-Systeme GmbH

IT-KENNZAHLEN

CIO	Jens Siebenhaar
IT-Mitarbeiter	1.250
IT-Budget	300 Millionen Euro
IT-Benutzer	300.000

AUSRICHTUNG

zentral	○●○○○	dezentral
standardisiert	○○○●○	best of breed
viel Outsourcing	○○○●○	wenig Outsourcing

Weitere Informationen unter:
premium.cio.de/top-500/unternehmen/rewe-zentral-aktiengesellschaft

*nach Angaben von MBmedien

EDEKA Zentrale AG & Co. KG

UNTERNEHMENSINFORMATIONEN

Dr. Reinhard Schütte

Der mittelständisch geprägte **Edeka Verbund** ist genossenschaftlich organisiert und wird von 4.500 selbstständigen Kaufleuten getragen. Kerngeschäft ist das von Unternehmern geführte Vollsortimentsgeschäft. Mit dem Tochterunternehmen Netto ist Edeka im Discountgeschäft präsent.

Hauptsitz	Hamburg (Sitz der Edeka-Zentrale AG & Co. KG)
Website	www.edeka.de
Bilanzsumme	45.600 Millionen Euro (2011)
Mitarbeiter	306.000
Vorstandsressorts	Markus Mosa (Vorstandsvorsitzender), Dr. Reinhard Schütte (Mitglied des Vorstands), Ressorts: Finanz- und Rechnungswesen, Controlling und Beteiligungen, Logistik, Personal, Unternehmensentwicklung, IT und Organisation
Tochterunternehmen	Lunar, Netto Marken-Discount, Spar Handels GmbH, C+C Großmarkt

IT-KENNZAHLEN

CIO	Dr. Reinhard Schütte (Vorstand Edeka AG)
IT-Mitarbeiter	Zirka 550 für übergreifende Aufgaben und für die Edeka-Zentrale, 1.000 weitere in den Regionen
IT-Budget	Zirka 150 Millionen Euro, national (2012)
IT-Benutzer	Zirka 2.000 in der Edeka-Zentrale, 30.000 in den Regionen, 150.000 im Einzelhandel

IT-STRATEGIE

Ziele	Einheitliche, handelsstufenübergreifende, integrative IT-gestützte Warenwirtschaftslösung – von der Planung und Beschaffung über den Großhandel bis in den Einzelhandel auf Basis einheitlicher Stammdaten mit Möglichkeit übergreifender Berichterstattung und Analyse
Verantwortung	Erstellung, Betreuung und Weiterentwicklung der national relevanten Softwarelösungen, Betrieb der Entwicklungslandschaften, produktiven nationalen Systeme und Systeme der Zentrale
Anwendungen	SAP Retail, SAP ERP, SAP BW, SAP F&R, SAP SCM/TM, SAP POS
Dienstleister	SAP, IBM/EMC

AUSRICHTUNG

zentral	○○●○○	dezentral
standardisiert	○●○○○	best of breed
viel Outsourcing	○○○○●	wenig Outsourcing

Weitere Informationen unter:
premium.cio.de/top-500/unternehmen/edeka-zentrale-ag-co-kg

Aldi Einkauf GmbH & Co. oHG (Aldi Süd)

UNTERNEHMENSINFORMATIONEN

Aldi Süd ist ein führendes internationales Einzelhandelsunternehmen. Die Unternehmensgruppe besteht aus 31 Gesellschaften mit mehr als 1.800 Filialen in West- und Süddeutschland. Hinzu kommen 46 internationale Gesellschaften mit über 2.770 Filialen. In Nord- und Ostdeutschland ist die Unternehmensgruppe Aldi Nord mit einem eigenen Filialnetz vertreten. Beide Unternehmen sind familiär miteinander verbunden, gleichzeitig aber rechtlich und finanziell unabhängig voneinander.

Hauptsitz	Mülheim an der Ruhr
Website	www.aldi-sued.de
Umsatz	32.570 Millionen Euro (2011)*
Mitarbeiter	33.300 (2011)*
Vorstandsressorts	Die Aldi Einkauf GmbH & Co. oHG (Aldi Süd) wird vertreten durch die Aldi Einkauf GmbH mit Sitz in Duisburg, die ihrerseits vertreten wird durch die Geschäftsführer Markus Balter, Ralf Borbet, Dr. David Godschalk, René Karczewski, Reiner Mischke, Oliver Pollhammer, Martin Thesing, Jeannette Thull, Sven van den Boomen.

IT-KENNZAHLEN

CIO	Reiner Mischke*
IT-Mitarbeiter	Zirka 1.495 (2011)*
IT-Budget	Zirka 88 Millionen Euro (2011)*
IT-Benutzer	Zirka 14.650 (2011)*

AUSRICHTUNG**

zentral	○○○●○	dezentral
standardisiert	○●○○○	best of breed
viel Outsourcing	○○○●○	wenig Outsourcing

Weitere Informationen unter:
premium.cio.de/top-500/unternehmen/aldi-einkauf-gmbh-co-ohg-sued

**nach Angaben von MBmedien; **Schätzung der CIO-Redaktion*

METRO Cash & Carry International GmbH

UNTERNEHMENSINFORMATIONEN

Silvester Macho

Die **Metro Cash & Carry International GmbH** ist ein deutsches Großhandelsunternehmen und der wichtigste Geschäftsbereich des Metro-Konzerns. Sie ist mit Niederlassungen in 30 Ländern vertreten und betreibt insgesamt 665 Selbstbedienungsgroßmärkte. Der Einkauf ist nur exklusiven Kundenkreisen gestattet. Für einen Einkaufsausweis muss eine Gewerbeanmeldung vorgelegt werden.

Hauptsitz	Düsseldorf
Website	www.metro-cc.com
Umsatz	31.155 Millionen Euro (2011)
Mitarbeiter	112.588 (2011)
Vorstandsressorts	Frans H.W. Muller (Vorsitzender der Geschäftsführung), Diego Bevilacqua (Chief Customer and Marketing Officer), Jeroen de Groot (Chief Operating Officer), Mark Frese (Geschäftsführung Finanzen (PU), Heiko Hutmacher (Geschäftsführung Personal (PU)
Tochterunternehmen	Johannes Berg GmbH, MCC Trading International GmbH, Metro International Supply GmbH, Metro Großhandelsgesellschaft mbH

IT-KENNZAHLEN

CIO	Silvester Macho
IT-Mitarbeiter	5.065 (2011)*
IT-Budget	295,62 Millionen Euro für 2012*
IT-Benutzer	49.539 (2011)*

AUSRICHTUNG**

zentral	○○●○○	dezentral
standardisiert	○○●○○	best of breed
viel Outsourcing	○○○●○	wenig Outsourcing

Weitere Informationen unter:
premium.cio.de/top-500/unternehmen/metro-cash-carry-international-gmbh

*nach Angaben von MBmedien; **Schätzung der CIO-Redaktion

Franz Haniel & Cie. GmbH

UNTERNEHMENSINFORMATIONEN

Dirk Müller

Franz Haniel & Cie. GmbH ist eine Unternehmensgruppe, die als Holding derzeit vier dezentral organisierte Unternehmensbereiche führt: Celesio (Pharma-Großhandel, Apotheken und Pharma-Services), ELG (Recycling und Handel mit Rohstoffen für die Edelstahlindustrie), CWS-Boco (Vermietung und Verkauf von Berufskleidung sowie Waschraumhygiene) und Takkt (B2B-Versandhandel von Büro-, Betriebs- und Lagereinrichtungen).

Hauptsitz	Duisburg
Website	www.haniel.de
Umsatz	27.346 Millionen Euro (2011)*
Mitarbeiter	57.828 (2011)*
Vorstandsressorts	Stephan Gemkow (Vorstandsvorsitzender), Dr. Florian Funck (Vorstand Finanzen & Corporate IT)
Tochterunternehmen	CWS-Boco International GmbH, ELG Haniel GmbH, Haniel Finance Deutschland GmbH, Celesio AG (Anteilseigner 54,60%), Takkt AG (Anteilseigner 70,40%) und weitere

IT-KENNZAHLEN

CIO	Dirk Müller
IT-Mitarbeiter	2.600 (2011)*
IT-Budget	151,98 Millionen Euro für 2012*
IT-Benutzer	25.444 (2011)*

AUSRICHTUNG**

zentral	○○○●○	dezentral
standardisiert	○●○○○	best of breed
viel Outsourcing	○○●○○	wenig Outsourcing

Weitere Informationen unter: premium.cio.de/top-500/unternehmen/franz-haniel-cie-gmbh

*nach Angaben von MBmedien; **Schätzung der CIO-Redaktion

Media-Saturn-Holding GmbH

UNTERNEHMENSINFORMATIONEN

Die **Media-Saturn-Holding GmbH (MSH)** ist die größte Elektronik-Fachmarktkette Europas und fasst die zuvor eigenständigen Elektrohandelsketten Media Markt und Saturn zusammen. Im März 2011 wurde der Online-Händler redcoon von MSH übernommen. Das Unternehmen gehört zur Metro Group.

Hauptsitz	Ingolstadt
Website	www.media-saturn.com
Umsatz	20.605 Millionen Euro (2011)*
Mitarbeiter	57.585*
Vorstandsressorts	Horst Norberg (Vorsitzender der Geschäftsführung), Jaroslaw Drabarek (COO), Pieter August Haas (COO), Wolfgang Kirsch (CPO), Frank Kretzschmar (COO), Joachim Roesges (COO), Ralph Spangenberg (Ressort Personal)
Tochterunternehmen	Convergenta Werbeagentur GmbH, Media Markt Management GmbH, MS E-Business Concepts & Service GmbH, Saturn Elektro Handelsgesellschaft mit beschränkter Haftung, Media Markt TV-Hifi-Elektro GmbH

IT-KENNZAHLEN

CIO	Silvester Macho
IT-Mitarbeiter	2.590*
IT-Budget	151,24 Millionen Euro für 2012*
IT-Benutzer	25.337 (2011)*

AUSRICHTUNG**

zentral	○○●○○	dezentral
standardisiert	○○●○○	best of breed
viel Outsourcing	○○○●○	wenig Outsourcing

Weitere Informationen unter:
premium.cio.de/top-500/unternehmen/media-saturn-holding-gmbh

*nach Angaben von MBmedien; **Schätzung der CIO-Redaktion

Lidl Stiftung & Co. KG

UNTERNEHMENSINFORMATIONEN

Lidl ist eine in Deutschland gegründete Discount-Kette, die in fast ganz Europa vertreten ist. Lidl ist Teil der Schwarz-Unternehmensgruppe mit Sitz in Neckarsulm.

Hauptsitz	Neckarsulm
Website	www.lidl.de
Umsatz	14.480 Millionen Euro (in Deutschland, 2011)
Mitarbeiter	81.674 (in Deutschland, 2011)
Vorstandsressorts	Karl-Heinz Holland (Unternehmensleitung)

IT-KENNZAHLEN

CIO	Stefan Herold*
IT-Mitarbeiter	Zirka 3.675 (2011)*
IT-Budget	Zirka 205 Millionen Euro (2011)*
IT-Benutzer	Zirka 35.935 (2011)*

AUSRICHTUNG

zentral	○○○●○	dezentral
standardisiert	○●○○○	best of breed
viel Outsourcing	○○○●○	wenig Outsourcing

Weitere Informationen unter:
premium.cio.de/top-500/unternehmen/lidl-stiftung-co-kg

*nach Angaben von MBmedien

Lekkerland AG & Co. KG

UNTERNEHMENSINFORMATIONEN

Die **Lekkerland AG & Co. KG** ist ein deutsches Großhandelsunternehmen für Lebensmittel, Getränke, Tabakwaren, Telekommunikation und Non Food, in der Hauptsache werden Tankstellen-Shops bedient. In Deutschland betreibt das Unternehmen 15 Großhandelslager sowie vier Lager für Tiefkühlkost. Die Lekkerland AG & Co. KG ist im Streubesitz, einer der Großaktionäre ist die Japan Tobacco International mit 25,1 Prozent.

Dr. Michael Müller-Wünsch

Hauptsitz	Frechen bei Köln
Website	www.lekkerland.com
Umsatz	12.319 Millionen Euro (2011)
Mitarbeiter	6.051 (2011)
Vorstandsressorts	Michael Hoffmann (CEO; Strategie, Sales/Marketing, HR, Kommunikation), Michael Gerlif (CFO; M&A, Controlling, IT, Recht), Kay Schiebur (COO; Einkauf und Logistik), Dr. Michael Müller-Wünsch (Senior Vice President Corporate IT)
Tochterunternehmen	Lekkerland Information Systems GmbH, Lekkerland Deutschland GmbH & Co. KG, Lekkerland Nederland B.V., Lekkerland Vending Services B.V. (Niederlande), Conway – The Convenience Company België N.V., Conway Vending Services N.V. (Belgien), Lekkerland Handels- und Dienstleistungs GmbH (Österreich), Lekkerland (Schweiz) AG, Conway – The Convenience Company S.A. (Spanien) und weitere

IT-KENNZAHLEN

CIO	Dr. Michael Müller-Wünsch (Geschäftsführer Lekkerland Information Systems GmbH)
IT-Mitarbeiter	275*
IT-Budget	16,22 Millionen Euro
IT-Benutzer	Zirka 2.785 (2011)*

IT-STRATEGIE

Anwendungen	SAP Retail (F&R), CRM, Business Warehouse, Logistics Execution System, Pick by Voice, Telematics, PTV Intertour
Dienstleister	Atos Origin, IBM und weitere

AUSRICHTUNG

zentral	○○○●○	dezentral
standardisiert	○●○○○	best of breed
viel Outsourcing	○●○○○	wenig Outsourcing

Weitere Informationen unter: premium.cio.de/top-500/unternehmen/lekkerland-ag-co-kg

**nach Angaben von MBmedien*

Kaufland Stiftung & Co. KG

UNTERNEHMENSINFORMATIONEN

Kaufland ist eine in Deutschland angesiedelte Lebensmittelhandelskette. Sie ist Bestandteil der Schwarz-Gruppe, zu der auch der Discounter Lidl gehört. Die Kaufland Stiftung & Co. KG ist Teil der komplexen Unternehmensstruktur der Schwarz-Beteiligungs-GmbH, die sich zu 99,9 Prozent im Besitz von Dieter Schwarz beziehungsweise der Dieter Schwarz Stiftung gGmbH befindet. Kaufland betreibt SB-Warenhäuser in verschiedenen Größen, Lagen und mit unterschiedlichen Sortimenten.

Hauptsitz	Neckarsulm
Website	www.kaufland.de
Umsatz	12.060 Millionen Euro (2010)*
Mitarbeiter	39.729 (2010)*
Vorstandsressorts	Jörg Dahlke (Geschäftsführung), Reiner Damovsky (Geschäftsführung)
Tochterunternehmen	B + F Management GmbH, Beta International GmbH, FMRS Warenhandel GmbH, Hanis Grundbesitzverwaltung GmbH, Kaufland Dienstleistung GmbH, Kaufland Geschäftsführung GmbH, KMOR-C-Warenhandel GmbH und weitere

IT-KENNZAHLEN

CIO	Walter Wolf
IT-Mitarbeiter	Zirka 1.790 (2010)*
IT-Budget	Zirka 104 Millionen Euro (2010)*
IT-Benutzer	Zirka 17.480 (2010)*

IT-STRATEGIE

Ziele	Messbar ein effizientes und sicheres Informations-Management sowie eine effektive und innovative Prozessintegration zu betreiben
Dienstleister	Mieschke, Hofmann & Partner

AUSRICHTUNG**

zentral	○○○●○	dezentral
standardisiert	○●○○○	best of breed
viel Outsourcing	○○○●○	wenig Outsourcing

Weitere Informationen unter:
premium.cio.de/top-500/unternehmen/kaufland-stiftung-co-kg

**nach Angaben von MBmedien; **Schätzung der CIO-Redaktion*

Foto: © Oscar Brunet – Fotolia.com

INDUSTRIE

Siemens AG

UNTERNEHMENSINFORMATIONEN

Norbert Kleinjohann

Die **Siemens AG** ist ein integrierter Technologiekonzern mit den vier Hauptgeschäftsfeldern Energie, Medizintechnik, Industrie sowie Infrastruktur und Städtebau. Siemens ist in 190 Ländern vertreten und zählt weltweit zu den größten Unternehmen der Elektrotechnik und Elektronik. Die Aktiengesellschaft mit Doppelsitz in Berlin und München unterhält 125 Standorte in Deutschland.

Hauptsitz	München
Website	www.siemens.com
Umsatz	73.500 Millionen Euro (30.09.2011)
Mitarbeiter	360.000 (30.09.2011)
Vorstandsressorts	Peter Löscher (Vorsitzender des Vorstands, Corporate Communications and Government Affairs, Corporate Development), Peter Y. Solmssens (Corporate Legal and Compliance, Americas), Hermann Requardt (Healthcare), Barbara Kux (Corporate Supply Chain Management, Corporate Sustainability, Global Shared Services), Michael Süß (Energy), Joe Kaeser (Corporate Finance and Controlling, Financial Services, Siemens Real Estate, Equity Investments), Brigitte Ederer (Corporate Human Resources, Europe, Commonwealth of Independent States), Klaus Helmrich (Technology, Corporate Technology), Siegfried Russwurm (Industry, Corporate Information Technology, Africa, Middle East), Roland Busch (Infrastructure & Cities, Asia, Australia)

IT-KENNZAHLEN

CIO	Norbert Kleinjohann
IT-Mitarbeiter	Zirka 7.000 weltweit (30.09.2011)
IT-Budget	1.279,04*
IT-Benutzer	Zirka 332.000 (PC-Arbeitsplätze)

IT-STRATEGIE

Ziele	Geschäftswert steigern durch IT, IT creates business value
Verantwortung	Kontinuierliche Optimierung und Sicherung der IT-Funktionen

AUSRICHTUNG

zentral	○○●○○	dezentral
standardisiert	○○●○○	best of breed
viel Outsourcing	○○●○○	wenig Outsourcing

Weitere Informationen unter: premium.cio.de/top-500/unternehmen/siemens-ag

*nach Angaben von MBmedien

Deutsche Telekom AG

UNTERNEHMENSINFORMATIONEN

Dr. Markus Müller

Die **Deutsche Telekom AG** ist Europas größtes Telekommunikationsunternehmen. Sie ging aus der Privatisierung der staatlichen Deutschen Bundespost und deren Bereichen für Telekommunikation und Fernmeldedienst hervor. Das Unternehmen betreibt technische Netze (ISDN, DSL, Satelliten, Gigabit-Ethernet usw.) für den Betrieb von Informations- und Kommunikationsdiensten..

Hauptsitz	Bonn
Website	www.telekom.de
Umsatz	58.700 Millionen Euro (2011)
Mitarbeiter	240.000 (2011)
Vorstandsressorts	Vorstandsvorsitzender, Datenschutz und Compliance, Finanzen, Europa und Technik, T-Systems, Deutschland, Personal

IT-KENNZAHLEN

CIO	Dr. Markus Müller
IT-Mitarbeiter	Zirka 8.500
IT-Budget	Zirka 3.000 Millionen Euro in Deutschland (2011)
IT-Benutzer	Zirka 150.000 Arbeitsplatzsysteme in Deutschland

IT-STRATEGIE

Ziele	Aufbau einer IT-Funktion aus bisher separat geführten Einheiten mit ganzheitlicher Verantwortung für die Deutsche-Telekom-Gruppe in Deutschland, Erneuerung der IT-Landschaft mit Fokus auf Kostensenkung und Verbesserung der Time to Market, Erbringung von an den Bedürfnissen der internen Kunden ausgerichteten IT-Leistungen
Verantwortung	Der T-Systems-Geschäftsführungsbereich „Telekom IT" (Geschäftsführer Dr. Markus Müller) verantwortet die gesamte interne IT der Deutsche-Telekom-Gruppe in Deutschland.

AUSRICHTUNG

zentral	○●○○○	dezentral
standardisiert	○○●○○	best of breed
viel Outsourcing	○●○○○	wenig Outsourcing

Weitere Informationen unter:
premium.cio.de/top-500/unternehmen/deutsche-telekom-ag

Robert Bosch GmbH

UNTERNEHMENSINFORMATIONEN

Gerd Friedrich

Die **Robert Bosch GmbH** ist Zulieferer der Kraftfahrzeugindustrie, Hersteller von Gebrauchsgütern (Elektrowerkzeuge, Haushaltsgeräte) und Industrie- und Gebäudetechnik (Sicherheitstechnik) sowie der Verpackungstechnik. Bosch ist mittlerweile als multinationales Unternehmen der größte Automobilzulieferer weltweit.

Hauptsitz	Gerlingen-Schillerhöhe
Website	www.bosch.de
Umsatz	51.494 Millionen Euro (2011)
Mitarbeiter	302.519
Vorstandsressorts	Dr. Stefan Asenkerschbaumer (Finanzen, Controlling), Dr. Bernd Bohr (Techn. Geschäftsführung), Dr. Rudolf Colm (Techn. Geschäftsführung), Dr. Siegfried Dais (Produktion, Fertigung), Dr. Volkmar Denner (Forschung), Franz Fehrenbach (Allg. Geschäftsführung), Christoph Kübel (Personal), Dr. Werner Struth (Produktion, Fertigung), Uwe Raschke (Produktion, Fertigung), Peter Tyroller (Vertrieb), Wolf-Henning Scheider (Produktion, Fertigung)

IT-KENNZAHLEN

CIO	Gerd Friedrich
IT-Mitarbeiter	3.500
IT-Budget	780 Millionen Euro (2012)
IT-Benutzer	240.000

IT-STRATEGIE

Ziele	CI, der weltweite IT-Bereich bei Bosch, versteht sich als Beratungs- und Dienstleistungsorganisation mit einem Lösungsportfolio, das sich hinsichtlich Leistungsfähigkeit, Differenzierung und Kosten an der Wachstumsstrategie von Bosch und damit der Geschäftsbereiche ausrichtet. Wesentliche Elemente der IT-Strategie: weltweit ausgerichtete IT-Organisation mit besonderem Fokus auf die Wachstumsmärkte (Shift to Asia), weltweite IT-Architektur (basierend auf SOA-Prinzipien), harmonisierte und standardisierte Stammdaten und Geschäftsprozesse, Potenzialbewertung von technologischen Trends und Umsetzung in innovative Lösungen
Verantwortung	zentrale IT

AUSRICHTUNG

zentral	●○○○○	dezentral
standardisiert	○●○○○	best of breed
viel Outsourcing	○○○○●	wenig Outsourcing

Weitere Informationen unter: premium.cio.de/top-500/unternehmen/robert-bosch-gmbh

EADS N.V.

UNTERNEHMENSINFORMATIONEN

Guus Dekkers

Die **European Aeronautic Defence and Space Company (EADS)** ist ein führender europäischer Luft-, Raumfahrt- und Rüstungskonzern. Die vier wichtigsten Tochterunternehmen sind auf die Hauptgeschäftsbereiche von EADS fokussiert: Airbus (Flugzeuge), Astrium (Raumfahrt-/Satellitensysteme), Cassidian (militärische/zivile Sicherheit) und Eurocopter (Hubschrauber).

Hauptsitz	CS Leiden (Niederlande)
Website	www.eads.com
Umsatz	49.128 Millionen Euro (2011)
Mitarbeiter	133.115 (2011)
Vorstandsressorts	Thomas Enders (Chief Executive Officer von EADS), François Auque (CEO von Astrium/Koordination von Raumfahrt und Verteidigung), Thierry Baril (Chief Human Resources Officer von EADS & Airbus), Lutz Bertling (CEO von Eurocopter), Jean Botti (Chief Technical Officer von EADS), Fabrice Brégier (CEO von Airbus), Marwan Lahoud (Leiter der Strategie und des Marketings von EADS), Sean O'Keefe (CEO von EADS North America), Domingo Ureña-Raso (Leiter von Airbus Military), Harald Wilhelm (Chief Financial Officer von EADS & Airbus), Stefan Zoller (CEO von Cassidian)

IT-KENNZAHLEN

CIO	Guus Dekkers
IT-Mitarbeiter	Keine Angaben
IT-Budget	1.100 Millionen Euro*
IT-Benutzer	61.000

IT-STRATEGIE

Ziele	Further leveraging synergies across EADS, enable EADS flexibility required by the business challenges, leverage selected innovative IT to increase business processes effectiveness and efficiency
Verantwortung	The EADS IT Strategy is proposed by the IT Committee and approved by the IT Governance Board, the IT Governance Board comprises of selected EC members and chaired by the Corporate COO for Finance/CFO, the IT Committee comprises of the Divisional CIOs and chaired by the Corporate CIO
Dienstleister	Hewlett-Packard GmbH, T-Systems International GmbH

AUSRICHTUNG

zentral	○○○●○	dezentral
standardisiert	○○●○○	best of breed
viel Outsourcing	○○●○○	wenig Outsourcing

Weitere Informationen unter: premium.cio.de/top-500/unternehmen/eads-n-v

*nach Angaben von MBmedien

Thyssen Krupp AG

UNTERNEHMENSINFORMATIONEN

Dr. Hans-Günter Gaul

Die **ThyssenKrupp AG** ist Deutschlands größtes Stahl- und Technologieunternehmen. Der Konzern entstand 1999 aus der Fusion der Friedrich Krupp AG Hoesch-Krupp mit der Thyssen AG. Seit Oktober 2010 besteht ThyssenKrupp aus den zwei Bereichen Materials und Technologies.

Hauptsitz	Essen
Website	www.thyssenkrupp.com
Umsatz	49.092 Millionen Euro (Geschäftsjahr 2010/11)
Mitarbeiter	180.050 (Geschäftsjahr 2010/11)
Vorstandsressorts	Dr. Heinrich Hiesinger (Vorstandsvorsitzender), Dr. Olaf Berlien, Dr. Jürgen Claassen, Edwin Eichler, Guido Kerkhoff, Ralph Labonte

IT-KENNZAHLEN

Corporate CIO	Dr. Hans-Günter Gaul
CIOs Business Areas	Dr. Michael Kranz (Steel Europe/Americas), Ralf van den Brock (Materials Services), Michael Schuster (Elevator Technologies), Dr. Olaf Röper (Plant Technologies), Christine Grabmair (Component Technologies), Jens Peters (Marine Systems)
IT-Mitarbeiter	2.500 (konzernweit)
IT-Budget	600 Millionen Euro (2012)
IT-Benutzer	Mehr als 80.000

IT-STRATEGIE

Ziele	IT-Fokussierung der IT auf differenzierende, wertsteigernde Tätigkeiten
Verantwortung	Corporate IT, gemeinsam mit dem CIO Council der Business Areas
Anwendungen	SAP, Microsoft
Dienstleister	ThyssenKrupp IT Services GmbH, Hewlett-Packard

AUSRICHTUNG

zentral	○●○○○	dezentral
standardisiert	○●○○○	best of breed
viel Outsourcing	○○●○○	wenig Outsourcing

Weitere Informationen unter:
premium.cio.de/top-500/unternehmen/thyssenkrupp-steel-europe-ag

Heraeus Holding GmbH

UNTERNEHMENSINFORMATIONEN

Martin Ackermann

Die **Heraeus Holding GmbH** ist ein deutscher Technologiekonzern mit den Schwerpunkten Edel- und Sondermetalle, Dentalwerkstoffe, Medizintechnik, Quarzglas, Sensoren und Speziallichtquellen. Das Unternehmen wurde 1851 in Hanau gegründet und zählt nach Umsatz zu den größten Familienunternehmen in Deutschland.

Hauptsitz	Hanau
Website	www.heraeus.de
Umsatz	26.183 Millionen Euro
Mitarbeiter	13.323
Vorstandsressorts	Dr. Frank Heinricht (Vorsitzender, CEO), Jan Rinnert (stellvertretender Vorsitzender, CFO)

IT-KENNZAHLEN

CIO	Martin Ackermann
IT-Mitarbeiter	Zirka 260
IT-Budget	42,08 Millionen Euro*
IT-Benutzer	Zirka 8.800

IT-STRATEGIE

Ziele	Optimale Unterstützung der Prozess- und Kundenanforderungen einzelner Segmente, bei gleichzeitiger Hebung von Synergiepotenzialen und Festlegen von Standards im Konzern. Wirksame Zusammenarbeit sogar stark verteilter Teams mittels Nutzung moderner IT-Arbeits- und Kommunikationsplätze weltweit
Verantwortung	Gesamtverantwortung für IT und Prozesswesen bei Heraeus inklusive der verbundenen Tochterunternehmen. Darunter fallen Infrastrukturkomponenten sowie die Unterstützung und Optimierung der Geschäftsprozesse.
Dienstleister	SAP, Microsoft, Cisco, IBM

AUSRICHTUNG

zentral	○●○○○	dezentral
standardisiert	○○●○○	best of breed
viel Outsourcing	○○○●○	wenig Outsourcing

Weitere Informationen unter:
premium.cio.de/top-500/unternehmen/heraeus-holding-gmbh

*nach Angaben von MBmedien

MAN SE

UNTERNEHMENSINFORMATIONEN

Peer Stauske

Die **MAN SE** (Maschinenfabrik Augsburg-Nürnberg) ist ein börsennotierter Fahrzeug- und Maschinenbaukonzern. Seit April 2012 hält die Volkswagen AG mit 73,0 Prozent die Mehrheit der Stammaktien. Der MAN-Konzern besteht aus den Geschäftsbereichen Commercial Vehicles, unter anderem mit dem Teilkonzern MAN Trucks, und Power Engineering mit dem Teilkonzern MAN Diesel & Turbo.

Hauptsitz	München
Website	www.man.eu
Umsatz	16.472 Millionen Euro
Mitarbeiter	52.542
Vorstandsressorts	Dr. Georg Pachta-Reyhofen (Sprecher des Vorstands MAN SE und MAN Truck & Bus AG), Frank H. Lutz (CFO), Jörg Schwitalla (Chief Human Resources Officer), Dr. René Umlauft (Sprecher des Vorstands MAN Diesel & Turbo SE)

IT-KENNZAHLEN

CIO	Peer Stauske
IT-Mitarbeiter	Zirka 650
IT-Budget	Zirka zwei Prozent vom Umsatz
IT-Benutzer	Zirka 35.000

IT-STRATEGIE

Ziele	Innovationsprojekte, Etablierung von IT-Sourcing
Anwendungen	SAP, Catia, Host, Web-Applikationen
Dienstleister	IBM, T-Systems

AUSRICHTUNG

zentral	○●○○○	dezentral
standardisiert	○●○○○	best of breed
viel Outsourcing	○○○●○	wenig Outsourcing

Weitere Informationen unter: premium.cio.de/top-500/unternehmen/man-se

SAP AG

UNTERNEHMENSINFORMATIONEN

Oliver Bussmann

Die **SAP AG** zählt weltweit zu den größten Softwareherstellern. Tätigkeitsschwerpunkt ist die Entwicklung von Software zur Abwicklung sämtlicher Geschäftsprozesse eines Unternehmens. Der Name steht inzwischen synonym für das zentrale Softwareprodukt der Firma, ein integriertes betriebswirtschaftliches Standardsoftwarepaket, Version SAP R/2 für Großrechner und SAP R/3 für Client-Server-Systeme.

Hauptsitz	Walldorf
Website	www.sap.de
Umsatz	14.233 Millionen Euro (2011)
Mitarbeiter	55.765 (31.12.2011)
Vorstandsressorts	Bill McDermott (Co-CEO), Jim Hagemann Snabe (Co-CEO), Werner Brandt (Finanzen und HR, CFO), Gerhard Oswald (OnPremise Delivery), Vishal Sikka (Technologie, CTO)

IT-KENNZAHLEN

CIO	Oliver Bussmann
IT-Mitarbeiter	1.710 (Mai 2012)
IT-Budget	258,91 Millionen Euro*
IT-Benutzer	72.000 User (Mai 2012)

IT-STRATEGIE

Ziele	Einrichtung und Betrieb einer globalen, soliden und sicheren IT, Aufbau und Management der Produktions-IT für SAP-Entwicklungszentren weltweit; Unterstützung der Wachstumsziele und Business-Modelle, Verbesserung der Effizienz des Unternehmens durch optimierte Geschäftsprozesse und produktive Arbeitsumgebungen; „Thought Leadership" in IT-Innovation und SAP-Showcases, Betreiben einer agilen IT-Organisation
Verantwortung	CIO, SAP AG, Gesamtverantwortung Global IT
Anwendungen	SAP Hana, Mobile Apps, Business Analytics, SAP Business Suite (SAP ERP, SAP CRM, SAP HCM, SAP SRM)

AUSRICHTUNG

zentral	●○○○○	dezentral
standardisiert	●○○○○	best of breed
viel Outsourcing	○○●○○	wenig Outsourcing

Weitere Informationen unter:
premium.cio.de/top-500/unternehmen/sap-ag

*nach Angaben von MBmedien

adidas AG

UNTERNEHMENSINFORMATIONEN

Jan Brecht

Die **Adidas AG** ist ein deutscher Sportartikelhersteller mit den Marken Adidas, Reebok, TaylorMade, CCM Hockey und Rockport. Das Unternehmen ist nach Nike das weltweit größte seiner Art. Zum Konzern gehören rund 170 Tochtergesellschaften.

Hauptsitz	Herzogenaurach
Website	www.adidas-group.com
Bilanzsumme	13.344 Millionen Euro (2011)
Mitarbeiter	46.824
Vorstandsressorts	Herbert Hainer (Allg. Geschäftsführung), Robin J. Stalker (Finanzen/Controlling), Erich Stamminger (Global Brands), Glenn Bennett (Operations)

IT-KENNZAHLEN

CIO	Jan Brecht
IT-Mitarbeiter	1.000
IT-Budget	141,71 Millionen Euro*
IT-Benutzer	26.221*

IT-STRATEGIE

Ziele	Die IT baut ein digitales Ökosystem für den Kunden und den Mitarbeiter. Zusätzlich zur Optimierung der Geschäftsprozesse werden die Kundenbindung und die Produktivität der Mitarbeiter gezielt von der IT unterstützt.
Anwendungen	ERP-Software SAP-AFS (Apparel and Footwear Solution), das globale Sourcing- und Procurement-System sowie die konzernweite PTC-Product-Lifecycle-Management-Lösung
Dienstleister	HP Enterprise Services, Infosys, SAP, PTC

AUSRICHTUNG

zentral	○●○○○	dezentral
standardisiert	○○●○○	best of breed
viel Outsourcing	○○●○○	wenig Outsourcing

Weitere Informationen unter: premium.cio.de/top-500/unternehmen/adidas-ag

*nach Angaben von MBmedien

Aurubis AG

UNTERNEHMENSINFORMATIONEN

Die **Aurubis AG** zählt zu den weltweit größten Kupferproduzenten und -recyclern. Das Kerngeschäft ist die Gewinnung von Kupferkathoden aus Kupferkonzentraten, Altkupfer und Recyclingstoffen. Daran schließt sich die Weiterverarbeitung zu Gießwalzdraht, Stranggussformaten, Walzprodukten und Kupferlegierungen an. Edelmetalle sind ebenfalls ein wichtiger Produktbereich von Aurubis.

Marit Conrath

Dr. Jörg Meyer

Hauptsitz	Hamburg
Website	www.aurubis.com
Umsatz	13.336 Millionen Euro
Mitarbeiter	6.300
Vorstandsressorts	Peter Willbrandt (Vorstandsvorsitzender), Erwin Faust (Finanzen), Dr. Stefan Boel (Kupferprodukte), Dr. Michael Landau (Kupfererzeugung, Recycling)

IT-KENNZAHLEN

CIO	Marit Conrath / Dr. Jörg Meyer
IT-Mitarbeiter	65
IT-Budget	20 Millionen Euro
IT-Benutzer	2.900

IT-STRATEGIE

Ziele	Komplexitätsreduktion: Vereinheitlichung der Applikationslandschaft; Added Value: Steigerung der IT-Unterstützung der Business-Prozesse; Entwickeln der IT-Organisation – Anpassung an die geänderte Unternehmensstruktur, Vorbereitung für weitere Expansion
Verantwortung	Corp. IT: zentrale Applikationen (SAP, Groupware), konzernweite Infrastruktur, Konzern-IT-Strategie
Anwendungen	SAP, Lotus Domino, MES, Infor (Konsolidierung)
Dienstleister	IBM, Verizon, Cancom, Bechtle (demnächst)

AUSRICHTUNG

zentral	○●○○○	dezentral
standardisiert	○○○●○	best of breed
viel Outsourcing	○○●○○	wenig Outsourcing

Weitere Informationen unter:
premium.cio.de/top-500/unternehmen/aurubis-ag

Foto: © Tom Grill – Getty Images

MEDIEN

Bertelsmann AG

UNTERNEHMENSINFORMATIONEN

Die **Bertelsmann AG** ist ein internationaler Verlags- und Medienkonzern und eines der größten Medienunternehmen weltweit. Bertelsmann ist mit den Kerngeschäften Fernsehen (RTL Group), Buch (Random House), Zeitschriften (Gruner + Jahr) und Dienstleistungen (Arvato) in rund 50 Ländern der Welt aktiv.

Hauptsitz	Gütersloh
Website	www.bertelsmann.de
Umsatz	15.786 Millionen Euro
Mitarbeiter	104.419
Vorstandsressorts	Dr. Thomas Rabe (Vorsitzender des Vorstands der Bertelsmann AG), Rolf Buch (Mitglied des Vorstands der Bertelsmann AG, Vorsitzender des Vorstands der Arvato AG), Dr. Bernd Buchholz (Mitglied des Vorstands der Bertelsmann AG, Vorsitzender des Vorstands der Gruner+Jahr AG), Markus Dohle (Mitglied des Vorstands der Bertelsmann AG, Chairman und CEO von Random House), Gerhard Zeiler (Mitglied des Vorstands der Bertelsmann AG, CEO der RTL Group), Dr. Thomas Hesse (Mitglied des Vorstands der Bertelsmann AG, Vorstand für Unternehmensentwicklung und Neugeschäfte der Bertelsmann AG)

IT-KENNZAHLEN

CIO	Die Bertelsmann AG hat keinen CIO im herkömmlichen Sinne, sondern verfolgt ein dezentrales IT-Konzept mit verteilter IT-Verantwortung.
IT-Mitarbeiter	Keine Angaben
IT-Budget	Keine Angaben
IT-Benutzer	Keine Angaben

AUSRICHTUNG**

zentral	●○○○○	dezentral
standardisiert	○○●○○	best of breed
viel Outsourcing	○○●○○	wenig Outsourcing

Weitere Informationen unter: premium.cio.de/top-500/unternehmen/bertelsmann-ag

***Schätzung der CIO-Redaktion*

Axel Springer AG

UNTERNEHMENSINFORMATIONEN

Dr. Jens Güthoff

Axel Springer ist ein europaweit tätiges, multimedial integriertes Medienunternehmen mit einer Vielzahl an gedruckten und digitalen Angeboten. Das Medienportfolio umfasst multimediale Markenfamilien wie die der BILD- und der WELT-Gruppe. Mit über 230 Zeitungen und Zeitschriften und über 160 Online-Angeboten sowie mehr als 120 Apps ist Axel Springer in 34 Ländern aktiv.

Hauptsitz	Berlin
Website	www.axelspringer.de
Umsatz	3.185 Millionen Euro (2011)
Mitarbeiter	12.885
Vorstandsressorts	Dr. Mathias Döpfner (Vorstandsvorsitzender), Jan Bayer (WELT-Gruppe und Technik), Ralph Büchi (Internationales), Lothar Lanz (Personal, Finanzen, Dienstleistungen), Dr. Andreas Wiele (BILD-Gruppe und Zeitschriften)
Tochterunternehmen	Amiado AG, AS TV-Produktions- und Vertriebsgesellschaft mbH, Axel Springer Digital TV, Axel Springer Mediasales & Service GmbH, BILD digital GmbH & Co. KG, Axel Springer TV Productions GmbH, Axel Springer Finanzen Verlag GmbH, Ullstein GmbH und weitere

IT-KENNZAHLEN

CIO	Dr. Jens Güthoff
IT-Mitarbeiter	Zirka 580 (2011)*
IT-Budget	Zirka 39 Millionen Euro (2011)*
IT-Benutzer	Zirka 8.120 (2011)*

AUSRICHTUNG**

zentral	○○●○○	dezentral
standardisiert	○●○○○	best of breed
viel Outsourcing	○○○●○	wenig Outsourcing

Weitere Informationen unter:
premium.cio.de/top-500/unternehmen/axel-springer-ag

*nach Angaben von MBmedien; **Schätzung der CIO-Redaktion

ProSiebenSat.1 Media AG

UNTERNEHMENSINFORMATIONEN

Dr. Andreas König

Die **ProSiebenSat.1 Media AG** ist ein börsennotiertes Medienunternehmen, das unter anderem die deutschen TV-Sender ProSieben, Sat.1, Kabel eins und Sixx unter einem Dach vereint und auf den Internet-Seiten der Fernsehsender verschiedene TV-Inhalte kostenlos anbietet. Die Aktiengesellschaft ist das größte deutsche Fernsehunternehmen.

Hauptsitz	München/Unterföhring
Website	www.prosiebensat1.com
Bilanzsumme	2.756 Millionen Euro (2011)
Mitarbeiter	Zirka 4.100 (31.03.2012)
Vorstandsressorts	Thomas Ebeling (Vorstandsvorsitzender, CEO), Axel Salzmann (Vorstand Finanzen, CFO), Conrad Albert (Vorstand Legal, Distribution & Regulatory Affairs), Dr. Christian Wegner (Vorstand New Media & Diversification)

IT-KENNZAHLEN

CIO	Dr. Andreas König
IT-Mitarbeiter	Zirka 490 (31.03.2012)
IT-Budget	13,23 Millionen Euro*
IT-Benutzer	Zirka 4.100 (31.03.2012)

AUSRICHTUNG

zentral	○○●○○	dezentral
standardisiert	○○●○○	best of breed
viel Outsourcing	○●○○○	wenig Outsourcing

Weitere Informationen unter: premium.cio.de/top-500/unternehmen/prosiebensat-1-media-ag

*nach Angaben von MBmedien

Verlagsgruppe Georg von Holtzbrinck GmbH

UNTERNEHMENSINFORMATIONEN

Dr. Johann Kempe

Die **Verlagsgruppe Georg von Holtzbrinck GmbH** ist ein deutsches Familienunternehmen. Sie ist in mehr als 80 Ländern tätig und publiziert in klassischen und elektronischen Medien, die der Information und Wissensvermittlung, der Bildung und der Unterhaltung dienen, und ist in vier Unternehmensbereiche gegliedert: Publikumsverlage, Bildung und Wissenschaft, Zeitungen und Magazine, Elektronische Medien und Services.

Hauptsitz	Stuttgart
Website	www.holtzbrinck.com
Umsatz	2.255 Millionen Euro (2011)
Mitarbeiter	Zirka 16.000 europaweit
Vorstandsressorts	Dr. Stefan von Holtzbrinck (Vorsitzender der Geschäftsführung), Dr. Michael Brockhaus (Allg. Geschäftsführung), Dr. Rüdiger Salat (Allg. Geschäftsführung), John Sargent (Allg. Geschäftsführung), Jens Schwanewedel (Allg. Geschäftsführung), Dr. Annette Thomas (Allg. Geschäftsführung), Dr. Johann Kempe (assoziiertes Mitglied)
Tochterunternehmen	HGV Hanseatische Gesellschaft für Verlagsservice mbH, Holtzbrinck NetworXs AG, Kindler Verlag GmbH, Rowohlt Verlag GmbH, S. Fischer-Verlag GmbH, Verlag Kiepenheuer & Witsch GmbH & Co. KG, Verlagsgruppe Handelsblatt GmbH, Wissenschaft Online GmbH, Zeitverlag Gerd Bucerius GmbH & Co. KG und weitere

IT-KENNZAHLEN

CIO	Dr. Johann Kempe
IT-Mitarbeiter	Zirka 685 (2011)*
IT-Budget	Zirka 46 Millionen Euro (2011)*
IT-Benutzer	Zirka 9.640 (2011)*

AUSRICHTUNG**

zentral	○○○●○	dezentral
standardisiert	○●○○○	best of breed
viel Outsourcing	○○○●○	wenig Outsourcing

Weitere Informationen unter:
premium.cio.de/top-500/unternehmen/verlagsgruppe-georg-von-holtzbrinck-gmbh

*nach Angaben von MBmedien; **Schätzung der CIO-Redaktion*

Hubert Burda Media Holding KG

UNTERNEHMENSINFORMATIONEN

Hubert Burda Media ist einer der größten Verlags- und Medienkonzerne Deutschlands, der auch auf dem internationalen Markt von Bedeutung ist. Die Geschäftsfelder im Überblick: Verlage Deutschland, Verlage Ausland, Burda Digital (Unternehmen mit dem Schwerpunkt B2C, strategische Internet-Aktivitäten, Burda Digital Ventures, Broadcast-Portfolio), Burda Direkt Services (Kunden-Management, Technologiedienstleistungen, Direkt-Marketing), Burda Druck. Der Burda-Verlag ist seit 1995 in sogenannte Profitcenter gegliedert.

Hauptsitz	Offenburg
Website	www.hubert-burda-media.de
Umsatz	2.176 Millionen Euro (2011)*
Mitarbeiter	8.248 (2011)*
Vorstandsressorts	Dr. Paul-Bernhard Kallen (Vorstandsvorsitzender), Philipp Welte (Verlage, Vermarktung, Vertrieb), Holger Eckstein (Finanzen), Dr. Robert Schweizer (Recht)
Tochterunternehmen	Burda Druck GmbH, Burda Ciscom GmbH, Burda Digital GmbH, Burda Medien Vertrieb GmbH, Burda Services GmbH und weitere

IT-KENNZAHLEN

CIO	Jörg Klaeden
IT-Mitarbeiter	Zirka 370 (2011)*
IT-Budget	Zirka 25 Millionen Euro für 2012*
IT-Benutzer	Zirka 5.200 (2011)*

AUSRICHTUNG**

zentral	○●○○○	dezentral
standardisiert	○○●○○	best of breed
viel Outsourcing	○○○●○	wenig Outsourcing

Weitere Informationen unter: premium.cio.de/top-500/unternehmen/hubert-burda-media-holding-kommanditgesellschaft

**nach Angaben von MBmedien; **Schätzung der CIO-Redaktion*

Bauer Media Group

UNTERNEHMENSINFORMATIONEN

Carsten Osius

Unter dem Namen **Bauer Media Group** tritt das Unternehmen Heinrich Bauer Verlag KG auf. Die 1875 gegründete Verlagsgruppe produziert und vertreibt zahlreiche Publikumszeitschriften im In- und Ausland und verfügt über Beteiligungen im Privatfunk und Privatfernsehen. Demgemäß ist die Bauer Media Group in fünf essentielle Unternehmensbereiche strukturiert: Media Sales, Vertrieb, Digital, Druck und verschiedene Beteiligungen.

Hauptsitz	Hamburg
Website	www.bauermedia.com
Umsatz	2.004 Millionen Euro (2011)
Mitarbeiter	8.700
Vorstandsressorts	Yvonne Bauer (Unternehmensleitung), Dr. Eckart Bollmann (Finanzen, Technik, Osteuropa), Andreas Schoo (Vertrieb)
Tochterunternehmen	Bauer Media KG, Bauer Systems KG, Bauer Vertriebs KG, Heinrich Bauer Produktions KG, Heinrich Bauer Verlag KG, Magdeburger Verlags- und Druckhaus GmbH, Pabel-Moewig Verlag KG, VU Verlagsunion und weitere

IT-KENNZAHLEN

CIO	Carsten Osius (Geschäftsleitung Bauer Systems KG)
IT-Mitarbeiter	Zirka 180 (2011)*
IT-Budget	Zirka 28 Millionen Euro (2011)*
IT-Benutzer	Zirka 4.870 (2011)*

AUSRICHTUNG**

zentral	○○●○○	dezentral
standardisiert	○●○○○	best of breed
viel Outsourcing	○○●○○	wenig Outsourcing

Weitere Informationen unter: premium.cio.de/top-500/unternehmen/Bauer-Media-Group

*nach Angaben von MBmedien; **Schätzung der CIO-Redaktion

Mediengruppe RTL Deutschland GmbH

UNTERNEHMENSINFORMATIONEN

Die **Mediengruppe RTL Deutschland** setzt mit ihren Programmen sowohl auf klassische Verbreitungswege als auch auf neue Medien. Insbesondere bekannt sind die Free-TV-Sender RTL Television, VOX und n-tv. Unter dem Dach des Tochterunternehmens RTL Interactive sind interaktive und transaktionsbasierte Geschäftsfelder jenseits des klassischen Fernsehens gebündelt. Die Mediengruppe RTL Deutschland gehört zur Bertelsmann-Tochter RTL Group mit Sitz in Luxemburg.

Hauptsitz	Köln
Website	www.mediengruppe-rtl.de
Umsatz	1.912 Millionen Euro (2011)
Mitarbeiter	2.500
Vorstandsressorts	Anke Schäferkordt (Geschäftsführerin Mediengruppe RTL Deutschland/Geschäftsführerin RTL Television / Co-CEO RTL Group), Thomas Kreyes (Generalsekretär), Ingbert Vöcker (CFO), Hans Demmel (Geschäftsführer n-tv), Thomas Harscheidt (Geschäftsführer CBC), Frank Hoffmann (Geschäftsführer VOX), Martin Krapf (Geschäftsführer IP Deutschland), Claude Schmit (Geschäftsführer Super RTL), Marc Schröder (Geschäftsführer RTL interactive), Michael Wulf (Geschäftsführer infoNetwork)
Tochterunternehmen	RTL Interactive GmbH (Köln), IP Deutschland GmbH (Köln), CBC Cologne Broadcasting Center GmbH (Köln), unter anderem zuständig für alle IT-Belange der Mediengruppe RTL Deutschland

IT-KENNZAHLEN

CIO	Rüdiger Kupke, IT-Verantwortlicher bei der CBC GmbH*
IT-Mitarbeiter	125 (bezogen auf CBC GmbH)*
IT-Budget	2,14 Millionen Euro*
IT-Benutzer	485 (bezogen auf CBC GmbH)*

AUSRICHTUNG**

zentral	○○○●○	dezentral
standardisiert	○○●○○	best of breed
viel Outsourcing	○○○●○	wenig Outsourcing

Weitere Informationen unter:
premium.cio.de/top-500/unternehmen/rtl-television-gmbh

**nach Angaben von MBmedien; **Schätzung der CIO-Redaktion*

Verlagsgruppe Weltbild

UNTERNEHMENSINFORMATIONEN

Die **Verlagsgruppe Weltbild** ist ein deutsches Verlags-, Versand- und Buchhandelsunternehmen. Sie zählt heute im Buchhandel und Online-Buchhandel zu den Marktführern in Deutschland. Weltbild verfügt über ein eigenes Verlagshaus in Augsburg, neben Büchern und Zeitschriften vertreibt die Verlagsgruppe auch CDs, DVDs, Elektronik, Geschenkartikel und Haushaltsartikel.

Hauptsitz	Augsburg
Website	www.weltbild.com
Umsatz	1.655 Millionen Euro (2010/2011)*
Mitarbeiter	6.600*
Vorstandsressorts	Dr. Martin Beer, Carel Halff, Dr. Klaus Driever
Tochterunternehmen	ATB Avus Taschenbuch GmbH, ABB Avus Bücherdienst Berlin Verlags- und Vertriebs GmbH, Fiegweil & Taubert Beteiligungsgesellschaft mbH, ABK Avus Bücherdienst Köln Vertriebs GmbH, GLB Parkland Verlags- und Vertriebsgesellschaft mbH, Verlagsgruppe Droemer Knaur GmbH & Co. KG (50-Prozent-Anteilseigner), DBH Buch Handels GmbH & Co. KG (50-Prozent-Anteilseigner), (Auswahl)

IT-KENNZAHLEN

CIO	Dr. Michael Baars
IT-Mitarbeiter	295*
IT-Budget	17,11 Millionen Euro für 2012*
IT-Benutzer	2.904 (2010/2011)*

AUSRICHTUNG**

zentral	○●○○○	dezentral
standardisiert	○●○○○	best of breed
viel Outsourcing	○○○●○	wenig Outsourcing

Weitere Informationen unter:
premium.cio.de/top-500/unternehmen/verlagsgruppe-weltbild-gmbh

**nach Angaben von MBmedien; **Schätzung der CIO-Redaktion*

WAZ Mediengruppe

UNTERNEHMENSINFORMATIONEN

Christoph Reiner

Die **WAZ Mediengruppe** ist mit Beteiligungen an Zeitungen, Anzeigenblättern und Zeitschriften in acht europäischen Staaten und einem Gesamtangebot von über 500 Titeln einer der größten Regionalzeitungsverlage Europas. Sie wird geführt von der Westdeutsche Allgemeine Zeitungsverlagsgesellschaft E. Brost & J. Funke GmbH u. Co. KG und engagiert sich im Druck-, Rundfunk- und Internet-Geschäft.

Hauptsitz	Essen
Website	www.waz-mediengruppe.de
Umsatz	1.200 Millionen Euro (2010)
Mitarbeiter	11.000 europaweit
Vorstandsressorts	Manfred Braun (Geschäftsführung), Christian Nienhaus (Geschäftsführung), Dr. Martin Jaschke (Sprecher Geschäftsführung), Joachim Kopatzki (Leiter Personal-Management), Dr. Axel Kroll (Leiter Justiziariat), Stephan Künzer (Leiter Finanz- und Rechnungswesen), Peter Lange (Leiter Logistik), Erik Peper (Leiter Online-Bereich), Ulrich Reitz (Leiter Content-Desk)
Tochterunternehmen	WAZ NewMedia GmbH & Co. KG und weitere

IT-KENNZAHLEN

CIO	Christoph Reiner
IT-Mitarbeiter	Zirka 595 (2011)*
IT-Budget	Zirka 40 Millionen Euro (2011)*
IT-Benutzer	Zirka 8.340 (2011)*

AUSRICHTUNG**

zentral	○○●○○	dezentral
standardisiert	○●○○○	best of breed
viel Outsourcing	○○●○○	wenig Outsourcing

Weitere Informationen unter:
premium.cio.de/top-500/unternehmen/westdeutsche-allgemeine-zeitungsverlagsgesellschaft-e-brost

**nach Angaben von MBmedien; **Schätzung der CIO-Redaktion*

Sky Deutschland AG

UNTERNEHMENSINFORMATIONEN

Mauro di Pietro Paolo

Die **Sky Deutschland AG** ist ein deutscher Medienkonzern und besitzt 100 Prozent an der Tochtergesellschaft Sky Deutschland Fernsehen GmbH & Co. KG, die das gleichnamige Pay-TV-Programm betreibt. Sky verfügt über Senderechte in Deutschland und in Österreich; in der Schweiz können ausgewählte Pakete über das Bezahlfernsehangebot Teleclub bezogen werden.

Hauptsitz	Unterföhring
Website	www.sky.de
Bilanzsumme	1.117 Millionen Euro (2011)
Mitarbeiter	1.716 (2011)
Vorstandsressorts	Brian Sullivan (CEO), Steven Tomsic (CFO), Dr. Holger Enßlin (Chief Officer Legal, Regulatory & Distribution), Carsten Schmidt (Chief Officer Sports, Advertising Sales & Internet)
Tochterunternehmen	Sky Deutschland Fernsehen GmbH & Co. KG, Sky Deutschland Verwaltungs-GmbH, Sky Deutschland Service Center GmbH, Sky Österreich GmbH, SCAS Satellite CA Services GmbH, GIGA Digital Television GmbH, Premiere Star Österreich GmbH, Premium Media Solutions GmbH und weitere

IT-KENNZAHLEN

CIO	Mauro di Pietro Paolo
IT-Mitarbeiter	Zirka 50 (2011)*
IT-Budget	Zirka 4 Millionen Euro (2011)*
IT-Benutzer	Zirka 860 (2011)*

IT-STRATEGIE

Anwendungen	Siebel, SAP, BRM, CAIF
Dienstleister	Atos Origin, Deloitte, Capgemini

AUSRICHTUNG

zentral	●○○○○	dezentral
standardisiert	○○●○○	best of breed
viel Outsourcing	○○●○○	wenig Outsourcing

Weitere Informationen unter:
premium.cio.de/top-500/unternehmen/sky-deutschland-ag

nach Angaben von MBmedien

Foto: © Mert Akarca / Fotolia.com

NAHRUNGS-MITTEL

Dr. August Oetker KG

UNTERNEHMENSINFORMATIONEN

Die **Dr. August Oetker KG,** Holding der Oetker-Gruppe, ist einer der größten international tätigen deutschen Familienkonzerne. Zur Oetker-Gruppe gehören rund 400 Firmen aus verschiedenen Branchen. Neben dem Schwerpunkt Nahrungsmittel ist Oetker in folgenden Geschäftsbereichen aktiv: Getränke/Spirituosen, Schifffahrt, Bank, weitere Interessen.

Hauptsitz	Bielefeld
Website	www.oetker-gruppe.dr
Umsatz	10.011 Millionen Euro (2011)
Mitarbeiter	26.228
Vorstandsressorts	Albert Christmann (Allg. Geschäftsführung), Ottmar Gast (Allg. Geschäftsführung), Richard Oetker (Allg. Geschäftsführung), Ernst F. Schröder (Finanzen/Controlling), Hans-Henning Wiegmann (Allg. Geschäftsführung)
Tochterunternehmen	Dr. Oetker GmbH, Radeberger Gruppe KG, Henkell und Co. Sektkellerei KG, Hamburg-Südamerikanische Dampfschifffahrts-Gesellschaft KG, Bankhaus Lampe

IT-KENNZAHLEN

CIO	Hubert Klöpper
IT-Mitarbeiter	1.150*
IT-Budget	114,73 Millionen Euro*
IT-Benutzer	Zirka 2.670*

IT-STRATEGIE

Ziele	Ausrichtung der IT-Leistungen an den Bedürfnissen der internen und externen Kunden auf Basis gemeinsamer technischer Komponenten (wo möglich), dadurch kontinuierliche Steigerung von Effektivität und Effizienz
Verantwortung	CIO berichtet direkt an Vorstand
Anwendungen	Privatkundenvertrieb: TOM, EVA; Wertpapierabwicklung: Cowias; Buchung: CoRealK; Handels-Frontend: Summit, Murex
Dienstleister	Steria Mummert Consulting, Atos, Accenture, IBM, HP

AUSRICHTUNG

zentral	○○○●○	dezentral
standardisiert	○●○○○	best of breed
viel Outsourcing	○○○●○	wenig Outsourcing

Weitere Informationen unter:
premium.cio.de/top-500/unternehmen/dr-august-oetker-kg

*nach Angaben von MBmedien

Südzucker AG

UNTERNEHMENSINFORMATIONEN

Die **Südzucker AG** ist der größte Zuckerproduzent in Europa und einer der größten Nahrungsmittelkonzerne Deutschlands. Gegliedert ist die Südzucker AG in die Unternehmenssegmente Zucker, Spezialitäten, CropEnergies (Bioethanol) und Frucht. Die Südzucker AG geht auf die Süddeutsche-Zucker-AG zurück, die 1926 aus einem Zusammenschluss von fünf regionalen Zuckerfabriken hervorging.

Hauptsitz	Mannheim
Website	www.suedzucker.de
Bilanzsumme	6.992 Millionen Euro (2011)*
Mitarbeiter	17.489*
Vorstandsressorts	Dr. Wolfgang Heer (Sprecher des Vorstandes), Dr. Lutz Guderjahn (Vorstand), Dr. Thomas Kirchberg (Agrarpolitische Aufgaben), Thomas Kölbl (Finanzen/Einkauf), Prof. Dr. Markwart Kunz (Produktion/Technik)
Tochterunternehmen	Agrar und Umwelt Aktiengesellschaft Loberaue, Mönnich GmbH, Beneo GmbH und weitere

IT-KENNZAHLEN

CIO	Jakob Lang
IT-Mitarbeiter	Zirka 785 (2011)*
IT-Budget	Zirka 81 Millionen Euro für 2012*
IT-Benutzer	Zirka 4.200 (2011)*

AUSRICHTUNG

zentral	●○○○○	dezentral
standardisiert	●○○○○	best of breed
viel Outsourcing	○○○○●	wenig Outsourcing

Weitere Informationen unter:
premium.cio.de/top-500/unternehmen/suedzucker-ag

*nach Angaben von MBmedien

Unternehmensgruppe Theo Müller GmbH & Co. KG

UNTERNEHMENSINFORMATIONEN

Die **Unternehmensgruppe Theo Müller** ist ein europaweit agierender deutscher Konzern der Milchwirtschaft. Besonders bekannt ist die Marke Müllermilch der Tochtergesellschaft Molkerei Alois Müller. Andere Unternehmen der Gruppe stellen Verpackungen her und befassen sich mit Vertriebslogistik sowie Fahrzeugtechnik, überwiegend für den eigenen Konzernbereich. Seit 2011 befinden sich die Aktivitäten der HK Food Gruppe, zu der etwa die Marken Homann Feinkost, Nadler, Lisner, Livio und die Unternehmen Nordsee und Bastian's gehören, ebenfalls unter dem Dach der Unternehmensgruppe Theo Müller.

Hauptsitz	Fischach-Aretsried
Website	www.muellergroup.com
Umsatz	4.700 Millionen Euro (2011)
Mitarbeiter	21.000
Vorstandsressorts	Persönlich haftende Gesellschafterin: Unternehmensgruppe Theo Müller S.à.r.l., Luxemburg; Geschäftsführer: Heiner Kamps, Stefan Müller, Theo Müller jun., Volkhard Mett, Dr. Henrik Bauwens
Tochterunternehmen	Molkerei Alois Müller GmbH & Co. KG, Müller Dairy (UK) Ltd., Müller Italien, Müller Ibérica, Sachsenmilch AG, Molkerei Weihenstephan GmbH & Co. KG, T.M.A GmbH, Wachau-Leppersdorf (für verschiedene Discounter), Käserei Loose GmbH & Co. KG, Optipack GmbH, Culina Logistics GmbH, Fahrzeugtechnik Aretsried GmbH, HK Food GmbH

IT-KENNZAHLEN

CIO	Gerhard Nowak
IT-Mitarbeiter	170*
IT-Budget	17,82 Millionen Euro*
IT-Benutzer	927*

AUSRICHTUNG**

zentral	○○○●○	dezentral
standardisiert	○●○○○	best of breed
viel Outsourcing	○●○○○	wenig Outsourcing

Weitere Informationen unter: premium.cio.de/top-500/unternehmen/unternehmensgruppe-theo-mueller-gmbh-co-kg

*nach Angaben von MBmedien; **Schätzung der CIO-Redaktion

DMK Deutsches Milchkontor GmbH

UNTERNEHMENSINFORMATIONEN

Die **DMK Deutsches Milchkontor GmbH** ist Deutschlands größtes Molkereiunternehmen. Unter Beibehaltung der genossenschaftlichen Struktur hat DMK die Kapazitäten und Marktanteile der fusionierten Partner Humana Milchindustrie GmbH und Nordmilch GmbH zusammengeführt. Die Genossenschaften fungieren dabei weiterhin als Muttergesellschaften und sind für die Gewinnung des Rohstoffs Milch verantwortlich. DMK ist für das operative Geschäft der Genossenschaften zuständig. Sitz der Gesellschaft ist Zeven (Niedersachsen), Sitz der Geschäftsführung und zentraler Verwaltungssitz ist Everswinkel (Nordrhein-Westfalen).

Hauptsitz	Zeven
Website	www.dmk.de
Umsatz	4.600 Millionen Euro (2011)*
Mitarbeiter	Zirka 5.700 (2011)*
Vorstandsressorts	Dr. Josef Schwaiger (Sprecher der Geschäftsführung), Volkmar Taucher (Personal), Dr. Dirk Gloy (Produktion), Sönke Voss (Einkauf), Ingo Müller (F&E)
Tochterunternehmen	DMK Eis GmbH, Euro Cheese Vertriebs GmbH, DMK Versicherungskontor GmbH, Milchhof Magdeburg GmbH, Müritz Milch GmbH und weitere

IT-KENNZAHLEN

CIO	Andrea Striet
IT-Mitarbeiter	Zirka 255 (2011)*
IT-Budget	Zirka 26,49 Millionen Euro für 2012*
IT-Benutzer	Zirka 1.370 (2011)*

AUSRICHTUNG**

zentral	○○●○○	dezentral
standardisiert	○○●○○	best of breed
viel Outsourcing	○○●○○	wenig Outsourcing

Weitere Informationen unter:
premium.cio.de/top-500/unternehmen/nordmilch-ag

**nach Angaben von MBmedien; **Schätzung der CIO-Redaktion*

Tönnies Lebensmittel GmbH & Co. KG

UNTERNEHMENSINFORMATIONEN

Tönnies ist als mehrstufiges Unternehmen der Lebensmittelbranche weltweit tätig. Die vier Geschäftsfelder sind Meat, Convenience, Ingredients und Logistic. Das 1971 gegründete Familienunternehmen befasst sich im Kerngeschäft mit der Schlachtung, Zerlegung und Verarbeitung von Schweinen, Sauen und Rindern. Die Unternehmensmarke „Tillmans" bietet verkaufsfertig verpacktes, frisches Fleisch (SB-Fleisch), ein umfassendes Sortiment an Convenience-Produkten sowie Kochschinken- und Wurstwaren.

Hauptsitz	Rheda-Wiedenbrück
Website	www.toennies.de
Umsatz	Zirka 4.000 Millionen Euro (2011)*
Mitarbeiter	8.000 (2011)*
Vorstandsressorts	Josef Tillmann (Geschäftsführung), Josef Trilling (Geschäftsführung)
Tochterunternehmen	SB-Convenience GmbH, Tevex Logistics GmbH, Tönnies Convenience GmbH & Co. KG, Weidemark Fleischwaren GmbH & Co. KG und weitere

IT-KENNZAHLEN

CIO	Christian Kreuter
IT-Mitarbeiter	Zirka 360 (2011)*
IT-Budget	37,13 Millionen Euro*
IT-Benutzer	Zirka 1.920 (2011)*

AUSRICHTUNG**

zentral	○○○●○	dezentral
standardisiert	○●○○○	best of breed
viel Outsourcing	○○○●○	wenig Outsourcing

Weitere Informationen unter:
premium.cio.de/top-500/unternehmen/b-c-toennies-fleischwerk-gmbh-co-kg

**nach Angaben von MBmedien; **Schätzung der CIO-Redaktion*

Nestle Deutschland AG

UNTERNEHMENSINFORMATIONEN

Nestlé ist weltweit der größte Lebensmittelkonzern. Zur Produktpalette gehören verschiedene Lebensmittel und Getränke, das Spektrum reicht von Kaffee und Mineralwasser über Fertiggerichte bis zu Süßwaren, Backwaren und Tiernahrung. Deutschland ist für Nestlé der drittgrößte Absatzmarkt, in der Bundesrepublik ist das Unternehmen mit mehr als 40 Marken präsent, zu denen jeweils noch verschiedene Produkte gehören.

Hauptsitz	Frankfurt
Website	www.nestle.de
Umsatz	3.450 Millionen Euro (2010)*
Mitarbeiter	12.727 (2010)*
Vorstandsressorts	Gerhard Berssenbrügge (Vorstandsvorsitzender), Peter Hadasch (Personal), Helmut Stücke (Finanzen), Michael Ulrich (Technik)
Tochterunternehmen	Aponti Vertriebsgesellschaft mbH, Benedict Lebensmittel GmbH, Alpursa Lebensmittel GmbH, Nespresso Deutschland GmbH, Maggi GmbH, Wagner Tiefkühlprodukte GmbH, Nestlé Schöller GmbH & Co. KG, Herta GmbH, Nestlé Purina PetCare GmbH, Erlenbacher Backwaren GmbH und weitere

IT-KENNZAHLEN

CIO	Stefan Lange
IT-Mitarbeiter	Zirka 570 (2010)*
IT-Budget	Zirka 59 Millionen Euro*
IT-Benutzer	Zirka 3.050 (2010)*

AUSRICHTUNG**

zentral	○●○○○	dezentral
standardisiert	○●○○○	best of breed
viel Outsourcing	○●○○○	wenig Outsourcing

Weitere Informationen unter:
premium.cio.de/top-500/unternehmen/nestle-deutschland-ag

*nach Angaben von MBmedien; **Schätzung der CIO-Redaktion

McDonald's Deutschland Inc.

UNTERNEHMENSINFORMATIONEN

McDonald's ist weltweit der größte Betreiber von Fast-Food-Ketten. Unter McDonald's Deutschland Inc. werden 247 Franchise-Nehmer mit 1.166 Restaurants geführt.

Hauptsitz	München
Website	www.mcdonalds.de
Umsatz	3.195 Millionen Euro (2011)*
Mitarbeiter	64.000 (2011)*
Vorstandsressorts	Branislav Knezevic (Vorstandsvorsitzender & President Western Division McDonald's Europe), Holger Beek (Vorstand Operations – COO), Wolfgang Goebel (Vorstand Personal), Joachim Keller (Vorstand Finanzen & CFO Western Division McDonald's Europe), Alexander Schramm (Vorstand Development), Matthias Becker (Vorstand Marketing – CMO)

IT-KENNZAHLEN

CIO	Joachim Megyes
IT-Mitarbeiter	2.880 (2011)*
IT-Budget	193 Millionen Euro für 2012*
IT-Benutzer	40.320 (2011)*

AUSRICHTUNG

zentral	○○●○○	dezentral
standardisiert	○●○○○	best of breed
viel Outsourcing	○○●○○	wenig Outsourcing

Weitere Informationen unter:
premium.cio.de/top-500/unternehmen/mcdonald-s-deutschland-inc

*nach Angaben von MBmedien

Bartels-Langness GmbH & Co. KG

UNTERNEHMENSINFORMATIONEN

Zentrales Kernelement der **Firmengruppe Bartels-Langness**, kurz: Bela, ist die Bartels-Langness Handelsgesellschaft mbH & Co KG als Großhandelsunternehmen, das die SB-Warenhäuser, Verbraucher- und Supermärkte der Tochterunternehmen bestückt. Außerdem werden die selbstständigen Einzelhändler unter den Labels „nah und frisch“ sowie „IK – Ihr Kaufmann“ beliefert, ferner weitere selbstständige Einzelhändler, Shop- und Kioskbetreiber sowie einige größere Einzelhandelsunternehmen.

Hauptsitz	Kiel
Website	www.bela.de
Umsatz	3.100 Millionen Euro (2010)
Mitarbeiter	Über 15.000 (2011)
Vorstandsressorts	Volker Kock (Geschäftsführung), Sönke Kasch (Geschäftsführung)
Tochterunternehmen	Bela Handels GmbH & Co. KG, Backring Nord E. May GmbH & Co. KG, Logipet Großhandelsgesellschaft für Heimtierbedarf mbH & Co., CITTI GV-Partner Großhandelsgesellschaft mbH, Famila Handelsmarkt Kiel GmbH & Co KG, Fritz Feldmann GmbH & Co., Steiskal GmbH & Co. KG, Das Futterhaus Franchise GmbH & Co., MCS Marketing und Convenience-Shop System GmbH, P. Schneekloth Söhne GmbH und weitere

IT-KENNZAHLEN

CIO	Günter Heppes
IT-Mitarbeiter	360*
IT-Budget	37,03 Millionen Euro*
IT-Benutzer	1.920*

AUSRICHTUNG**

zentral	○○●○○	dezentral
standardisiert	○●○○○	best of breed
viel Outsourcing	○○●○○	wenig Outsourcing

Weitere Informationen unter: premium.cio.de/top-500/unternehmen/bartels-langness-gmbh-co-kg

*nach Angaben von MBmedien; **Schätzung der CIO-Redaktion

VION Food Germany

UNTERNEHMENSINFORMATIONEN

VION ist ein weltweit tätiger Fleisch- und Nahrungsmittelkonzern, der zu den Größten in Europa gehört. Seine Kernaktivitäten hat das Unternehmen, dessen Holding sich in Eindhoven/Niederlande befindet, auf zwei Bereiche aufgeteilt: Food und Ingredients. Der Bereich Food ist in vier Gruppen gegliedert: Netherlands, Germany, United Kingdom und International. Auch bei Ingredients gibt es eine ähnliche Gliederung. Das Unternehmen weist in Deutschland eine hochkomplexe Struktur auf, da neben direkten Töchtern diverse Verflechtungen über Beteiligungen bestehen. Nachfolgende Angaben beziehen sich auf die hier relevante Geschäftstätigkeit von VION Food Germany.

Hauptsitz	Düsseldorf
Website	www.vionfood.de
Bilanzsumme	2.984 Millionen Euro (in Deutschland, 2011)
Mitarbeiter	5.691 deutschlandweit (2011)
Vorstandsressorts	Dr. Uwe Tillmann (CEO, Chairman), Dirk Kloosterboer (Vice-Chairman), Dr. Peter Beckers (COO), Dr. Ton Vernaus (CFO)
Tochterunternehmen	VION Hilden GmbH, Premium Fleisch AG, VION Food Hamburg, VION Crailsheim GmbH, VION Convenience GmbH, Artland Convenience GmbH, VION Ingredients GmbH und weitere

IT-KENNZAHLEN

CIO	Lutz Petersen
IT-Mitarbeiter	260*
IT-Budget	27,13 Millionen Euro*
IT-Benutzer	1.409*

AUSRICHTUNG**

zentral	○○○●○	dezentral
standardisiert	○●○○○	best of breed
viel Outsourcing	○●○○○	wenig Outsourcing

Weitere Informationen unter: premium.cio.de/top-500/unternehmen/vion-international-gmbh

**nach Angaben von MBmedien; **Schätzung der CIO-Redaktion*

FrieslandCampina Germany GmbH

UNTERNEHMENSINFORMATIONEN

Die **FrieslandCampina Germany GmbH** ist ein großes milchverarbeitendes Unternehmen mit Sitz in Heilbronn. Ihr Mutterkonzern ist das Unternehmen Royal FrieslandCampina, das durch die Fusion von Friesland Foods und Campina BV entstand und seinen Hauptsitz in Zaltbommel in den Niederlanden hat. Der deutsche Zweig des Unternehmens ging 1996 aus der ehemaligen Südmilch AG hervor.

Hauptsitz	Heilbronn
Website	www.frieslandcampina.com
Umsatz	1.209 Millionen Euro (2011)*
Mitarbeiter	Zirka 1.810 (2011)*
Vorstandsressorts	Markus Brettschneider (Vorsitzender), Peter Beemsterboer, Stefan Weber

IT-KENNZAHLEN

CIO	Jürgen Schüssler
IT-Mitarbeiter	Zirka 80 (2011)*
IT-Budget	Zirka 8,5 Millionen Euro für 2012*
IT-Benutzer	Zirka 435 (2011)*

AUSRICHTUNG**

zentral	○○●○○	dezentral
standardisiert	○○●○○	best of breed
viel Outsourcing	○○●○○	wenig Outsourcing

Weitere Informationen unter:
premium.cio.de/top-500/unternehmen/frieslandcampina-germany-gmbh

**nach Angaben von MBmedien; **Schätzung der CIO-Redaktion*

Foto: © Günter Menzl – Fotolia.com

TRANSPORT

Deutsche Post AG

UNTERNEHMENSINFORMATIONEN

Die **Deutsche Post** ist das größte Logistik- und Postunternehmen weltweit. Deutsche Post DHL ist der Name, unter dem der Konzern seit März 2009 in der Öffentlichkeit auftritt. Das Unternehmen entstand 1995 durch Privatisierung der früheren Behörde „Deutsche Bundespost“.

Hauptsitz	Bonn
Website	www.dp-dhl.de
Umsatz	52.829 Millionen Euro (2011)
Mitarbeiter	Zirka 470.000
Vorstandsressorts	Frank Appel (Vorsitz), Ken Allen, Roger Crook, Bruce Edwards, Jürgen Gerdes, Lawrence Rosen, Angela Titzrath

IT-KENNZAHLEN

CIOs	Detlev Ruland (IT Brief), Charlie Dobbie (IT Express), Alexander Pilar (IT Supply Chain), Zvezdana Seeger (IT Global Forwarding, Freight), David Thornewill (IT Global Business Services & Corp. Center), German Valencia (Managing IT Director IT Services)
IT-Mitarbeiter	18.955*
IT-Budget	2.426,55 Millionen Euro*
IT-Benutzer	164.297*

IT-STRATEGIE

Ziele	Die IT noch näher zum Kunden bringen, IT-Innovationspotenziale besser erschließen, für den Konzern IT-Leistungen auf Weltklasseniveau realisieren
Verantwortung	Die CIOs der Geschäftsbereiche, der Leiter IT-Services, der Chief Procurement Officer sowie der Leiter Corp. IT-Office bilden ein IT-Board. Hier werden strategische Ziele diskutiert und mittels bereichsübergreifender Abstimmung beschlossen.
Anwendungen	SAP-Systeme (inklusive vieler Module) sowie eine große Anzahl essenzieller Systeme (zum Beispiel Eigenentwicklungen) des Post- und Logistikgeschäfts

AUSRICHTUNG

zentral	○○○●○	dezentral
standardisiert	○○○●○	best of breed
viel Outsourcing	○○○●○	wenig Outsourcing

Weitere Informationen unter:
premium.cio.de/top-500/unternehmen/deutsche-post-ag

**nach Angaben von MBmedien*

Deutsche Bahn AG

UNTERNEHMENSINFORMATIONEN

Dr. Hermann Kruse

Die **Deutsche Bahn AG (DB)** entstand 1994 aus der Fusion der Staatsbahnen Deutsche Bundesbahn und Deutsche Reichsbahn. Das bundeseigene Unternehmen ist das größte Eisenbahnverkehrs- und Eisenbahn-Infrastrukturunternehmen in Mitteleuropa.

Hauptsitz	Berlin
Website	www.deutschebahn.com
Umsatz	37.901 Millionen Euro
Mitarbeiter	295.000
Vorstandsressorts	Dr. Rüdiger Grube (Vorsitzender), Gerd Becht (Compliance, Datenschutz und Recht), Ulrich Homburg (Personenverkehr), Dr. Volker Kefer (Technik, Systemverbund, Dienstleistungen, Infrastruktur), Dr. Richard Lutz (Finanzen/Controlling), Dr. Karl-Friedrich Rausch (Transport und Logistik), Ulrich Weber (Personal)

IT-KENNZAHLEN

CIO	Dr. Hermann Kruse
IT-Mitarbeiter	Zirka 4.500
IT-Budget	837 Millionen Euro (2012)
IT-Benutzer	135.000

IT-STRATEGIE

Ziele	Konsequente Ausrichtung der IT/ITK an den Geschäftsbedürfnissen des DB-Konzerns, Fokus auf Wertbeitrag der ITK für die Geschäftsfelder der Deutschen Bahn, permanente Weiterentwicklung der IT mittels funktionierendem Portfolio-Management-Prozess, Markt-Benchmarks sowie Orientierung an erprobten Prozessmodellen
Verantwortung	Erstens: CIO DB-Konzern; zweitens: CIOs in den Ressorts Personenverkehr, Transport und Logistik, Infrastruktur sowie in der Konzernleitung; drittens: CIO-Board als Entscheidungsgremium
Anwendungen	Trassenplanung, Instandhaltung, Vertrieb, CRM-Systeme, Reisenden-Information, Fahrplan, Disposition
Dienstleister	DB Systel (interner IT-Dienstleister)

AUSRICHTUNG

zentral	○○●○○	dezentral
standardisiert	○●○○○	best of breed
viel Outsourcing	○○○○●	wenig Outsourcing

Weitere Informationen unter:
premium.cio.de/top-500/unternehmen/deutsche-bahn-ag

Deutsche Lufthansa AG

UNTERNEHMENSINFORMATIONEN

Dr. Christoph Kollatz

Die **Deutsche Lufthansa AG** ist einer der größten, weltweit agierenden Konzerne in der zivilen Luftfahrt. Er hat sich Mitte der 1990er-Jahre aus der Linienfluggesellschaft mit der Marke Lufthansa entwickelt.

Hauptsitz	Frankfurt am Main
Website	www.lufthansa.com
Bilanzsumme	28.734 Millionen Euro (2011)
Mitarbeiter	Zirka 120.000 (2011)
Vorstandsressorts	Dr. Christoph Franz (Vorstandsvorsitzender), Stefan Lauer (Vorstand Verbund-Airlines und Konzern-Personalpolitik), Simone Menne (Vorstand Finanzen und Aviation Services), Carsten Spohr (Vorstand Lufthansa Passage)

IT-KENNZAHLEN

CIO	Dr. Christoph Kollatz
IT-Mitarbeiter	Zirka 1.000 in den Business Units, zirka 3.000 bei Lufthansa Systems
IT-Budget	366,03 Millionen Euro*
IT-Benutzer	Zirka 45.000

IT-STRATEGIE

Ziele	Best-in-Class-Service für Kunden (zum Beispiel Seamless Travel, Mobility Services), Kostenoptimierung durch Konvergenz von Technologie und IT-Services, Innovation im Konzern durch IT-Einsatz fördern, horizontales und vertikales IT-Alignment in der Airline-Gruppe, Optimierung IT-Sourcing und IT-Shared-Services
Verantwortung	IT-Strategie und regulatorische Themen (IT-Risiko, -Security und -Compliance), IT-Alignment in Prozess-Domains, Steuerung IT-Sourcing, Management IT-Shared-Services. Die CIOs der Geschäftsfelder Passage Airline Gruppe, Technik, Logistik, Catering und IT Services formen unter Vorsitz des Konzern-CIOs das CIO-Board.
Anwendungen	Passagiersysteme, Kundenbindungssysteme, CRM-Systeme, Planungs- und Optimierungssysteme (zum Beispiel Crew- und Netzplanung), Logistik- und MRO-Lösungen

AUSRICHTUNG

zentral	○○●○○	dezentral
standardisiert	○○●○○	best of breed
viel Outsourcing	○●○○○	wenig Outsourcing

Weitere Informationen unter: premium.cio.de/top-500/unternehmen/deutsche-lufthansa-ag

*nach Angaben von MBmedien

TUI AG

UNTERNEHMENSINFORMATIONEN

Jim Mann

Die **TUI AG** zählt zu Europas führenden Touristikkonzernen. Die drei Geschäftsbereiche TUI Travel (Veranstalter-, Vertriebs-, Flug- und Zielgebietsaktivitäten), TUI Hotels & Resorts und TUI Kreuzfahrten bilden die „World of TUI". Darüber hinaus hält der Konzern derzeit eine Finanzbeteiligung an der Containerreederei Hapag-Lloyd in Höhe von 22,04 Prozent.

Hauptsitz	Hannover
Website	www.tui-group.com
Umsatz	17.500 Millionen Euro (Geschäftsjahr 2010/11)
Mitarbeiter	73.700 (Sept. 2011)
Vorstandsressorts	Michael Behrendt (CEO), Peter Ganz (CFO), Ulrich Kranich (COO), Jesper Praestensgaard (COO)

IT-KENNZAHLEN

CIO	Jim Mann
IT-Mitarbeiter	Zirka 1.100 (gesamter Konzern, Mitte 2011)
IT-Budget	Zirka 239 Millionen Euro (Angabe 2011)
IT-Benutzer	Zirka 63.900 (Angabe 2011)

IT-STRATEGIE

Ziele	Konzernweite Harmonisierung der touristischen Systeme
Verantwortung	CIO Leadership Team unter Vorsitz des Konzern-CIOs, unterstützt durch Stabsabteilung
Anwendungen	Reservierungssysteme, E-Commerce-Lösungen, Inventory-System für Hotel, Flug, touristische Leistungen
Dienstleister	TUI InfoTec GmbH

AUSRICHTUNG

zentral	○○○●○	dezentral
standardisiert	○○●○○	best of breed
viel Outsourcing	○○●○○	wenig Outsourcing

Weitere Informationen unter: premium.cio.de/top-500/unternehmen/tui-ag

Schenker AG

UNTERNEHMENSINFORMATIONEN

Peter Schumann

Die **Schenker AG**, bekannt als DB Schenker, ist ein international tätiger Logistikdienstleister. Das Angebot umfasst den Warenverkehr auf dem Land-, Luft- und Seeweg und die damit verbundenen logistischen Aufgaben. Schenker ist eine 100-prozentige Tochter der DB Mobility Logistics AG und gehört zum Geschäftsfeld DB Schenker Logistics der Deutsche Bahn AG.

Hauptsitz	Essen
Website	www.dbschenker.com
Umsatz	Zirka 15.000 Millionen Euro
Mitarbeiter	Zirka 60.000
Vorstandsressorts	Dr. Thomas Lieb (Vorstandsvorsitzender), Lutz Freytag (Finance), Karl Nutzinger (Land), Peter Schumann (CIO), Detlef Trefzger (Contract Logistics, SCM, Air & Ocean), Thomas Schulz (Human Resources)

IT-KENNZAHLEN

CIO	Peter Schumann
IT-Mitarbeiter	Zirka 1.600
IT-Budget	Zirka 280 Millionen Euro (2012)
IT-Benutzer	Zirka 60.000

IT-STRATEGIE

Ziele	Steigerung der Effizienz und Wettbewerbsfähigkeit durch Erneuerung und globale Standardisierung von Infrastrukturen und Anwendungssystemen
Verantwortung	CIO auf Vorstandsebene, Matrix mit vier Zentralbereichen (IT-Governance, Corporate-IT-Management, Projekt Tango, Programm Miró) und acht Regional-CIOs (Americas, Asia-Pacific, Near-Middle East, Europe-North, Europe-East, Europe-Central, Europe-West, Europe-Southeast)
Anwendungen	SAP R/3 Logistics & Finance, Peoplesoft, Axway XIB, CIEL, Oracle on Demand, zahlreiche Eigenentwicklungen
Dienstleister	DB Systel, British Telecom, Capgemini SD&M, IBM, LH Systems, Oracle

AUSRICHTUNG

zentral	○○●○○	dezentral
standardisiert	○●○○○	best of breed
viel Outsourcing	○○●○○	wenig Outsourcing

Weitere Informationen unter:
premium.cio.de/top-500/unternehmen/db-schenker-ag

Airbus Operations GmbH

UNTERNEHMENSINFORMATIONEN

Guus Dekkers

Airbus gehört zum EADS-Konzern und hat sich mit seiner umfassenden Produktfamilie an der Spitze der Luftfahrtbranche etabliert. Deutschland, Frankreich, Großbritannien und Spanien sind an der Entwicklung und Fertigung der Airbus-Flugzeuge beteiligt. Die deutsche Airbus Operations GmbH verfügt über vier Entwicklungs- und Fertigungsstätten in Bremen, Stade, Buxtehude und Hamburg.

Hauptsitz	Hamburg
Website	www.airbus.com
Umsatz	Zirka 6.820 Millionen Euro (2010)
Mitarbeiter	Zirka 17.000
Vorstandsressorts	Dr. Thomas Enders (President und CEO), Günter Butschek (Vorsitzender der Geschäftsführung), Marko Enderlein (Finanzen/Controlling), Harald Wilhelm (Finanzen/Controlling), Joachim Sauer (Personal)
Tochterunternehmen	KID-Systeme GmbH

IT-KENNZAHLEN

CIO	Guus Dekkers
IT-Mitarbeiter	Zirka 750 (2011)*
IT-Budget	Zirka 150 Millionen Euro*
IT-Benutzer	Zirka 8.200*

AUSRICHTUNG

zentral	○○○●○	dezentral
standardisiert	○●○○○	best of breed
viel Outsourcing	○○○●○	wenig Outsourcing

Weitere Informationen unter:
premium.cio.de/top-500/unternehmen/airbus-operations-gmbh

*nach Angaben von MBmedien

Hapag-Lloyd AG

UNTERNEHMENSINFORMATIONEN

Martin Gnass

Die **Hapag-Lloyd AG** ist ein Transport- und Logistikunternehmen und weltweit eine der größten Container-Reedereien. Das Unternehmen ist an 300 Standorten in 114 Ländern vertreten, verfügt über rund 150 Schiffe und transportiert mehr als fünf Millionen Container im Jahr. Der TUI-Konzern ist zu 22,04 Prozent an Hapag-Lloyd beteiligt.

Hauptsitz	Hamburg
Website	www.hapag-lloyd.com
Bilanzsumme	6.103 Millionen Euro (2011)
Mitarbeiter	6.873 (2011)
Vorstandsressorts	Michael Behrendt (CEO), Peter Ganz (CFO), Ulrich Kranich (COO), Jesper Praestensgaard (COO)

IT-KENNZAHLEN

CIO	Martin Gnass
IT-Mitarbeiter	305*
IT-Budget	39,47 Millionen Euro*
IT-Benutzer	2680*

IT-STRATEGIE

Ziele	Die effiziente und reibungslose Durchführung von weltumspannenden Transporten unter Nutzung verschiedener Transportmittel stellt hohe Anforderungen an die eingesetzte IT; nur moderne und vernetzte Systeme ermöglichen einen schnellen Datenaustausch zwischen den beteiligten Partnern entlang der Transportkette an verschiedenen Standorten weltweit und tragen entscheidend zur Kostensenkung bei.
Dienstleister	IBM Deutschland GmbH, TUI InfoTec GmbH

AUSRICHTUNG

zentral	●○○○○	dezentral
standardisiert	○○○●○	best of breed
viel Outsourcing	○○○●○	wenig Outsourcing

Weitere Informationen unter: premium.cio.de/top-500/unternehmen/hapag-lloyd-ag

*nach Angaben von MBmedien

DB Regio AG

UNTERNEHMENSINFORMATIONEN

Die **DB Regio AG** ist Teil des Deutsche-Bahn-Geschäftsfeldes DB Bahn Regio und eine 100-prozentige Tochtergesellschaft der DB Mobility Logistics AG. Sie ist als schwerpunktmäßig bundesweit operierendes Eisenbahnverkehrsunternehmen (EVU) für den regionalen Schienenpersonennahverkehr (SPNV) zuständig.

Hauptsitz	Frankfurt am Main
Website	www.dbregio.de
Umsatz	5.401 Millionen Euro
Mitarbeiter	19.893
Vorstandsressorts	Personenverkehr

IT-KENNZAHLEN

CIO	Dr. Frank Scholz
IT-Mitarbeiter	62
IT-Budget	Zirka 58 Millionen Euro (2012)
IT-Benutzer	13.745

IT-STRATEGIE

Ziele	Erfüllung der ITK-Anforderungen aus SPNV-/ÖPNV-Vergabeverfahren (zum Beispiel Fahrzeugortung, Störfall-Management, Reisenden-Information in Echtzeit, Fahrzeugausstattung), Etablierung einer skalierbaren ITK-Verfahrenslandschaft gemäß den betriebstypenspezifischen Anforderungen der DB Regio, Reduktion der ITK-Kosten
Verantwortung	Alleiniger Ansprechpartner für alle ITK-Fragen im Geschäftsfeld, vertritt das Geschäftsfeld in den ITK-Gremien des Personenverkehrs
Anwendungen	ITK-Verfahren der Leistungs- und Ressourcenplanung sowie -disposition, ITCS (Intermodal Transport Control System), Fahrzeugortung, Abrechnungssysteme, Schulungssysteme für Web Based Training (WBT), Mobile Anwendung (unter anderem Apps), Kennzahlensysteme/Berichtswesen, nicht sicherheitsrelevante ITK-Systeme im Fahrzeug
Dienstleister	DB Systel GmbH, DB Telekommunikationstechnik, DB Training GmbH, diverse Fahrzeug- und Softwarehersteller

AUSRICHTUNG

zentral	○●○○○	dezentral
standardisiert	○●○○○	best of breed
viel Outsourcing	○○●○○	wenig Outsourcing

Weitere Informationen unter:
premium.cio.de/top-500/unternehmen/db-regio-ag

Hamburg-Südamerikanische Dampfschifffahrts-Gesellschaft

UNTERNEHMENSINFORMATIONEN

Die **Hamburg Südamerikanische Dampfschifffahrts-Gesellschaft (HSDG)**, kurz: Hamburg Süd, ist eine Reederei in Hamburg. Das Unternehmen wurde 1871 als Aktiengesellschaft von elf Hamburger Handelshäusern gegründet und ist heute eine Kommanditgesellschaft mit Schwerpunkt in der Containerschifffahrt. Sie ist im Besitz der Oetker-Gruppe.

Hauptsitz	Hamburg
Website	www.hamburgsud.com
Umsatz	4.753 Millionen Euro
Mitarbeiter	4.468

IT-KENNZAHLEN

CIO	Dr. Michael Lontke
IT-Mitarbeiter	200*
IT-Budget	25,61 Millionen Euro*
IT-Benutzer	1.743*

IT-STRATEGIE

Verantwortung	Der Bereich Information Technology stellt weltweit allen Kunden und Anwendern Informations-Services zur Verfügung.

AUSRICHTUNG

zentral	○●○○○	dezentral
standardisiert	○○○●○	best of breed
viel Outsourcing	○○●○○	wenig Outsourcing

Weitere Informationen unter: premium.cio.de/top-500/unternehmen/hamburg-suedamerikanische-dampfschifffahrts-gesellschaft-kg

*nach Angaben von MBmedien

Schenker Deutschland AG

UNTERNEHMENSINFORMATIONEN

Lothar Rosenkranz

Die **Schenker Deutschland AG**, im operativen Geschäft bekannt unter der Marke DB Schenker, ist Anbieter für integrierte Logistik mit Fokus auf den deutschen Markt. Das Unternehmen verfügt über mehr als 100 Standorte und bedient folgende Segmente: Landverkehre, Seefracht, Schienenlogistik, Luftfracht, Kontraktlogistik und Delivering Solutions.

Hauptsitz	Frankfurt
Website	www.dbschenker.de
Umsatz	Zirka 4.010 Millionen Euro (2011)
Mitarbeiter	Zirka 15.200
Vorstandsressorts	Dr. Hansjörg Rodi (Vorstandsvorsitzender, Kontraktlogistik/SCM), Thomas Hauck (Seefracht/Projekte), Jochen Müller (Luftfracht, Messen/Spezialverkehre), Lothar Rosenkranz (Informationstechnologie, Innovation und Dienstleistungen), Frithjof Schäfer (CFO), Aloys Winn (Landverkehre)

IT-KENNZAHLEN

CIO	Lothar Rosenkranz
IT-Mitarbeiter	4.105*
IT-Budget	524,85 Millionen Euro*
IT-Benutzer	35.603*

AUSRICHTUNG**

zentral	○○●○○	dezentral
standardisiert	○●○○○	best of breed
viel Outsourcing	○○●○○	wenig Outsourcing

Weitere Informationen unter:
premium.cio.de/top-500/unternehmen/schenker-deutschland-ag

**nach Angaben von MBmedien; **Schätzung der CIO-Redaktion*

Foto: © Laur – Fotolia.com

VERSICHERUNGEN

Allianz SE

UNTERNEHMENSINFORMATIONEN

Ralf Schneider

Die **Allianz** ist einer der führenden Finanzdienstleister weltweit. Die Gruppe verfügt über ein umfassendes Produktportfolio in den Bereichen Schaden- und Unfallversicherung, Lebens- und Krankenversicherung, Asset Management und im Bankgeschäft sowohl für Privat- als auch für Geschäftskunden.

Hauptsitz	München
Website	www.allianz.com
Kons. Umsatz	103.600 Millionen Euro (2011, gesamte Gruppe)
Mitarbeiter	142.000 weltweit
Vorstandsressorts	Michael Diekmann (CEO), Oliver Bäte (Controlling, Reporting, Risk), Gary C. Bhojwani (Insurance USA), Manuel Bauer (Insur. Growth Markets), Clement B. Booth (Global Insur. Lines & Anglo Markets), Dr. Helga Jung (Insur. Iberia & Latin America), Christof Mascher (COO), Jay Ralph (Asset Mgmt. Worldwide), Dr. Dieter Wemmer (Insur. German Speak. Countries, Human Resources), Dr. Maximilian Zimmerer (Finance)
Tochterunternehmen	Allianz Deutschland AG, Allianz France, Allianz Italy und weitere

IT-KENNZAHLEN

CIO	Ralf Schneider
IT-Mitarbeiter	Zirka 10.000 weltweit
IT-Budget	Zirka 2.500 Millionen Euro weltweit
IT-Benutzer	Zirka 240.000 unterstützte Workstations weltweit inkl. Vertrieb

IT-STRATEGIE

Ziele	Globale Plattformen, globale Produkte und Services, Digitalisierung
Verantwortung	Group CIO
Anwendungen	Kernversicherungssystem (zum Beispiel Allianz Business System), SAP, SAS, regionenabhängig weitere
Dienstleister	Amos (interner Shared-Services-Dienstleister)

AUSRICHTUNG

zentral	○●○○○	dezentral
standardisiert	○○●○○	best of breed
viel Outsourcing	○○○●○	wenig Outsourcing

Weitere Informationen unter: http://premium.cio.de/top-500/unternehmen/allianz-se

Allianz Deutschland AG

UNTERNEHMENSINFORMATIONEN

Dr. Andreas Nolte

Die **Allianz Deutschland AG** bildet als Holding das Dach für die drei deutschen Versicherungsgesellschaften der Allianz, die Sach-, die Lebens- und die Private Krankenversicherung, sowie für die Oldenburgische Landesbank AG mit ihrer Zweigniederlassung Allianz Bank.

Hauptsitz	München
Website	www.allianzdeutschland.de
Kons. Umsatz	28.100 Millionen Euro (2011)
Mitarbeiter	Zirka 30.000 sowie zirka 9.000 eigenständige Handelsvertreter
Vorstandsressorts	Markus Rieß (Vorsitzender), Wolfgang Brezina (Personal und interne Dienste), Bernd Heinemann (Markt-Management), Andree Moschner (Vertrieb und Bankgeschäft), Severin Moser (Sachversichung), Rainer Schwarz (Finanzen), Alexander Vollert (Betriebsorganisation/IT), Manfred Knof (Betrieb), Markus Faulhaber (Lebensversicherung), Birgit König (Krankenversicherung)

IT-KENNZAHLEN

CIO	Dr. Andreas Nolte
IT-Mitarbeiter	Zirka 900 (2011)
IT-Budget	Zirka 500 Millionen Euro (2011)
IT-Benutzer	Zirka 60.000 unterstützte Workstations inklusive Vertrieb

IT-STRATEGIE

Ziele	Einführung der Client-Virtualisierung für den Innendienst, Verbesserung der System-Performance und Erhöhung der Verfügbarkeit der Anwendungssysteme, Optimierung der IT-Infrastruktur (Auslastung, Lastspitzen etc.), Erhöhung der IT-Sicherheit, Digitalisierung und Erhöhung der elektronischen Kundenkommunikation durch das Kundenportal Meine Allianz
Anwendungen	Allianz Business System (als künftiges Versicherungskernsystem), BI, Vertriebs-/Vertretersysteme, Online-Services, Legacy-System, Open-Source-Software im Bereich Portale
Dienstleister	Amos (Allianz Managed Operations and Services SE), Accenture, IBM (Infrastruktur), im Multi-Sourcing-Bereich TCS, Acis, CSC

AUSRICHTUNG

zentral	○○●○○	dezentral
standardisiert	○○●○○	best of breed
viel Outsourcing	○○●○○	wenig Outsourcing

Weitere Informationen unter:
premium.cio.de/top-500/unternehmen/allianz-deutschland-ag

Munich Re

UNTERNEHMENSINFORMATIONEN

Rainer Janßen

Die **Münchener Rückversicherungs-Gesellschaft AG**, kurz Munich Re, zählt zu den führenden Unternehmen in ihrem Markt. Zum Konzern gehört die Ergo Versicherungsgruppe, die das Erstversicherungsgeschäft betreibt.

Hauptsitz	München
Website	www.munichre.com
Kons. Umsatz	26.500 Millionen Euro (nur Rückversicherung)
Mitarbeiter	11.215 (nur Rückversicherung)
Vorstandsressorts	Nikolaus von Bomhard (Chairman of the Board), Ludger Arnoldussen (Germany, Asia Pacific, Africa, Services), Thomas Blunck (Reinsurance Investments, Central Procurement), Georg Daschner (Europe and Latin America), Torsten Jeworrek (Chairman of the Reinsurance Committee; Information Technology; Global Business Architecture), Peter Röder (Global Clients and North America), Jörg Schneider (Controlling, Corporate Finance Mergers & Acquisitions, Integrated Risk Management), Wolfgang Strassl (Labour Relations), Joachim Wenning (Life)

IT-KENNZAHLEN

CIO	Rainer Janßen
IT-Mitarbeiter	Zirka 1.800 (extern und intern)
IT-Budget	Zirka 370 Millionen Euro
IT-Benutzer	Zirka 11.200

IT-STRATEGIE

Ziele	Globale IT-Service-Erbringung für alle Geschäftsmodelle in der Gruppe zu wettbewerbsfähigen Konditionen, Einsatz von innovativen Technologien/Mobile Computing, zentrale Datenbasis zur globalen Geschäftssteuerung, Standardapplikationen, wenn verfügbar, Eigenentwicklung, wenn Wettbewerbsvorteil
Verantwortung	Für IT des Rückversicherungskonzerns und Holding-Funktionen weltweit
Anwendungen	Risiko-, Evaluierungs- und Pricing-Systeme für Rückversicherungsgeschäft, Bestandsführungs- und Rechnungswesensysteme
Dienstleister	IBM, msg systems, NTT data, logica, Fujitsu-Siemens, Computacenter

AUSRICHTUNG

zentral	○●○○○	dezentral
standardisiert	○●○○○	best of breed
viel Outsourcing	○●○○○	wenig Outsourcing

Weitere Informationen unter: premium.cio.de/top-500/unternehmen/munich-re

Talanx AG

UNTERNEHMENSINFORMATIONEN

Thomas Noth

Talanx ist ein Mehrmarkenkonzern. An der Spitze steht die Talanx AG, die die Aufgaben einer Management- und Finanz-Holding im Konzern übernimmt. Alleiniger Mehrheitseigentümer der Talanx AG ist der HDI V.a.G. Versicherungsverein auf Gegenseitigkeit. Das operative Versicherungsgeschäft wird von den Konzerngesellschaften der Talanx-Gruppe betrieben.

Hauptsitz	Hannover
Website	www.talanx.de
Kons. Umsatz	23.682 Millionen Euro (2011, Brutto-Beitragseinnahmen)
Mitarbeiter	17.061 (2011)
Vorstandsressorts	Herbert Haas (Vorsitzender), Christian Hinsch (Stellvertretender Vorsitzender), Torsten Leue, Thomas Noth, Immo Querner, Heinz-Peter Roß, Ulrich Wallin
Tochterunternehmen	Hannover Rückversicherung AG, Talanx Deutschland AG, HDI-Gerling Industrie Versicherung AG und weitere

IT-KENNZAHLEN

CIO	Thomas Noth
IT-Mitarbeiter	Zirka 1.100 (ohne Hannover Rück)
IT-Budget	Zirka 400 Millionen Euro (ohne Hannover Rück)

IT-STRATEGIE

Ziele	Unterstützung der Kunden im Talanx-Konzern durch bedarfsgerechte und innovative Lösungen, optimale Integrationsfähigkeit durch eine zukunftssichere Anwendungs- und Infrastrukturlandschaft; ausgewogener Sourcing-Mix mit Multi-Provider-Steuerung und flexibler Fertigungstiefe; Bereitstellung qualitativ hochwertiger, moderner IT-Leistungen zu wettbewerbsfähigen Kosten
Projekte	Kompletterneuerung der IT-Landschaft (Post Merger Systems Integration) mit Nutzung vorhandener Anwendungen und Standardsoftware insbesondere für Retail-Bestandsführung und Inkasso sowie Eigenentwicklungen; breit angelegtes Optimierungsprogramm zur nachhaltigen Kostensenkung und Qualitätssteigerung
Dienstleister	Talanx Systeme AG

AUSRICHTUNG

zentral	○●○○○	dezentral
standardisiert	○●○○○	best of breed
viel Outsourcing	○●○○○	wenig Outsourcing

Weitere Informationen unter:
premium.cio.de/top-500/unternehmen/talanx-ag

ERGO Versicherungsgruppe AG

UNTERNEHMENSINFORMATIONEN

Bettina Anders

Die **Ergo Versicherungsgruppe AG** ist ein international tätiger Versicherungskonzern und gehört zur Münchener Rückversicherungs-Gesellschaft Aktiengesellschaft (Munich Re). Der Konzern bedient die Bereiche Lebensversicherung, Krankenversicherung, Schaden- und Unfallversicherung, Rechtsschutz, Reiseversicherung sowie Finanzdienstleistungen.

Hauptsitz	Düsseldorf
Website	www.ergo.com
Kons. Umsatz	20.270 Millionen Euro (2011, Brutto-Beitragseinnahmen)
Mitarbeiter	Über 55.000 weltweit (Angestellte oder hauptberufliche selbstständige Vermittler der Gruppe)
Vorstandsressorts	Torsten Oletzky, Vorstandsvorsitzender (Konzernentwicklung, Recht, Revision und Unternehmenskommunikation), Bettina Anders (Kundenservice, Betriebsorganisation und Informationstechnologie), Daniel von Borries (Investments & Asset Liability Management), Christian Diedrich (Kompositversicherung), Christoph Jurecka (Rechnungswesen, Steuern, Planung und Controlling, Risiko-Management), Ulf Mainzer (Personal Inland, Allgemeine Dienste, Gebäude-Management, Materialwirtschaft, Einkauf und Logistik), Jochen Messemer (Internationales Geschäft), Clemens Muth (Gesundheit/Krankenversicherung), Rolf Wiswesser (Vertrieb)
Tochterunternehmen	DKV Deutsche Krankenversicherung, Itergo Informationstechnologie und weitere

IT-KENNZAHLEN

CIO	Bettina Anders
IT-Mitarbeiter	Zirka 1.500 bei Itergo
IT-Budget	377,4 Millionen Euro (nur Itergo in 2011)
IT-Benutzer	Zirka 300.000 (Plattformen für Mitarbeiter und Kunden)

AUSRICHTUNG**

zentral	○○○●○	dezentral
standardisiert	○○○●○	best of breed
viel Outsourcing	○○○●○	wenig Outsourcing

Weitere Informationen unter: premium.cio.de/top-500/unternehmen/ergo-versicherungsgruppe-ag

***Schätzung der CIO-Redaktion*

DAK-Gesundheit

UNTERNEHMENSINFORMATIONEN

Die **DAK-Gesundheit,** eine Körperschaft des öffentlichen Rechts mit Selbstverwaltung, ist ein bundesweit tätiger deutscher Krankenversicherungsträger. Sie ging am 1. Januar 2012 aus dem Zusammenschluss der Deutschen Angestellten-Krankenkasse (DAK) mit der BKK Gesundheit und der BKK Axel Springer hervor. Die DAK-Gesundheit zählt rund 6,6 Millionen Versicherte im Jahr 2012, zirka 14.000 Mitarbeiter und rund 870 Geschäftsstellen in Deutschland. Als Ersatzkasse ist sie Mitglied im Verband der Ersatzkassen (vdek).

Hauptsitz	Hamburg
Website	www.dak.de
Kons. Umsatz	16.200 Millionen Euro (2010, Brutto-Beitragseinnahmen)
Mitarbeiter	11.600 (auf Vollzeitbasis gerechnet)
Vorstandsressorts	Herbert Rebscher (Vorstandsvorsitzender), Claus Moldenhauer (Stellv. Vorstandsvorsitzender), Thomas Bodmer (Allg. Geschäftsführung)

IT-KENNZAHLEN

CIO	Franz-Helmut Gerhards
IT-Mitarbeiter	Zirka 650 (2011)*
IT-Budget	Zirka 159 Millionen Euro (2011)*
IT-Benutzer	Zirka 16.570 (2011)*

IT-STRATEGIE

Ziele	Unterstützung der Haupt- und Unterstützungsprozesse mit Schwerpunkt Wertschöpfung, Innovation, Zukunftsfähigkeit, Compliance
Dienstleister	Bitmarck GmbH (Bereitstellung aller IT-Leistungen)

AUSRICHTUNG

zentral	○●○○○	dezentral
standardisiert	○●○○○	best of breed
viel Outsourcing	●○○○○	wenig Outsourcing

Weitere Informationen unter:
premium.cio.de/top-500/unternehmen/dak-deutsche-angestellten-krankenkasse-koer

*nach Angaben von MBmedien

Allianz Lebensversicherungs-AG

UNTERNEHMENSINFORMATIONEN

Dr. Andreas Nolte

Die **Allianz Lebensversicherungs-AG** ist Bestandteil der Allianz-Gruppe, die von der Allianz Deutschland AG als Holding geführt wird. Mit ihrer Lebensversicherung, 1922 in Stuttgart gegründet, ist die Allianz Marktführerin in Deutschland. Zum Produktspektrum gehören Risikolebensversicherung, Kapitallebensversicherung, Privat-Rente, Riester-Rente, Basis-Rente und betriebliche Altersversorgung.

Hauptsitz	Stuttgart
Website	www.allianz-leben.de
Kons. Umsatz	15.673 Millionen Euro (2011)
Mitarbeiter	Zirka 900

IT-KENNZAHLEN

CIO	Dr. Andreas Nolte (CIO der Allianz Deutschland AG)
IT-Mitarbeiter	Keine IT-Mitarbeiter, aber zirka 300 IT-Mitarbeiter der Allianz Deutschland AG sind für die Allianz Lebensversicherung tätig
IT-Budget	Zirka 130 Millionen Euro (2010)
IT-Benutzer	Zirka 6.300 unterstützte Workstations inklusive Vertrieb (2010)

IT-STRATEGIE

(analog zur Allianz Deutschland AG, Allianz Leben betreibt keine eigene IT)

Ziele	Einführung der Client-Virtualisierung für den Innendienst, Verbesserung der System-Performance und Erhöhung der Verfügbarkeit der Anwendungssysteme, Optimierung der IT-Infrastruktur (Auslastung, Lastspitzen etc.), Erhöhung der IT-Sicherheit, Digitalisierung und Verstärkung der elektronischen Kundenkommunikation durch das Kundenportal Meine Allianz
Anwendungen	Allianz Business System (als künftiges Versicherungskernsystem), BI, Vertriebs-/Vertretersysteme, Online-Services, Legacy-System, Open-Source-Software im Bereich Portale
Dienstleister	Amos (Allianz Managed Operations and Services SE), Accenture, IBM (Infrastruktur), im Multi-Sourcing-Bereich TCS, Acis, CSC

AUSRICHTUNG

zentral	○○●○○	dezentral
standardisiert	○○●○○	best of breed
viel Outsourcing	○○●○○	wenig Outsourcing

Weitere Informationen unter:
premium.cio.de/top-500/unternehmen/allianz-lebensversicherungs-aktiengesellschaft

Generali Deutschland Holding AG

UNTERNEHMENSINFORMATIONEN

Arne Pott

Die **Generali Deutschland** ist eine große deutsche Versicherungsgruppe. Sie besteht aus der Dachgesellschaft Generali Deutschland Holding, unter der etwa 20 deutsche Versicherungsunternehmen angesiedelt sind. Der Konzern ist in mehrheitlichem Besitz der italienischen Assicurazioni Generali S.p.A.

Hauptsitz	Köln
Website	www.generali-deutschland.de
Kons. Umsatz	13.254 Millionen Euro (Bruttobeitragseinnahmen 2011)
Mitarbeiter	14.932 (Deutschland)
Vorstandsressorts	Dietmar Meister (Vorsitzender), Christoph Schmallenbach, Dr. Torsten Utecht

IT-KENNZAHLEN

CIO	Arne Pott (Generali Deutschland Informatik Services GmbH, Vorsitzender der Geschäftsführung)
IT-Mitarbeiter	Zirka 1.200 (Generali Deutschland Informatik Services)
IT-Budget	310 Millionen Euro (Jahresumsatz Generali Deutschland Informatik Services)
IT-Benutzer	Zirka 40.000

IT-STRATEGIE

Ziele	Generali Deutschland Informatik Services übernimmt für die Generali Deutschland Gruppe und für Gesellschaften der Assicurazioni Generali S.p.A. Aufgaben im IT-Bereich. Innerhalb der Generali-Deutschland-Gruppe tritt sie als zentraler IT-Dienstleister für den gesamten Konzern auf.
Anwendungen	Versicherungstechnische Kernsysteme (vorwiegend Eigenentwicklungen von Generali Deutschland Informatik Services), Support-Systeme, Data-Warehouse-Anwendungslandschaft (weitgehend Standardlösungen, zum Beispiel SAP), Außendienstsystemwelt

AUSRICHTUNG

zentral	●○○○○	dezentral
standardisiert	●○○○○	best of breed
viel Outsourcing	○○○●○	wenig Outsourcing

Weitere Informationen unter:
premium.cio.de/top-500/unternehmen/generali-deutschland-holding-ag

R+V Versicherung AG

UNTERNEHMENSINFORMATIONEN

Peter Weiler

Die **R+V Versicherung AG** ist die Obergesellschaft des R+V Konzerns. Sie ist mehrheitlich an den Erstversicherungsgesellschaften des R+V Konzerns beteiligt und gehört zur genossenschaftlichen Finanzgruppe des Bundesverbands der Deutschen Volksbanken und Raiffeisenbanken e.V. (BVR). Zugleich ist sie der zentrale Rückversicherer der Erstversicherungsgesellschaften der R+V.

Hauptsitz	Wiesbaden
Website	www.ruv.de
Kons. Umsatz	11.332 Millionen Euro (2011, Bruttobeiträge Konzern)
Mitarbeiter	13.676 (31.12.2011)
Vorstandsressorts	Vorstandsvorsitz; Finanzen und Kapitalanlagen; Personal, Verwaltung und Ausland; Personenversicherungen; Komposit; Vertrieb und Marketing; Aktive Rückversicherung; Informations- und Kommunikationssysteme sowie Betriebswirtschaft

IT-KENNZAHLEN

CIO	Peter Weiler
IT-Mitarbeiter	Zirka 740
IT-Budget	Zirka 207,2 Millionen Euro (2012)
IT-Benutzer	Zirka 13.700 zzgl. indirekt die Mitarbeiter der Volks- und Raiffeisenbanken

IT-STRATEGIE

Ziele	Das IT-Ressort ist kompetenter, professioneller Partner im Bereich Informations- und Kommunikationstechnologie für das Erreichen der R+V-Unternehmensziele und somit zur Stärkung der Wettbewerbsfähigkeit der R+V.
Verantwortung	IT-Service in der kompletten Fertigungstiefe (Plan-Build-Run) für die gesamte R+V-Gruppe
Anwendungen	Individualsoftware für das versicherungstechnische Kerngeschäft (Beratung, Verkauf, Bestandsführung, Schaden etc.), Standardsoftware (zum Beispiel SAP) im Bereich Finanzbuchhaltung etc.
Dienstleister	Verbundunternehmen wie VR Netze GmbH, Fiducia IT AG, GAD eG, diverse große Beratungs- und Softwarehäuser

AUSRICHTUNG

zentral	○●○○○	dezentral
standardisiert	○●○○○	best of breed
viel Outsourcing	○○○○●	wenig Outsourcing

Weitere Informationen unter:
premium.cio.de/top-500/unternehmen/r-v-versicherung-ag

Gothaer Konzern

UNTERNEHMENSINFORMATIONEN

Oliver Schoeller

Die **Gothaer** ist ein Versicherungskonzern mit den Hauptgesellschaften Gothaer Versicherungsbank, Gothaer Allgemeine Versicherung, Gothaer Lebensversicherung und Gothaer Krankenversicherung. Die IT der Gothaer wird von Gothaer Systems gepflegt.

Hauptsitz	Köln
Website	www.gothaer.de
Kons. Umsatz	4.050 Millionen Euro (Beitragseinnahmen)
Mitarbeiter	5.992
Vorstandsressorts	Dr. Werner Görg (Vorstandsvorsitzender), Dr. Helmut Hofmeier (Vorstandsvorsitz. Gothaer Lebensversich.), Michael Kurtenbach (Vorstandsvorsitz. Gothaer Krankenversich.), Thomas Leicht (Vorstandsvorsitz. Gothaer Allgemeine Versich.), Jürgen Meisch (Asset-Management/CFO), Dr. Hartmut Nickel-Waninger (Vertrieb, Marketing), Oliver Schoeller (CIO/ COO)

IT-KENNZAHLEN

CIO	Oliver Schoeller
IT-Mitarbeiter	629
IT-Budget	146 Millionen Euro (2012)
IT-Benutzer	9.100

IT-STRATEGIE

Ziele	Effizienter und verlässlicher IT-Betrieb für die Gesellschaften, Entwicklung IT-gestützter Wachstumsmodelle, Etablierung IT-basierter innovativer Geschäftsmodelle und Applikationen, Automatisierung der Versicherungskernprozesse, Workflow-Management und IT-Prozessunterstützung, Integration von Netzwerkpartnern, Aufbau/Betrieb der Datenhaltung für betriebswirtschaftliche Steuerungsinformationen, Verbesserung der Kostenposition des Unternehmens
Verantwortung	Die IT-Organisation trägt nachhaltig zur Unterstützung der Unternehmensstrategie bei, insbesondere durch exzellenten IT-Service.
Anwendungen	Vertriebssysteme, Bestandssysteme, Querschnittssysteme, Dokumenten-Management-Systeme, Frontoffice-Systeme
Dienstleister	Gothaer Systems GmbH

AUSRICHTUNG

zentral	○●○○○	dezentral
standardisiert	○○●○○	best of breed
viel Outsourcing	○○○●○	wenig Outsourcing

Weitere Informationen unter:
premium.cio.de/top-500/unternehmen/gothaer-versicherungsbank-vvag

Foto: © pab_map – Fotolia.com

BERATER UND IT-ANBIETER

Hier stellen sich die Berater und IT-Anbieter der größten deutschen Unternehmen vor. Sie benennen ihre Branchen- und Beratungsschwerpunkte sowie ihre Referenzkunden.

accenture
High performance. Delivered.

Längst ist IT wesentliche Triebkraft und Impulsverteiler in Unternehmen. Sie bestimmt, ob Unternehmen schnell auf neue Anforderungen reagieren und sich zielgerichtet für den Erfolg von morgen aufstellen können. Als Partner für große Business-Transformationen mit mehr als 249.000 Mitarbeitern, die für Kunden in über 120 Ländern tätig sind, helfen wir mit unserem globalen Netzwerk, die IT-Infrastruktur agil und flexibel auf die aktuellen Bedürfnisse der Geschäftsabläufe auszurichten. Mit unserem Leistungsschwerpunkt Technologie bieten wir ein einzigartiges End-to-End-Service-Portfolio für IT-Optimierung, das komplexe Aufgaben mit modernsten und dennoch praxiserprobten Lösungen bewältigt. Wir unterscheiden uns vom Wettbewerb durch unseren ganzheitlichen Lösungsansatz sowie durch eine partnerschaftliche Kundenbeziehung. Sie werden erleben, wie sich Ihr Accenture-Beraterteam umfassend in Ihre Projekte hineindenkt, die richtigen Fragen stellt und die richtigen Schlüsse zieht. So kommen wir gemeinsam zu einem partnerschaftlichen Lösungsansatz, der zu echter High Performance führt.

HAUPTSITZ	Dublin/Irland
NIEDER-LASSUNGEN	Deutschland: Kronberg bei Frankfurt, München, Düsseldorf, Berlin Österreich: Wien, Schweiz: Zürich
GRÜNDUNG	1989
UMSATZ	24,5 Milliarden US Dollar (Jahresumsatz weltweit per 31.08.2011
MITARBEITER	weltweit über 249.000 Mitarbeiter

Frank Riemensperger
[Geschäftsführer]

»Die Rolle des CIO wird in den kommenden Jahren neu definiert werden müssen.«

KONTAKT

Accenture
Campus Kronberg 1, 61476 Kronberg im Taunus
Telefon: +49 (0)61 73 94-99, Fax: +49 (0)61 73 94-98
accenture.direct.ela@accenture.com

Accenture

REFERENZEN / PROJEKTE

Unsere Kunden sind

- 28 der DAX-30-Unternehmen
- 96 der Fortune-Global-100-Unternehmen
- Mehr als drei Viertel der Fortune-Global-500-Unternehmen
- Über 4.000 öffentliche und privatwirtschaftliche Organisationen

Referenzprojekte auf Anfrage

BRANCHENSCHWERPUNKTE

✪	Dienstleistungen (allg.)	✪	Informationstechnologie
✪	Energieversorgung	✪	Öffentliche Hand, Behörden
✪	Handel	✪	Telekommunikation

BERATUNGSSCHWERPUNKTE

Strategieberatung	schwach	●	●	●	●	stark
Geschäftsprozessberatung	schwach	●	●	●	●	stark
Infrastruktur und Technologie	schwach	●	●	●	●	stark
Systemintegration	schwach	●	●	●	●	stark
IT-Systembetrieb	schwach	●	●	●	●	stark

www.accenture.de

BearingPoint. Management & Technology Consultants

BearingPoint ist eine unabhängige, partnergeführte Unternehmensberatung, die Management- und Technologiekompetenz vereint. Unsere Kunden sind namhafte, weltweit agierende Unternehmen, Finanzinstitutionen und Organisationen der Öffentlichen Hand. Wir bieten Beratungsleistungen im Bereich Business Consulting: Für unsere Kunden erzielen wir einen messbaren und nachhaltigen Geschäftserfolg, indem wir Prozesse, IT und Organisationsmodelle optimieren. In enger partnerschaftlicher Zusammenarbeit mit dem Kunden entwickeln wir dabei Lösungen entlang der gesamten Wertschöpfungskette. Mit unserem tiefgreifenden Branchen-Know-how und unserer fachlichen Kompetenz verstehen und berücksichtigen wir die individuellen Bedürfnisse unserer Kunden – und helfen ihnen so, ihre Ziele zu erreichen und Transformationsprozesse zum Erfolg zu führen. Einen zentralen Bestandteil unserer Beratungsleistung bilden die drei Schlüsselthemen Nachhaltigkeit, Digitalisierung und Regulierung.

HAUPTSITZ	Amsterdam
GRÜNDUNG	2002
UMSATZ	514 Millionen Euro (2011)
MITARBEITER	3.500

Marcel Nickler
[Vorsitzender Management Board GSA]

»Informationstechnologie ist ein wichtiger Aspekt der Unternehmensstrategie. Indem BearingPoint Management- und Technologiekompetenz vereint, unterstützen wir unsere Kunden dabei, die übergeordnete strategische Perspektive mit dem operativen Geschäft und neuen technischen Möglichkeiten zu verknüpfen.«

KONTAKT

BearingPoint GmbH
Speicherstraße 1, 60327 Frankfurt am Main
Telefon: +49 (0)69 130 22-0
Fax: +49 (0)69 130 22-1118
contact.germany@bearingpoint.com

BearingPoint

REFERENZEN / PROJEKTE

BearingPoint berät rund 1.000 Kunden, darunter führende Unternehmen sowie Organisationen der Öffentlichen Hand. In Deutschland beraten wir rund 450 Kunden, darunter

- mehr als 20 der 30 DAX-Unternehmen,
- staatliche Organisationen wie Bundesministerien oder die Europäische Gemeinschaft,
- die Top 5 der deutschen Banken und Top 5 der deutschen Versicherungen.

BRANCHENSCHWERPUNKTE

✪	Commercial Services	✪	Public Services
✪	Financial Services		

BERATUNGSSCHWERPUNKTE

Strategieberatung	schwach	●	●	●	○	stark
Geschäftsprozessberatung	schwach	●	●	●	●	stark
Infrastruktur und Technologie	schwach	●	●	●	●	stark
Systemintegration	schwach	●	●	●	○	stark
IT-Systembetrieb	schwach	●	●	○	○	stark

www.bearingpoint.com

BT ist einer der international führenden Anbieter für Kommunikationslösungen. In Deutschland ist BT Germany seit 1995 präsent und zählt internationale Großunternehmen (darunter zwei Drittel der DAX-Unternehmen), öffentliche Einrichtungen, andere Carrier sowie Reseller und Internet Service Provider zu seinen Kunden.

Das Portfolio von BT reicht von Sprachtelefonie über die Vernetzung von Unternehmensstandorten, Unified Communications & Collaboration, Audio- und Video-Konferenzen, Rechenzentrumsleistungen (Hosting und Storage), sichere Cloud-Computing-Anwendungen, Call-Center-Lösungen, Lösungen für das mobile Arbeiten bis hin zu Sicherheitslösungen, Business Continuity und IT-Beratung.

BT bietet eine internationale Abdeckung in mehr als 170 Ländern und verfügt über ein gut ausgebautes Hochgeschwindigkeitsnetz in Deutschland mit eigenen Stadtnetzen in vier Metropolen. Durch ein weltweit harmonisiertes Portfolio ist BT in der Lage, Unternehmen an nahezu allen Standorten die gleichen Produkte, Services, Prozesse und Service Level Agreements anzubieten.

HAUPTSITZ	München
GRÜNDUNG	1995
UMSATZ	rund 800 Millionen Euro (per 31.03.2011)
MITARBEITER	1.400

Karsten Lereuth
[Geschäftsführer]

»Vor allem große, international tätige Unternehmen schätzen an BT, dass wir ihnen neben einer guten Präsenz in Deutschland unsere Services in mehr als 170 Ländern rund um die Welt anbieten können.«

KONTAKT

BT (Germany) GmbH & Co. oHG
Kai Lorenz
Barthstraße 4, 80339 München
Telefon: +49 (0)89 2600 8274, Fax: +49 (0)89 2600 9989
kai.lorenz@bt.com

BT (Germany) GmbH & Co. oHG

REFERENZEN / PROJEKTE

- **BASF**

  Betrieb eines MPLS-Netzes, das 900 Standorte rund um die Welt verbindet. Außerdem betreibt BT lokale Netzwerke und IP-Telefonie an mehr als 300 Standorten in Nord- und Südamerika und im Asien-Pazifik-Raum.

- **Media-Saturn-Unternehmensgruppe**

  Betrieb eines europäischen Weitverkehrsnetzes (800 Standorte in 16 Ländern) sowie der hoch auflösenden Videokonferenzlösung BT One Video unified mit mehr als 30 Konferenzräumen.

- **ASK Chemicals GmbH**

  BT betreibt das internationale Netzwerk des Unternehmens in 24 Ländern und unterstützt es darüberhinaus mit IP Connect Services, Managed Virtual Firewall Services und MobileXpress. Letzeres ermöglicht es Mitarbeitern, von zu Hause oder unterwegs auf das Firmennetzwerk zuzugreifen.

- **GALERIA Kaufhof GmbH**

  Über den Professional-Services-Bereich BT Advise realisiert BT ein Redesign und Upgrade der LAN-Infrastruktur in allen 140 deutschen und belgischen Kaufhäusern der Metro-Tochter.

BRANCHENSCHWERPUNKTE

Banken und Versicherungen	Informationstechnologie
Dienstleistungen (allg.)	Produktion und Verarbeitung
Handel	Telekommunikation

BERATUNGSSCHWERPUNKTE

Strategieberatung	schwach	●	●	●	○	stark
Geschäftsprozessberatung	schwach	●	●	●	○	stark
Infrastruktur und Technologie	schwach	●	●	●	●	stark
Systemintegration	schwach	●	●	●	●	stark
IT-Systembetrieb	schwach	●	●	●	●	stark

www.bt.com/de

Die BTC Business Technology Consulting AG ist eines der führenden IT-Consulting-Unternehmen in Deutschland mit Niederlassungen in der Schweiz, der Türkei, Polen und Japan. Das Unternehmen mit Hauptsitz in Oldenburg ist Partner von SAP und Microsoft.

BTC hat ein ganzheitliches, auf Branchen ausgerichtetes IT-Beratungsangebot und damit eine führende Position in den Branchen Energie, Industrie, Öffentlicher Sektor, Private Dienstleistungen und Telekommunikation. Das Dienstleistungsangebot reicht von der Prozessberatung über die Systemintegration bis hin zum Betrieb von IT-Systemen im Outsourcing im Geschäftsfeld Systemmanagement.

Kunden verstehen, Prozesse neu denken, IT weiterentwickeln: Bei der BTC AG steht der Mensch im Mittelpunkt – als Kunde, Partner und Mitarbeiter. „Menschen beraten" ist die Basis der partnerschaftlich geprägten Unternehmenskultur, die sich in vielen langfristigen Kundenbeziehungen ausdrückt.

HAUPTSITZ	Oldenburg
GRÜNDUNG	2000
UMSATZ	180 Millionen Euro
MITARBEITER	1.800

Bülent Uzuner
[Vorstandsvorsitzender]

»Menschen beraten heißt für uns, mit Branchenverständnis und flexiblen Lösungen die Geschäftsprozesse unserer Kunden zu optimieren: von der Analyse über die Prozessberatung bis hin zur Implementierung der IT-Systeme.«

KONTAKT

BTC Business Technology Consulting AG
Dieter Born
Escherweg 5, 26121 Oldenburg
Telefon: Freecall 0800 FON2BTC (0800 3662282), Fax: +49 (0) 441 3612-3999
vertrieb@btc-ag.com

BTC Business Technology Consulting AG

REFERENZEN / PROJEKTE

- **Bremer Landesbank**
  TECHNISCHE UNTERSTÜTZUNG EINER SCHRIFTLICH FIXIERTEN ORDNUNG

  Implementieren eines Dokumentenmanagement-Portals mit Workflow-Funktionalität um die Arbeitsanweisungen auf der Basis von SharePoint 2010 zu steuern und die Informations-Transparenz zu steigern

- **LUKAD Holding GmbH & Co. KG**
  UNTERSTÜTZUNG IN IT-TECHNISCHEN THEMEN UND BETRIEBSWIRTSCHAFTLICHEN FRAGESTELLUNGEN

  Konzeption, Einrichtung und Automatisierung des Farblagers mit SAP Warehouse Management und Aufbau von KPI (Key Performance Indicator) für die Unternehmenssteuerung im SAP BI

- **Freiberger Lebensmittel GmbH & Co. Produktions- und Vertriebs KG**
  IT-BETRIEB UND BERATUNG IN BETRIEBSWIRTSCHAFTLICHEN FRAGESTELLUNGEN

  Betrieb und Weiterentwicklung sämtlicher EDI-Anbindungen, Outsourcing des gesamten SAP-Betriebs, Betreuung und Weiterentwicklung des Dokumentenmanagement-Systems auf Basis Open Text

BRANCHENSCHWERPUNKTE

✪	Dienstleistungen (allg.)	✪	Informationstechnologie
✪	Energieversorgung	✪	Öffentliche Hand, Behörden
✪	Industrie	✪	Telekommunikation

BERATUNGSSCHWERPUNKTE

Strategieberatung	schwach	●	●	●	○	stark
Geschäftsprozessberatung	schwach	●	●	●	●	stark
Infrastruktur und Technologie	schwach	●	●	●	●	stark
Systemintegration	schwach	●	●	●	●	stark
IT-Systembetrieb	schwach	●	●	●	●	stark

www.btc-ag.com

CA Technologies (NASDAQ: CA) ist ein Anbieter von IT-Management-Software und -Lösungen mit Expertise über alle IT-Umgebungen hinweg – vom Mainframe über verteilte und virtuelle Umgebungen bis hin zur Cloud. CA Technologies verwaltet und sichert IT-Umgebungen und ermöglicht es so Unternehmen, flexiblere IT-Dienste zu liefern. Die innovativen Produkte und Services von CA Technologies ermöglichen den Einblick und die Kontrolle, die IT-Organisationen benötigen, um ihren Geschäftsprozessen die nötige Agilität zu verleihen. Die Mehrheit der Global-Fortune-500-Unternehmen vertraut auf CA Technologies, um ihre sich kontinuierlich entwickelnden IT-Systeme zu steuern. Weitere Informationen finden Sie unter www.ca.com/de. Folgen Sie auch unserem deutschsprachigen Twitter-Kanal unter www.twitter.com/CA_D_A_CH.

HAUPTSITZ	Islandia, New York, USA
GRÜNDUNG	1976
UMSATZ	4,814 Milliarden US-Dollar (Geschäftsjahr 2012: 1.4.2011 – 31.3.2012)
MITARBEITER	circa 13.600 weltweit

Christoph Rau
[Geschäftsführer]

»Wir helfen Unternehmen durch die Nutzung neuer Technologien und Clouds, Innovationen zu fördern. Durch uns kann die IT Ressourcen freisetzen, ihre Effizienz steigern und der Komplexität Herr werden – und das bei minimierten Sicherheitsrisiken und vereinfachter Compliance.«

KONTAKT

CA Technologies
Marienburgstraße 35, 64297 Darmstadt
Telefon: +49 (0)6151 949-0
Fax: +49 (0)6151 949-604
cainfo.germany@ca.com

CA Technologies

REFERENZEN / PROJEKTE

- **Lufthansa Cargo AG**
  EINFÜHRUNG EINER PROJEKT- UND PORTFOLIO-MANAGEMENT-LÖSUNG

  Mit CA Clarity PPM kann die Lufthansa Cargo ihre Produktivität steigern und Investmententscheidungen vereinfachen.

- **Devanlay-Lacoste**
  OPTIMIERUNG DER PRODUKTIONSPLANUNG

  Devanlay, der Lizenzinhaber für die Herstellung von Lacoste-Textilien und -Accessoires, setzt für die Optmierung seiner Produktionsplanung erfolgreich zwei Service-Automation-Lösungen von CA Technologies ein.

- **Merck KGaA**
  OPTIMIERUNG VON COMPLIANCE AND IT-SECURITY

  Die Merck KGaA hat mit Lösungen von CA Technologies ihre Prozesse zur Einhaltung von Compliance-Vorschriften vereinfacht und somit Kosten gespart, das Identitäts- und Zugriffsmanagement oprimiert und zugleich ihre Systemsicherheit erhöht.

BRANCHENSCHWERPUNKTE

✪	Banken und Versicherungen	✪	Öffentliche Hand, Behörden
✪	Energieversorgung	✪	Produktion und Verarbeitung
✪	Informationstechnologie	✪	Telekommunikation

BERATUNGSSCHWERPUNKTE

Strategieberatung	schwach	●	●	●	○	stark
Geschäftsprozessberatung	schwach	●	●	●	○	stark
Infrastruktur und Technologie	schwach	●	●	●	●	stark
Systemintegration	schwach	●	●	●	●	stark
IT-Systembetrieb	schwach	●	●	●	●	stark

www.ca.com

Capgemini

CONSULTING.TECHNOLOGY.OUTSOURCING

Mit rund 120.000 Mitarbeitern in 40 Ländern ist Capgemini einer der weltweit führenden Anbieter von Management- und IT-Beratung, Technologie-Services sowie Outsourcing-Dienstleistungen. Im Jahr 2011 betrug der Umsatz der Capgemini-Gruppe 9,7 Milliarden Euro. Gemeinsam mit seinen Kunden erstellt Capgemini Geschäfts- wie auch Technologielösungen, die passgenau auf die individuellen Anforderungen zugeschnitten sind. Auf der Grundlage seines weltweiten Liefermodells Rightshore® zeichnet sich Capgemini als multinationale Organisation durch seine besondere Art der Zusammenarbeit aus – die Collaborative Business Experience™.

HAUPTSITZ	Paris, Frankreich
GRÜNDUNG	1967
UMSATZ	9,7 Milliarden Euro (weltweit)
MITARBEITER	120.000 (weltweit)

Dr. Michael Schulte
[Vorsitzender des Country Boards]

»Die IT wird im Zuge der fortschreitenden Digitalisierung immer mehr zum Wertbeitrag für das Business und somit ein existentieller Wettbewerbsfaktor. Für Unternehmen geht es nun darum, mit den Möglichkeiten der Technologie, das Geschäft von morgen zu gestalten.«

KONTAKT

Capgemini
Potsdamer Platz 5
10785 Berlin
Telefon: +49 (0)30 88 703-0

Capgemini

REFERENZEN / PROJEKTE

- **Deutsche Bahn**
  BERATUNG UND IT-SERVICES
  Seit vielen Jahren arbeitet Capgemini als Partner der Deutschen Bahn sowie deren IT-Tochter DB Systel mit Leistungen von der Strategieberatung bis hin zum IT-Helpdesk.

- **Bundesagentur für Arbeit**
  BERATUNG, IT-ARCHITEKTUR, SOFTWAREENTWICKLUNG
  Capgemini ist Rahmenvertragspartner der BA für Architektur, Projektmanagement und die Entwicklung eines Softwaresystems zur Erfassung sowie Verwaltung von Sozialleistungen.

- **Deutsche Post**
  STRATEGIEBERATUNG BIS HIN ZU APPLICATION MANAGEMENT UND EUROPEAN DESKTOP SERVICES
  Mit der Deutschen Post verbindet Capgemini eine jahrzehntelange Transformationspartnerschaft sowohl im Briefpostbereich als auch bei Deutsche Post DHL.

- **Deutscher Energieversorger**
  MANAGEMENT- UND IT-STRATEGIEBERATUNG, SYSTEMINTEGRATION, APPLICATION LIFECYCLE SERVICES
  Capgemini arbeitet mit dem Kunden seit über 15 Jahren bei strategischen Themen, als IT-Systemintegrationspartner und beim Application Management zusammen.

BRANCHENSCHWERPUNKTE

Banken und Versicherungen	Öffentliche Hand, Behörden
Dienstleistungen (allg.)	Produktion und Verarbeitung
Energieversorgung	Telekommunikation

BERATUNGSSCHWERPUNKTE

Strategieberatung	schwach	●	●	●	●	stark
Geschäftsprozessberatung	schwach	●	●	●	●	stark
Infrastruktur und Technologie	schwach	●	●	●	●	stark
Systemintegration	schwach	●	●	●	●	stark
IT-Systembetrieb	schwach	●	●	●	●	stark

www.de.capgemini.com

COMPAREX ist ein herstellerunabhängiges internationales IT-Dienstleistungsunternehmen. Mit über 30 Jahren Erfahrung in der Planung und Realisierung von Server- und Client-Infrastrukturen ist COMPAREX bei Mittelstand, Öffentlichen Verwaltungen, Industrie und international agierenden Großunternehmen aus allen Branchen etabliert. Das Portfolio umfasst neben der Beschaffung und dem Lizenzmanagement von Software umfangreiche herstellerübergreifende Consultingleistungen und Services aus einer Hand. Darüber hinaus verfügt das Unternehmen über einen eigenen MultiVendor Helpdesk und ein breites Schulungsangebot in der COMPAREX Akademie.

COMPAREX ist Microsoft Large Account Reseller (LAR) Nr. 1 in Deutschland und führend in Europa und hält über 2.350 Zertifizierungen von 55 Herstellern, darunter Microsoft, Citrix, VMware, Adobe, Symantec, McAfee sowie Hitachi, IBM und EMC.

COMPAREX ist aus der PC-Ware Information Technologies AG hervorgegangen und heute an mehr als 75 Standorten in 29 Ländern in Europa, Afrika und Asien aktiv.

HAUPTSITZ	Leipzig
GRÜNDUNG	1990
UMSATZ	1.066 Millionen Euro (Geschäftsjahr 2011/12)
MITARBEITER	1.800

Achim Herber
[General Manager COMPAREX Deutschland]

»Von der Software-Lizenzierung bis zum komplexen Cloud-Projekt: Kunden aus dem Mittelstand, der öffentlichen Verwaltung und international agierende Großunternehmen aller Branchen vertrauen auf COMPAREX. Wir unterstützen auch Ihren Geschäftserfolg!«

KONTAKT

COMPAREX AG
Blochstraße 1, 04329 Leipzig
Telefon: +49 (0)341 2568-000
Fax: +49 (0)341 2568-999
info@comparex.de

COMPAREX AG

REFERENZEN / PROJEKTE

- **AUDI AG**
  INTERNATIONALES RECHTE- UND ROLLENMANAGEMENT
  Im Projekt wurde das zentrale Active Directory Management für die Administratoren der Office IT neu implementiert, mit dem über 50.000 User an verschiedenen internationalen Standorten gemanagt werden.

- **Deutsche Post DHL**
  IT SERVICE MANAGEMENT NACH ITIL V.3
  COMPAREX hat eine IT-Anwendung für das Configuration Management des Unternehmensbereichs BRIEF entwickelt. Diese Anwendung stellt heute die zentrale und umfassende Datenbasis zur Unterstützung diverser Service Management-Disziplinen dar.

- **Klinikum St. Georg Leipzig**
  VIRTUALISIERUNG (CLIENT & SERVER)
  Ein ganz besonderer Service für die Eltern von Frühchen: Via Internet kann das Neugebohrene jetzt auch von zu Hause aus und rund um die Uhr beobachtet werden. Möglich macht dies COMPAREX Veo – eine Lösung mit Webcams sowie sicherem Online-Zugriff.

- **KIVBF**
  KIV.TRUSTEDCLOUD
  In der Partnerschaft der KIVBF und COMPAREX wird eine Community Cloud für bis zu 40.000 Benutzern und 700 Mandanten geschaffen, die in Deutschland auf kommunaler Ebene bisher einmalig ist.

BRANCHENSCHWERPUNKTE

Automotive	Gesundheitswesen
Banken und Versicherungen	Öffentliche Hand, Behörden
Energieversorgung	Informationstechnologie

BERATUNGSSCHWERPUNKTE

Strategieberatung	schwach	●	●	●	○	stark
Geschäftsprozessberatung	schwach	●	●	●	○	stark
Infrastruktur und Technologie	schwach	●	●	●	●	stark
Systemintegration	schwach	●	●	●	●	stark
IT-Systembetrieb	schwach	●	●	●	●	stark

www.comparex.de

Computacenter ist Europas führender herstellerübergreifender Dienstleister für Informationstechnologie. Kundennähe bedeutet für uns, Geschäftsanforderungen zu verstehen und präzise darauf einzugehen. Auf dieser Basis entwickeln, implementieren und betreiben wir für unsere Kunden maßgeschneiderte IT-Lösungen. Wir bewerten den Nutzen neuer Technologien und integrieren diese schnell und professionell in vorhandene IT-Umgebungen. Unsere Finanzstärke und Marktpräsenz bieten Kunden und Partnern langfristige Stabilität und Sicherheit.

Wir erreichen unsere Kunden über ein flächendeckendes Netz von Standorten in Deutschland, England, Frankreich und Benelux sowie über unsere internationalen Partner in Europa, Asien und Nordamerika. Im Jahr 2011 erwirtschaftete Computacenter mit 11.000 Mitarbeitern einen Umsatz von rund 2,85 Milliarden Britische Pfund. In Deutschland beschäftigt Computacenter rund 4.700 Mitarbeiter und erzielte in 2011 einen Umsatz von 1,4 Milliarden Euro.

HAUPTSITZ	Kerpen
GRÜNDUNG	1981
UMSATZ	1,4 Milliarden Euro (Geschäftsjahr 2011)
MITARBEITER	4.700 (deutschlandweit)

Oliver Tuszik
[CEO und Vorstandsvorsitzender Computacenter Deutschland]

»Die Herausforderungen für die IT sind größer denn je: Forderungen nach Kostenreduktion, Mehrwerten fürs Kerngeschäft, Sicherheit in der Cloud und Einbindung privater Endgeräte prasseln auf die CIOs ein. Wir unterstützen unsere Kunden dabei, diese Herausforderungen zu meistern.«

KONTAKT

Computacenter AG & Co. oHG
Europaring 34-40, 50170 Kerpen
Telefon: +49 (0)2273 597-0
Fax: +49 (0)2273 597-1300
communications.germany@computacenter.com

Computacenter AG & Co. oHG

REFERENZEN / PROJEKTE

- **Rechenzentrum der Finanzverwaltung des Landes Nordrhein-Westfalen**
  IP-TELEFONIE, WAN, LAN
  Computacenter baut für das Rechenzentrum der Finanzverwaltung NRW die IP-Telefonie aus und entwickelt sie mit Komponenten von Cisco Systems weiter.

- **Deutscher Ring Bausparkasse AG**
  DYNAMIC DATACENTER
  Computacenter virtualisiert Serverinfrastruktur und SAP-Systeme bei der Deutscher Ring Bausparkasse AG.

- **Otto-Nagel-Gymnasium**
  UNTERRICHT DER NÄCHSTEN GENERATION
  HSD – Part of Computacenter unterstützt das Otto-Nagel-Gymnasium bei der Einführung eines neuen Lernkonzepts: Bereits die Hälfte aller Schüler lernt am eigenen mobilen Computer.

- **Koelnmesse**
  MANAGED SERVICES
  Computacenter übernimmt die Bereitstellung und den Betrieb der IT-Infrastruktur sowie den Applikationsbetrieb für Standard- und Individualapplikationen der Koelnmesse.

BRANCHENSCHWERPUNKTE

Automobil	Öffentliche Hand, Behörden
Banken und Versicherungen	Produktion und Verarbeitung

BERATUNGSSCHWERPUNKTE

Strategieberatung	schwach	●	●	●	○	stark
Geschäftsprozessberatung	schwach	●	●	●	○	stark
Infrastruktur und Technologie	schwach	●	●	●	●	stark
Systemintegration	schwach	●	●	●	●	stark
IT-Systembetrieb	schwach	●	●	●	●	stark

www.computacenter.de

dimension data

Dimension Data ist einer der weltweit führenden Anbieter für Technologie und IT-Services mit mehr als 6.000 Kunden. Unsere IT-Services decken den gesamten IT-Lifecycle ab und umfassen Konzeption, Planung und Implementierung sowie Support- und Managed Services für die unternehmensweiten IT-Infrastrukturen. Das Unternehmen verfügt über umfangreiches technisches Know-how in seinen Lösungsbereichen: Network, Virtualisation & Datacenter, IP-Communication, IT-Security, Applications.

Mit unserer Technologie-, Consulting- und Managed Service Expertise helfen wir unseren Kunden ihre IT- und Geschäftsziele zu erreichen. Gegründet 1983, haben wir bei stetigem Wachstum – mit weltweit mehr als 14.000 Mitarbeitern in 51 Ländern – im Geschäftsjahr 2011 einen Umsatz von rund 5,8 Mrd. US$ erwirtschaftet. Seit Oktober 2010 ist Dimension Data ein 100%iges Tochterunternehmen der NTT-Gruppe.

Wir legen größten Wert auf die Vertraulichkeit, Verfügbarkeit und Integrität der Daten unserer Kunden und sind daher gemäß ISO/IEC 27001 zertifiziert.

HAUPTSITZ	Oberursel (bei Frankfurt)
GRÜNDUNG	1973
UMSATZ	rund 190 Millionen Euro (in Deutschland) 5,8 Milliarden US-Dollar (weltweit)
MITARBEITER	rund 450 (in Deutschland) 14.000 (weltweit)

Herbert Bockers
[Vorstand]

»Als einer der weltweit führenden Anbieter für Technologie und IT-Services decken wir den gesamten IT-Lifecycle ab, mit Konzeption, Planung und Implementierung sowie Support- und Managed Services für unternehmensweite IT-Architekturen.«

KONTAKT

Dimension Data Germany
Thomas Gambichler
In den Schwarzwiesen 8, 61440 Oberursel
Telefon: +49 (0)6171 977-214
thomas.gambichler@dimensiondata.com

Dimension Data Germany

REFERENZEN / PROJEKTE

- **REHAU AG**
  WELTWEITE UNIFIED COMMUNICATIONS LÖSUNG
  Implementierung, Integration und Support einer weltweiten Unified Communications-Lösung, inklusive Videoconferencing und Migration des Datacenter Backbones.
- **Kabel Deutschland**
  MULTIVENDOR SERVICE MANAGEMENT
  Aufgebaut wurde eine Service-Plattform für das Multivendor Service Management von über 30 Herstellern. Dies umfasst unter anderem die Ende-zu-Ende Carrier Class Serviceabsicherung für den kompletten Betrieb.
- **TU Berlin**
  AUFBAU EINER VIRTUALISIERTEN CLOUD-INFRASTRUKTUR
  Das Erfordernis einer On-Demand-Bereitstellung genau dosierter Rechen- und Speicherkapazität erforderte den Aufbau einer virtualisierten Serverlandschaft auf Basis von Cisco, IBM und Vwware Technologie.

BRANCHENSCHWERPUNKTE

✪	Dienstleistungen (allg.)	✪	Produktion und Verarbeitung
✪	Gesundheitswesen	✪	Telekommunikation
✪	Öffentliche Hand, Behörden		

BERATUNGSSCHWERPUNKTE

Strategieberatung	schwach	●	●	●	●	stark
Geschäftsprozessberatung	schwach	●	●	●	○	stark
Infrastruktur und Technologie	schwach	●	●	●	●	stark
Systemintegration	schwach	●	●	●	●	stark
IT-Systembetrieb	schwach	●	●	●	●	stark

www.dimensiondata.com/de

Software, Systeme und Dienstleistungen

FRITZ & MACZIOL group

Software, Systeme und Dienstleistungen aus einer Hand – mit diesem Anspruch wurde die FRITZ & MACZIOL GmbH 1987 in Ulm gegründet. Mittlerweile gehört die FRITZ & MACZIOL Gruppe zu den größten herstellerunabhängigen IT-Dienstleistern und Softwareanbietern in Deutschland. Die Unternehmen der FRITZ & MACZIOL group entwickeln und vertreiben Software- und Systemlösungen für öffentliche Auftraggeber, den Mittelstand und Großunternehmen. Gleichermaßen Spezialist wie Generalist bietet die Gruppe ein ganzheitliches Portfolio aus Hardware, Software, Services sowie Consulting in ausgewählten Bereichen. Somit betreut sie ihre Kunden nachhaltig – von der IT-Infrastruktur bis hin zur Gestaltung von zukunftsweisenden IT-Konzepten. Enge Partnerschaften mit allen führenden IT-Herstellern, mit den jeweils höchsten Zertifizierungen, garantieren dabei individuelle Lösungen auf Basis neuester Technologien. Als Teil des niederländischen Technologiekonzerns Imtech N.V. beschäftigt die Gruppe rund 1.000 Mitarbeiter an 27 Standorten weltweit und erzielte 2011 einen Gesamtumsatz von über 280 Mio. Euro.

HAUPTSITZ	Ulm
GRÜNDUNG	27. November 1987
UMSATZ	ca. 300 Millionen Euro
MITARBEITER	ca. 1.000

Heribert Fritz
[Gründer und CEO der FRITZ & MACZIOL group]

»Unser Anspruch: die jeweils beste Lösung für den Kunden vor Ort. Dafür pflegen wir enge Partnerschaften mit den IT-Weltmarktführern und können Sie gleichermaßen als Generalist und Spezialist herstellerunabhängig beraten.«

KONTAKT

FRITZ & MACZIOL group
Francesca Herbstleb
Hörvelsinger Weg 17, 89081 Ulm
Telefon: +49 (0)731 1551-655, Fax: +49 (0)731 1551-555
fherbstleb@fum.de

FRITZ & MACZIOL group

REFERENZEN / PROJEKTE

- **VPV Lebensversicherungs AG**
  FRITZ & MACZIOL DYNAMIC POWER CLOUD MANAGER (DPCM)
  Clevere Lösung: Das eigenentwickelte Tool DPCM vereinfacht erfolgreich die Administration von komplexen Server- und Private Cloud-Umgebungen und begeistert damit den Leiter des Rechenzentrums.

- **Landkreis Goslar**
  INFOMA® LIEGENSCHAFTS- UND GEBÄUDEMANAGEMENT MIT SAP-ANBINDUNG
  Starke Verbindung: Die Softwarelösung der INFOMA Software & Consulting GmbH bindet das Gebäudemanagement reibungslos an das bestehende Finanzwesen von SAP an und optimiert so Geschäftsprozesse.

- **telent GmbH**
  EINFÜHRUNG DER NEO MOBILE SUITE UND SAP MRS
  Effizient planen und Serviceprozesse reibungslos abwickeln: Die NEO Mobile Suite der NEO Business Partner GmbH und SAP MRS optimieren die Techniker-Einsatzplanung und das mobile Netz- und Asset Management.

- **BETTE GmbH & Co. KG**
  STAS CONTROL – DAS BUSINESS-COCKPIT FÜR UNTERNEHMENSLENKER
  Mit Know-how zum Erfolg: Die Akademie der STAS GmbH macht BETTE Controller systematisch fit – von den Resultaten profitieren Management und Fachbereiche.

BRANCHENSCHWERPUNKTE

✪	Banken und Versicherungen	✪	Handel
✪	Dienstleistungen (allg.)	✪	Öffentliche Hand, Behörden
✪	Energieversorgung	✪	Produktion und Verarbeitung

BERATUNGSSCHWERPUNKTE

Strategieberatung	schwach	●	●	●	○	stark
Geschäftsprozessberatung	schwach	●	●	●	○	stark
Infrastruktur und Technologie	schwach	●	●	●	●	stark
Systemintegration	schwach	●	●	●	●	stark
IT-Systembetrieb	schwach	●	●	●	●	stark

www.fumgroup.com

H&D International Group

Die H&D International Group ist ein ganzheitlicher, weltweit tätiger IT-Dienstleister mit Hauptsitz in Wolfsburg und über 20 Niederlassungen. Seit 1996 erfolgreich am Markt, beschäftigen wir heute mehr als 1.500 Mitarbeiter in den unterschiedlichsten IT-Projekten. Aufgrund unserer Unternehmensstruktur, unseres vielfältigen Tätigkeitsfeldes und unserer hohen fachlichen Qualifikationen verfügen wir über Problemlösungs-Kompetenzen auf nahezu allen Gebieten der modernen IT. Wir verbinden den Erfahrungs-Background eines internationalen Großkonzerns mit den flachen Hierarchien, der Flexibilität und der Reaktionsgeschwindigkeit eines mittelständischen Unternehmens. Die Hönigsberg & Düvel Datentechnik GmbH ist nach ISO 9001:2008, ISO 20000-1 sowie ISO/IEC 27001 zertifiziert.

HAUPTSITZ	Wolfsburg
GRÜNDUNG	1996
UMSATZ	79,01 Millionen Euro (2011)
MITARBEITER	ca. 1.500

Bernhard Hönigsberg
[Sprecher der Geschäftsführung]

»Wir verstehen uns als Lösungsanbieter und begleiten unsere Kunden ganzheitlich. Es ist unser Wunsch, Sie durch H&D Lösungen und Services so zu unterstützen, dass Sie noch erfolgreicher im Wettbewerb werden – gemeinsam zum Erfolg.«

KONTAKT

H&D International Group, Hönigsberg & Düvel Datentechnik GmbH
Stephanie von Jeinsen, Pressesprecherin
August-Horch-Straße 1, 38518 Gifhorn
Telefon: +49 (0)5371 960-0, Mobil: +49 (0)151 19527253
stephanie.von.jeinsen@hud.de

H&D International Group, Hönigsberg & Düvel Datentechnik GmbH

REFERENZEN / PROJEKTE

- **Continental AG**
  IMPLEMENTIERUNG EINER VIRTUELLEN SERVER-INFRASTRUKTUR
  „Mit der Einführung der Virtualisierung ist es uns gelungen, eine fünf- bis sechsfache Leistungssteigerung zu erreichen bei gleichzeitig gestiegener Betriebssicherheit, erhöhter Flexibilität und geringeren Betriebskosten […]". Rolf Terei, ContiTech AG, Head of IT Infrastructure ContiTech

- **Klinikum der Universität München**
  BETREUUNG DES USER HELP DESK
  Durch die Vereinbarung und Einhaltung fester Service Level Agreements konnte eine effiziente Betreuung der insgesamt ca. 11.000 Endbenutzer-Geräte im Klinikum der Universität München gewährleistet werden.

- Wir verfügen über weitere Referenzen aus den Bereichen Automobil, Banken/Versicherungen, Öffentliche Verwaltung und Gesundheitswesen

BRANCHENSCHWERPUNKTE

Banken und Versicherungen	Öffentliche Hand, Behörden
Energieversorgung	Produktion und Verarbeitung
Gesundheitswesen	Telekommunikation

BERATUNGSSCHWERPUNKTE

Strategieberatung	schwach	●	●	○	○	stark
Geschäftsprozessberatung	schwach	●	●	●	●	stark
Infrastruktur und Technologie	schwach	●	●	●	●	stark
Systemintegration	schwach	●	●	●	●	stark
IT-Systembetrieb	schwach	●	●	●	●	stark

www.hud.de

HEC IT-ENGINEERING

Gemeinsam Stärke zeigen – dies gelingt der HEC seit ihrer Gründung immer wieder aufs Neue. Dabei ist das Rezept so einfach wie einleuchtend: Versierte, neugierige Mitarbeiter, die den Kunden ernst nehmen, Bedürfnisse und Ziele schnell erkennen und mit großer Präzision alle notwendigen Arbeitsschritte wirkungsvoll umsetzen.

Individuelle, genau auf den Kunden zugeschnittene IT-Lösungen in einer Qualität, wie sie von Standardsoftware erwartet wird und sogar darüber hinausgeht – ist das möglich? Ja, natürlich. Langjährige Erfahrungen und Kompetenzen in allen Phasen eines IT-Projekts bilden die Erfolgsgrundlage. Zahlreiche HEC-Mitarbeiter sind im PRINCE2-Projektmanagement zertifiziert, sind Requirement Engineers gemäß IREB oder haben sich zum ISTQB-zertifizierten Testmanager qualifiziert. Aus der Beratungs- und Umsetzungskompetenz in Technologie- und Geschäftsprozessfragen entstehen innovative und wirtschaftliche Lösungen, die den Geschäftsalltag der Kunden optimal unterstützen.

HEC ist ein Mitglied von team neusta und kann das Know-how von rund 500 Fachkräften nutzen.

HAUPTSITZ	Bremen
GRÜNDUNG	1988
UMSATZ	7 Millionen Euro
MITARBEITER	65

Dr. Thorsten Haase
[Geschäftsführer]

»Menschen, ob Kunden, Partner oder Mitarbeiter, stehen für uns im Mittelpunkt unseres Schaffens. Sie bilden die starke Basis für langjährige, vertrauensvolle Zusammenarbeit und erfolgreiche IT-Projekte von hoher Nachhaltigkeit.«

KONTAKT

HEC GmbH
Dr. Thorsten Haase
Buschhöhe 6, 28357 Bremen
Telefon: +49 (0)421 20750-101
Fax: +49 (0)421 20750-99
thorsten.haase@hec.de

Thorsten Schlaak
Lyonel-Feininger-Straße 26
80807 München
Telefon: +49 (0)89 360869-510
Fax: +49 (0)89 360869-599
thorsten.schlaak@hec.de

HEC GmbH

REFERENZEN / PROJEKTE

- **Erdgastransporteur**
  BERECHNUNG VON GAS-TRANSPORT-KAPAZITÄTEN
  HEC hat das bereits bestehende und ebenfalls von HEC erstellte Kapazitätsmanagementsystem eines Erdgastransporteurs zu einer zentralen Unternehmensanwendung weiterentwickelt und modernisiert.

- **Logistiker**
  NEUAUSRICHTUNG DER IT
  Ein weltweit tätiger Logistiker plante eine Neuausrichtung der gesamten IT. Nach der Analyse der Anforderungen und Prozesse wurden von der HEC ein Lastenheft erstellt, Prozesse vereinheitlicht und auf dieser Basis eine unternehmensweite, modulare Softwarelösung entwickelt.

- **Finanzdienstleister**
  GESCHÄFTSÜBERFÜHRUNG IN EIN NEUES BESTANDSVERWALTUNGSSYSTEM
  Im Rahmen eines konzernübergreifenden Projektes übernahm die HEC die IT-Gesamtprojektleitung für die Überführung einer Host-basierten Bestandsverwaltung in die bestehende Infrastruktur.

- **Handelsunternehmen**
  SPEZIFIKATION UND UMSETZUNG EINES PLANUNGS- UND STEUERUNGSSYSTEMS FÜR LOGISTIKPROZESSE
  Zur Optimierung und Zentralisierung des Retourenprozesses wurde eine Planungs- und Steuerungslösung erstellt. Die HEC hat hierbei die Konzeption sowie die Umsetzung, den Test und die Inbetriebnahme der Lösung übernommen.

BRANCHENSCHWERPUNKTE

✪	Banken und Versicherungen	✪	Informationstechnologie
✪	Energieversorgung	✪	Produktion und Verarbeitung
✪	Handel	✪	Transport und Logistik

BERATUNGSSCHWERPUNKTE

Softwareentwicklung	schwach	●	●	●	●	stark
Anforderungsmanagement	schwach	●	●	●	●	stark
Projektmanagement	schwach	●	●	●	○	stark
Qualitätsmanagement	schwach	●	●	●	●	stark
Infrastruktur und Technologie	schwach	●	●	●	●	stark

www.hec.de

HP schafft neue Möglichkeiten für den sinnvollen Einsatz von Technologie für Privatpersonen, Unternehmen, Behörden und die Gesellschaft. Als weltweit größtes Technologie-Unternehmen bietet HP ein umfassendes Portfolio, das Kunden dabei hilft, ihre Ziele zu erreichen – dazu gehören Lösungen in den Segmenten Drucken, Personal Computing, Software, Services und IT-Infrastruktur.

HAUPTSITZ	Palo Alto, USA Böblingen, Deutschland
GRÜNDUNG	1939
UMSATZ	127 Milliarden US-Dollar (weltweit, Geschäftsjahr 2011)
MITARBEITER	rund 340.000 (weltweit)

Michael Eberhardt
[General Manager HP Enterprise Services Deutschland, Geschäftsführer Hewlett-Packard GmbH]

»Die Digitalisierung der Wertschöpfung geht weiter, gleichzeitig gibt es tektonische Verschiebungen in der Welt der IT. Wir helfen unseren Kunden, diese Situation zu nutzen, um Wettbewerbsvorteile zu erzielen. Cloud, Security und Information Optimization sind dabei unsere strategischen Schwerpunkte.«

KONTAKT

Hewlett-Packard GmbH
Katharina Haebich
Herrenberger Straße 140, 71034 Böblingen
Telefon: +49 (0)7031 14 3797, Fax: +49 (0)7031 14 4111
katharina.haebich@hp.com

Hewlett-Packard GmbH

REFERENZEN / PROJEKTE

- **E.ON**
  OUTSOURCING DER RECHENZENTREN UND DESKTOPS

  E.ON, einer der weltgrößten privaten Strom- und Gasversorger, hat HP mit dem Betrieb seiner Rechenzentren und der IT-Arbeitsplätze für mehr als 80.000 Nutzer beauftragt.

- **MLP**
  OUTSOURING DER GESCHÄFTSANWENDUNGEN

  Der Finanz- und Vermögensberater MLP hat das Management eines Großteils seiner Geschäftsanwendungen an HP ausgelagert. HP betreibt zudem Rechenzentren, Desktops, Messaging und weitere Teile der MLP-IT.

- **Airbus**
  FLUGZEUGENTWICKLUNG MIT CONTAINER-RECHENZENTREN

  Airbus, einer der weltweit größten Flugzeughersteller, setzt für seine Flugzeugentwicklung Container-Rechenzentren von HP ein, so genannte Performance Optimized Datacenter (POD).

- **VW Chattanooga**
  EINFÜHRUNG VON SAP- UND LOGISTIK-PROZESSEN

  HP hat im neuen VW-Werk in Chattanooga alle SAP-basierten Prozesse sowie neue Logistikkonzepte eingeführt. Außerdem ist HP für das Management der SAP-Anwendungen verantwortlich.

BRANCHENSCHWERPUNKTE

Banken und Versicherungen	Öffentliche Hand, Behörden
Energieversorgung	Produktion und Verarbeitung
Handel	Telekommunikation

BERATUNGSSCHWERPUNKTE

Strategieberatung	schwach	●	●	●	○	stark
Geschäftsprozessberatung	schwach	●	●	●	○	stark
Infrastruktur und Technologie	schwach	●	●	●	●	stark
Systemintegration	schwach	●	●	●	●	stark
IT-Systembetrieb	schwach	●	●	●	●	stark

www.hp.com

HORVÁTH & PARTNERS
MANAGEMENT CONSULTANTS

Die Anforderungen der Unternehmensbereiche an die IT richten sich immer stärker am Kerngeschäft aus. Zugleich wachsen die Erwartungen an den CIO, die IT wirtschaftlicher zu betreiben. Die Frage ist, wie es CIOs und IT-Verantwortliche schaffen, diese Anforderungen zusammenzubringen und zielgerecht und mit hoher Qualität umzusetzen. Horváth & Partners unterstützt Sie dabei, die Effektivität und die Effizienz Ihrer IT zu verbessern und den Wertbeitrag der IT für den Geschäftserfolg sichtbar zu machen. Wir begleiten Sie von der Konzeption über die Realisierung bis zum maßgeschneiderten Training. Unsere Stärke liegt darin, dass wir Beratungs-Know-how in betriebswirtschaftlichen Feldern wie Strategie, Prozesse und Controlling und im strategischen IT-Management miteinander verbinden sowie deren erfolgreiche Umsetzung begleiten."

HAUPTSITZ	Stuttgart
GRÜNDUNG	1981
UMSATZ	85 Millionen Euro (Geschäftsjahr 2011/12)
MITARBEITER	mehr als 400

Michael Gschwendtner
[Leiter Competence Center CIO & Project Advisory]

»IT-Organisationen und ihre Dienstleister effektiv steuern sowie Projekte erfolgreich managen: Dabei helfen wir Ihnen mit dem CIO & Project Advisory Offering von Horváth & Partners.«

KONTAKT

Horváth & Partner GmbH
Michael Gschwendtner
Ganghoferstraße 39, 80339 München
Telefon: +49 (0)89 54 46 25-0, Fax: +49 (0)89 54 46 25-99
it-solutions@horvath-partners.com

Horváth & Partner GmbH

REFERENZEN / PROJEKTE

– **Celesio AG**
BEGLEITUNG UND STEUERUNG IT-OUTSOURCING

Optimierung des laufenden IT-Infrastruktur-Outsourcings durch Kostenreduktionsanalysen, Steuerungskonzepte und operatives Project Management Office.

– **Deutsche Telekom AG**
OPTIMIERUNG IT-PROJEKTMANAGEMENT

Es wurde eine zertifizierte Methodik zur Durchführung von IT-Projekten erarbeitet und die erfolgreiche Transformation in die Organisation begleitet, u. a. mittels Coaching und eines Zertifikatsprogramms.

– **Bayer MaterialScience AG**
STRATEGISCHE REORGANISATION DER IT

Auf Basis einer Strategiedefinition wurde eine Reorganisation des IT-Bereichs mit dem Ziel der nachhaltigen Kostenreduktion und Qualitätserhöhung definiert.

– **Raiffeisen Informatik GmbH**
KONZEPTION UND EINFÜHRUNG IT-GOVERNANCE

Konzeption eines Grobkonzepts zur IT-Governance mit Fokus auf Applikationsdomänen und deren Verantwortlichkeiten; Begleitung der Umsetzung durch Applikationslandkarten, Projektportfoliomanagement und Business Cases.

BRANCHENSCHWERPUNKTE

Automotive	Öffentliche Hand, Behörden
Banken und Versicherungen	Produktion und Verarbeitung
Energieversorgung	Telekommunikation

BERATUNGSSCHWERPUNKTE

Strategieberatung	schwach	●	●	●	●	stark
Geschäftsprozessberatung	schwach	●	●	●	●	stark
Infrastruktur und Technologie	schwach	●	●	●	●	stark
Systemintegration	schwach	●	●	●	●	stark
IT-Systembetrieb	schwach	○	○	○	○	stark

www.horvath-partners.com/it-management

janz IT
Consulting · Solutions · Services

Die Janz IT AG ist Teil der international tätigen Janz Unternehmensgruppe. Als IT-Systemhaus widmen wir uns mit den Geschäftsbereichen Consulting, Solutions und Services den komplexen IT Anforderungen unserer Kunden und sind unabhängiger IT Navigator.

Die Veränderungen des Markts haben wir bereits vor Jahren antizipiert und unser Angebot um ein umfangreiches Cloud-Lösungsportfolio ergänzt. Mit sieben Standorten in Deutschland dokumentiert Janz IT seine große Kundennähe. Als inhabergeführtes Unternehmen verbinden wir Flexibilität und Schnelligkeit mit der Professionalität von 30 Jahren Erfahrung.

Wir verstehen IT als zentralen Bestandteil der Wertschöpfungskette, der stets unmittelbaren Einfluss auf Ertragslage, Wettbewerbsfähigkeit und Innovationskraft eines jeden Unternehmens hat.

Auf der Basis von Kompetenz, Unabhängigkeit, Nähe und Zuverlässigkeit entwickeln wir in enger Zusammenarbeit mit unseren Kunden nachhaltige Konzeptionen, tragfähige und innovative Lösungen sowie maßgeschneiderte Services.

HAUPTSITZ	Paderborn
GRÜNDUNG	1982
UMSATZ	55 Millionen Euro (in 2011)
MITARBEITER	110 (in 2011)

Wilhelm Stute
[Vorsitzender des Vorstands]

»Unserem Leitsatz verpflichtet, für den Kunden den „Value of IT®“ zu generieren, haben wir bereits vor 5 Jahren das Thema „Cloud-Computing“ adressiert. Heute bieten wir unseren Kunden zusätzlich zu professionellen IT-Lösungen und fundierter IT-Beratung ein umfangreiches Cloud-Lösungsportfolio.«

KONTAKT

Janz IT AG
Im Dörener Feld 8, 33100 Paderborn
Telefon: +49 (800) 52 69 772
Fax: +49 (5251) 15 50 191
marketing@janz-it.de

Janz IT AG

REFERENZEN / PROJEKTE

- China Shipping Agency (Germany) GmbH
  HOCHVERFÜGBARKEIT UND KONSOLIDIERUNG – GREEN IT

  „Wir sparen jährlich ca. 150.000 kWh Energie ein, reduzieren nachhaltig den CO_2 Ausstoß und leisten so einen wertvollen Beitrag zum Umweltschutz.“ André Lange.

- Engel & Völkers IT-Services GmbH
  WELTWEITE MAIL AND MESSAGING SERVICES

  „Die Zusammenarbeit auf Augenhöhe ist für uns ausschlaggebend.“ Norbert Schmidt-Banasch

- Rudolf Henrichsmeyer formaplan GmbH & Co. KG
  PROZESSOPTIMIERUNG UND ERP-SYSTEMAUSWAHL

  „Die Beratung von Janz IT hat uns zukunftsfähig aufgestellt und unsere internen Abläufe verbessert.“ Rolf Henrichsmeyer

BRANCHENSCHWERPUNKTE

✪	Banken und Versicherungen	✪	Handel
✪	Dienstleistungen (allg.)	✪	Öffentliche Hand, Behörden
✪	Gesundheitswesen	✪	Produktion und Verarbeitung

BERATUNGSSCHWERPUNKTE

Strategieberatung	schwach	●	●	●	○	stark
Geschäftsprozessberatung	schwach	●	●	●	●	stark
Infrastruktur und Technologie	schwach	●	●	●	●	stark
Systemintegration	schwach	●	●	●	●	stark
IT-Systembetrieb	schwach	●	●	●	●	stark

www.janz-it.de

Lodestone

Lodestone ist ein international tätiges Beratungsunternehmen für Strategie- und Prozessoptimierung sowie IT-Transformationen. Gegründet im Jahr 2005 ist Lodestone heute mit über 1.000 Beratern in 17 Ländern auf fünf Kontinenten aktiv.

Lodestone verfolgt mit dem Value Integration-Ansatz die wertsteigernde Kombination von Management- und IT-Beratung und verknüpft dabei die Professionalität und Methodenkompetenz großer, globaler Unternehmensberatungen mit der Flexibilität von IT-Spezialisten. Unsere Berater verstehen sich als „Value Integration Manager" – sie bringen sowohl exzellentes, branchenspezifisches Prozessverständnis als auch umfassendes fachliches IT-Know-how mit und verfügen durchschnittlich über mehr als 10 Jahre Erfahrung. Dieses „Hybrid"-Wissen ermöglicht erfolgreiche Projekte mit nachhaltiger Wertsteigerung.

Fokus der Beratungsaktivitäten liegt auf den Branchen Automobil, Life Science, Finanzdienstleistungen sowie Investitions- und Konsumgüter.

HAUPTSITZ	Zürich
GRÜNDUNG	2005
UMSATZ	207 Millionen Schweizer Franken (2011)
MITARBEITER	ca. 1.000 Berater weltweit

Norbert Kettner
[Vorsitzender der Geschäftsführung]

»Aufgrund der immer stärkeren Durchdringung der Geschäftsprozesse mit Informationstechnologien sind CIOs als ‚Integratoren' mit unternehmerischer Verantwortung gefordert. Lodestone berät hierbei sowohl mit branchenspezifischem Prozess- als auch IT-Know-how.«

KONTAKT

Lodestone Management Consultants GmbH
Norbert Kettner
Parkring 2, 85748 Garching bei München
Telefon: +49 (0)89 3076676-0, Fax: +49 (0)89 3076676-99
info@lodestonemc.com

Lodestone Management Consultants GmbH

REFERENZEN / PROJEKTE

– **Allianz**
SHARED SERVICE CENTER

Lodestone unterstützt Allianz bei der Implementierung des Shared Service Centers für Buchhaltung und Rechnungswesen.

– **F. Hoffmann-La Roche**
BUSINESS TRANSFORMATION KLINISCHE STUDIEN

Einführung einer standardisierten Prozess- und Applikationslandschaft in der Abteilung Forschung & Entwicklung.

– **Sandoz**
SHAPE – SANDOZ HARMONIZED PROCESSES IN ERP

Transformation der fragmentierten ERP-Umgebung in eine global harmonisierte und integrierte Systemlandschaft.

BRANCHENSCHWERPUNKTE

Automobilindustrie	Handel
Banken und Versicherungen	Produktion und Verarbeitung
Gesundheitswesen	Telekommunikation

BERATUNGSSCHWERPUNKTE

Strategie-Beratung	schwach	●	●	●	○	stark
Geschäftsprozessberatung	schwach	●	●	●	●	stark
Infrastruktur und Technologie	schwach	●	●	●	●	stark
Systemintegration	schwach	●	●	●	●	stark
IT-Systembetrieb	schwach	●	●	●	○	stark

www.lodestonemc.com

logica

be brilliant together

In Business und Technologie bieten wir unseren Kunden aus den verschiedensten Branchen ein ganzheitliches Leistungsspektrum – vom Consulting über die Systemintegration bis hin zum Outsourcing. Gemeinsam treiben wir Prozessinnovationen voran, machen IT-Infrastrukturen zukunftsfähig, schützen Daten, verwirklichen Nachhaltigkeit oder finden das passende Outsourcing-Modell. Da wir seit Jahrzehnten mit den großen Unternehmen Europas zusammenarbeiten, sind wir mit ihren Anforderungen bestens vertraut. Unsere Lösungen sind vielfältig und dennoch spezifisch – immer auf die individuelle Wertschöpfung ausgerichtet, damit unsere Kunden wichtige Veränderungsprozesse problemlos durchlaufen und ihre Marktpositionen weiter auf- und ausbauen können. Logica ist ein Unternehmen, in dem das Know-how und das kreative Potenzial von weltweit 41.000 Mitarbeitern zusammenkommen. Unsere Mitarbeiter sprechen mehr als 20 Sprachen und kennen die regionalen Märkte und Kulturen. Gleichzeitig sind wir in Europa fest verankert. In Deutschland arbeiten für unsere Kunden mehr als 2.000 Mitarbeiter an zwölf Standorten.

HAUPTSITZ	Leinfelden-Echterdingen
GRÜNDUNG	1964 (Gründung von CMG)
MITARBEITER	rund 2.000

Torsten Straß
[Geschäftsführer von Logica in Deutschland]

»Für unsere Kunden sind wir mehr als nur ein Partner. Wir verstehen ihre Kultur, ihr Business und ihre Bedürfnisse. Gemeinsam finden wir nicht nur die bestmöglichen, sondern auch innovative und nachhaltige Lösungen. Wir nennen das: ‚Be brilliant together'.«

KONTAKT

Logica Deutschland GmbH & Co. KG
Bettina Kaus
MAC Main Airport Center, Unterschweinstiege 10, 60549 Frankfurt am Main
Telefon: +49 (0)69 26 499-651, Fax: +49 (0)69 26 499-676
bettina.kaus@logica.com

Logica Deutschland GmbH & Co. KG

REFERENZEN / PROJEKTE

- **Anker Leschaco Group**
  IT-OUTSOURCING
  IT-Hosting inklusive Integration aller internationalen Leschaco-Group-Standorte in die Private Cloud.

- **BMW Group**
  IT-SECURITY-MANAGEMENT
  Gezielter Service im Sicherheitsmanagement für den gesamten Lebenszyklus der eingesetzten Software – mit flexibel skalierbaren Ressourcen genauso wie mit Zugriff auf die Security-Expertise und die Management-Tools von Logica.

- **Barmer GEK**
  MANAGED TESTING, CUSTOM DEVELOPMENT
  Unterstützung in unterschiedlichen Hard- und Software-Umgebungen bei der Neu- und Weiterentwicklung und dem Test der operativen Anwendungssysteme der Barmer GEK.

- **European Bank for Fund Services GmbH (ebase)**
  OUTSOURCING: INNOVATIVE INFRASTRUKTUR
  Bereitstellung einer neuen, schlanken Infrastruktur mit innovativem Virtual-Desktop-Konzept; echte Transformation im Einklang mit der Strategie der B2B-Direktbank.

BRANCHENSCHWERPUNKTE

✪	Banken und Versicherungen	✪	Produktion und Verarbeitung
✪	Energieversorgung	✪	Telekommunikation
✪	Öffentliche Hand, Behörden	✪	Transport und Logistik

BERATUNGSSCHWERPUNKTE

Strategieberatung	schwach	●	●	●	○	stark
Geschäftsprozessberatung	schwach	●	●	●	●	stark
Infrastruktur und Technologie	schwach	●	●	●	●	stark
Systemintegration	schwach	●	●	●	●	stark
IT-Systembetrieb	schwach	●	●	●	○	stark

www.logica.de

Lufthansa Systems

IT that makes your life easier

Lufthansa Systems bietet Beratungs- und IT-Dienstleistungen für ausgewählte Branchen und ist weltweit führend in der Luftfahrtindustrie. Neben Fluggesellschaften setzen Kunden aus Industrie, Transport und Logistik, Energie, Medien und Verlagen sowie aus Health Care und Touristik auf unser Know-how. Unser Leistungsportfolio reicht von Beratung über die Entwicklung und Implementierung von Branchenlösungen bis hin zu deren Betrieb. Eine Stärke der Lufthansa Systems ist die Einführung und der Ausbau von SAP-Lösungen. Mit ihrer Qualifikation und tiefen Branchenkenntnissen unterstützen unsere Berater die Kunden bei der Optimierung ihrer Prozesse und IT-Landschaften. Insbesondere beim Hosting und Betrieb ihrer IT-Systeme profitieren unsere Kunden von den hohen Standards hinsichtlich Qualität, Verfügbarkeit und Datensicherheit, die für die Luftfahrt alltäglich sind. Mit dieser Erfahrung bieten wir zudem unseren Kunden ein umfassendes Application Management Services Dienstleistungspaket mit standardisierten Prozessen und Methoden zur Betreuung ihrer Applikationen im gesamten Lifecycle an.

HAUPTSITZ	Kelsterbach
GRÜNDUNG	1995
UMSATZ	599 Millionen Euro (Geschäftsjahr 2011)
MITARBEITER	weltweit rund 3.000

Bernd Appel
[Senior Vice President Industry Solutions bei Lufthansa Systems]

»Als Lufthansa Systems kombinieren wir IT-Technologie mit langjähriger Expertise und einem ausgeprägten Verständnis der Prozesse unserer Ziel-Branchen. Innovation bedeutet für uns Kostensenkung, effizientere Prozesse und höhere Flexibilität durch den Einsatz modernster Technologien.«

KONTAKT

Lufthansa Systems AG
Corporate Communications
Am Weiher 24, 65451 Kelsterbach
Telefon: +49 (0)69 696-90776, Fax: +49 (0)69 696-90777
publicrelations@LHsystems.com

Lufthansa Systems

REFERENZEN / PROJEKTE

- **Hamburg Port Authority**
  MODERNISIERUNG VON IT-SYSTEMEN FÜR DEN SCHIENENGÜTERVERKEHR
  Neuausrichtung und Modernisierung der bahntelematischen Systeme für den Hamburger Hafen.

- **Universitätskliniken Heidelberg**
  SAP-INTEGRATION UND -KONSOLIDIERUNG
  Konsolidierung der SAP-Systeme im Rahmen der Fusion der Universitätsklinik Heidelberg und Stiftung Orthopädische Universitätsklinik.

- **Bosch Thermotechnik GmbH**
  BETREUUNG DER SAP-SYSTEME
  Verantwortung für geschäftskritische SAP-Applikationen, z.B. für Produktion, Vertrieb, Finanzen.

- **Lufthansa Technik AG**
  SAP-BETRIEB „ON DEMAND"
  Die Betriebskosten der SAP-Systeme der Lufthansa Technik werden „on demand" abgerechnet, d.h. Lufthansa Systems betreibt diese Systeme gemäß definierter Service-Level und fakturiert Speicher, Datensicherung und Rechnerleistung abhängig vom tatsächlichen Verbrauch.

BRANCHENSCHWERPUNKTE

Energieversorgung	Luftfahrt
Gesundheitswesen	Medien und Verlage
Industrie	Transport und Logistik

BERATUNGSSCHWERPUNKTE

Strategieberatung	schwach	●	●	●	○	stark
Geschäftsprozessberatung	schwach	●	●	●	○	stark
Infrastruktur und Technologie	schwach	●	●	●	●	stark
Systemintegration	schwach	●	●	●	●	stark
IT-Systembetrieb	schwach	●	●	●	●	stark

www.LHsystems.com

MATERNA

Information & Communications

MATERNA ist ein unabhängiges und inhabergeführtes IT-Dienstleistungsunternehmen und beschäftigt mehr als 1.300 Mitarbeiter. MATERNA bietet Lösungen für die Optimierung von IT-gestützten Geschäftsprozessen in Unternehmen und Behörden. MATERNA besitzt besonderes Know-how in den Branchen öffentliche Verwaltung, Telekommunikation, IT-Service-Provider sowie Diskrete Fertigung & Automotive. Wir decken die gesamte Wertschöpfungskette eines Dienstleisters ab: von der Beratung über Konzeption, Projekt-Management und Implementierung bis zu Schulung, Betrieb, Wartung und Support.

MATERNA realisiert seit vielen Jahren sehr erfolgreich IT-Management-Lösungen und bietet ein umfassendes Portfolio an Dienstleistungen im Umfeld der Einführung und Optimierung solcher Lösungen. Weitere Themen sind Cloud Computing, Service Automation, Virtualisierung und Desktop-Management. Im Segment Web- bzw. Portal-Lösungen berät MATERNA bei der Konzeption, Optimierung und Umsetzung und übernimmt die komplette Umsetzung der Projekte aus einer Hand.

HAUPTSITZ	Dortmund
GRÜNDUNG	1980
UMSATZ	155 Millionen Euro (Geschäftsjahr 2011)
MITARBEITER	1.300

Dr. Winfried Materna
[Geschäftsführer]

»MATERNA begegnet den Herausforderungen des IT-Marktes mit ausgeprägter Kundenorientierung und technologischem Fachwissen.«

KONTAKT

MATERNA GmbH Information & Communications
Christine Siepe
Voßkuhle 37, 44141 Dortmund
Telefon: +49 (0)231 5599-168, Fax: +49 (0)231 5599-165
marketing@materna.de

MATERNA GmbH Information & Communications

REFERENZEN / PROJEKTE

- **Bundesagentur für Arbeit**
  ITIL-KONFORME PROZESSE

  Konsolidierung von zwölf IT-Prozessen und Ausrichtung nach ITIL im IT-Systemhaus der Bundesagentur für Arbeit. Der Reifegrad der Prozesse wird kontinuierlich weiter verbessert.

- **TNS Infratest**
  ISO-20000-ZERTIFIZIERUNG

  Der Qualitätsnachweis war ein strategisches Ziel zur konsequenten Stärkung der Wettbewerbsposition. MATERNA unterstützte den Prozess mit der Beratungsmethodik „Service Excellence".

- **prosystems IT GmbH**
  GANZHEITLICHE ITIL-IMPLEMENTIERUNG

  Die prosystems IT setzt auf die Best Practices nach ITIL. Der Schlüssel zum Erfolg ist ein ganzheitlicher Ansatz mit dem Schwerpunkt Kommunikationsstrategie und finale Zertifizierung nach ISO 20000.

- **NOW IT GmbH**
  KONSOLIDIERTE ARBEITSPLATZSYSTEME

  Konsolidierung der IT-Infrastruktur mit 18.000 Computerarbeitsplätzen und unterschiedlichsten Technologien an diversen Standorten. Zum Einsatz kommen Lösungen von Citrix sowie DX-Union von MATERNA.

BRANCHENSCHWERPUNKTE

✪ Automotive	✪ Öffentliche Hand, Behörden
✪ Dienstleistungen (allg.)	✪ Produktion und Verarbeitung
✪ Informationstechnologie	✪ Telekommunikation

BERATUNGSSCHWERPUNKTE

Strategieberatung	schwach	●	●	○	○	stark
Geschäftsprozessberatung	schwach	●	●	●	○	stark
Infrastruktur und Technologie	schwach	●	●	●	●	stark
Systemintegration	schwach	●	●	●	●	stark
IT-Systembetrieb	schwach	●	●	●	○	stark

www.materna.de

MHP

A PORSCHE COMPANY

Mieschke Hofmann und Partner (MHP) ist mit einer Symbiose aus Prozess- und IT-Beratung (Prozesslieferant) und als Porsche-Tochter eine der führenden Prozess- und IT-Beratungen in Deutschland. Unsere Kunden beraten und betreuen wir mit über 800 Mitarbeitern von 12 Standorten weltweit.

Mit unserem einzigartigen Beratungsansatz – der Symbiose aus Prozess- und IT-Beratung über die komplette Wertschöpfungskette – bieten wir über 250 Kunden weltweit neben umfassender IT-Kompetenz auch tiefgehendes Prozess-Knowhow und sind somit Ihr Prozesslieferant.

Unsere Leistung
- Management- und Prozessberatung
- Projekt- und Programmmanagement
- IT-Beratung und Systemintegration
- Individualentwicklung und Technologie
- Application Management
- AddOns

MHP – Ihr Prozesslieferant

HAUPTSITZ	Freiberg am Neckar
GRÜNDUNG	02.05.1996 in Karlsruhe-Ettlingen
UMSATZ	ca. 100 Millionen Euro (2011)
MITARBEITER	650 (2011) aktuell über 800

Dr.-Ing. Ralf Hofmann
[Vorsitzender der Geschäftsführung]

»MHP ist als Beratungsunternehmen erst zufrieden, wenn die Prozesse beim Kunden perfekt laufen – nicht nur die IT. Und ist somit Ihr Prozesslieferant.«

KONTAKT

Mieschke Hofmann und Partner (MHP)
Dr. Oliver Kelkar (Associated Partner)
Schlossgut Harteneck 1, 71640 Ludwigsburg
Telefon: +49 (0)7141 7856-0, Fax: +49 (0)7141 7856-199
okelkar@mhp.de

Mieschke Hofmann und Partner (MHP)

REFERENZEN / PROJEKTE

Unsere Referenzen

- Über 250 Unternehmen,
- 1/3 der deutschen Top 100 Wirtschaftsunternehmen,
- 6 Automobilhersteller und mehrere LKW- / Nutzfahrzeughersteller,
- 35 der weltweit größten Automobilzulieferer,
- 90% der deutschen Top 25 Automobilzulieferer,
- eine Vielzahl von Autohandelsgruppen und Importeuren,
- 40% der DAX-Unternehmen
- und über 50 Weltmarktführer.

BRANCHENSCHWERPUNKTE

✪	Automotive
✪	Produktion und Verarbeitung (Fertigungsindustrie)

BERATUNGSSCHWERPUNKTE

Strategieberatung	schwach	●	●	●	○	stark
Geschäftsprozessberatung	schwach	●	●	●	●	stark
Infrastruktur und Technologie	schwach	●	●	●	●	stark
Systemintegration	schwach	●	●	●	●	stark
IT-Systembetrieb	schwach	●	●	●	○	stark

www.mhp.de

Vorausschauende Planung ist mehr als nur der Ausdruck unternehmerischen Denkens. Auf den Bedarf abgestimmte Lösungen bilden die Grundpfeiler dafür, sich vom übrigen Markt positiv und dauerhaft abzusetzen. Exakt angepasste Software-, Web- und eCommerce-Lösungen auf Basis individueller Entwicklungen oder optimierter Standards bilden den eigenen Bedarf ideal ab. Voraussetzung hierfür ist die intelligente Verbindung aller durch Ist-Analysen ermittelten Elemente.

Selbst bei anfangs unklaren Kundenanforderungen führt das Softwarehaus Projekte flexibel und erfolgreich durch. Mit ausgeprägten Hard und Soft Skills und überdurchschnittlichem Engagement der Mitarbeiter entstanden in der langjährigen Firmengeschichte Online-Portale, Front- und Backoffice-Lösungen sowie Applikationen aller Art. Mit Produkten wie einer webbasierten Einsatzplanung nebst digitaler Zeiterfassung sowie diversen PIM- und eCommerce-Systemen kann das team neusta-Unternehmen ebenfalls punkten.

HAUPTSITZ	Bremen
GRÜNDUNG	1992
UMSATZ	18 Millionen Euro
MITARBEITER	200

Dirk Schwampe
[Geschäftsführer]

»Softwareentwicklung sollte nicht nur mit Hand und Fuß erfolgen, auch Herz und Hirn müssen zum Einsatz kommen. Daher setzen wir auf große Nähe zum Kunden. Zu jeder Zeit haben wir ein offenes Ohr – die Kommunikation erfolgt stets auf Augenhöhe.«

KONTAKT

neusta software development
Dirk Schwampe
Contrescarpe 1, 28203 Bremen
Telefon: +49 (0)421 20 696-0, Fax: +49 (0)421 20 696-99
d.schwampe@neusta.de

neusta software development

REFERENZEN / PROJEKTE

- **Online Supermarkt**
  ENTWICKLUNG EINES ONLINE-SHOPSYSTEMS
  Im Projekt wurde ein Webshop auf Basis von Java EE/JSF umgesetzt. Zusätzlich wurde eine Desktop-Applikation entwickelt, welche die redaktionelle Pflege von Produktdaten wie Texten und Bildern ermöglicht.

- **Versicherungsunternehmen**
  ONLINEPORTAL AUTOPROGRAMM
  Mit Hilfe von ASP.Net MVC 2 wurde ermöglicht elektronische Versicherungsbestätigungen zu bestellen und für die Zulassung über einen WebService der GDV freizuschalten.

BRANCHENSCHWERPUNKTE

✪	Banken und Versicherungen	✪	Informationstechnologie
✪	Dienstleistungen (allg.)	✪	Telekommunikation
✪	Handel	✪	Touristik

BERATUNGSSCHWERPUNKTE

Strategieberatung	schwach	●	●	●	○	stark
Geschäftsprozessberatung	schwach	●	●	●	●	stark
Infrastruktur und Technologie	schwach	●	●	●	●	stark
Systemintegration	schwach	●	●	●	○	stark
IT-Systembetrieb	schwach	●	●	○	○	stark

www.neusta.de

NTT DATA

NTT DATA ist ein weltweit führender IT- und Consulting-Konzern mit über 57.000 Mitarbeitern in 35 Ländern. In Europa, dem Mittleren Osten, Afrika, Argentinien sowie Brasilien ist NTT DATA unter der Leitung von Thomas Balgheim mit mehr als 6.000 Experten präsent.

In den beiden weltweit einheitlichen Business Units „Financial & Public Sector" und „Enterprises" bietet NTT DATA innovative Business- und IT-Lösungen, die Unternehmen und Organisationen einen messbaren Mehrwert verschaffen.

Fokusthemen von NTT DATA sind Business & IT Consulting, Customer Management, IT Security und Business Intelligence und Analytics & Performance Management.

Einen klaren Schwerpunkt hat NTT DATA im Outsourcing. Hier bietet das Unternehmen das gesamte Dienstleitungsspektrum – angefangen von Application Development & Management und Enterprise Application Services über Infrastructure Management bis hin zu Business Process Outsourcing – vor Ort oder über Global Delivery.

HAUPTSITZ	München
GRÜNDUNG	1971 (als Softlab)
UMSATZ	208 Millionen Euro (Geschäftsjahr 2011)
MITARBEITER	1.500

Thomas Balgheim
[CEO & President
NTT DATA EMEA]

»Die IT und damit auch die Angebote der IT-Dienstleister werden sich künftig verstärkt in den Dienst von Innovation und Differenzierung stellen müssen. Wir sehen darin eine Bestätigung unserer Strategie und Positionierung als IT-Beratungsunternehmen.«

KONTAKT

NTT DATA Deutschland GmbH
Zamdorfer Straße 120, 81677 München
Telefon: +49 (0)89 9936-0
Fax: +49 (0)89 9382-81
Info_DE@nttdata.com

NTT DATA Deutschland GmbH

REFERENZEN / PROJEKTE

– **HUK-COBURG**
CONTACT-CENTER-LÖSUNG

NTT DATA unterstützte die HUK-COBURG dabei sämtliche unternehmensweite Kundenanfragen unabhängig von ihrem Eingangskanal, automatisch zu priorisieren und dem passenden Arbeitsplatz zuzuordnen.

– **DAB**
ENTERPRISE SERVICE BUS

Zusammen mit NTT DATA machte die DAB bank ihre IT-Architektur schneller, flexibler und zukunftssicher. Wie? Mit dem Aufbau eines Enterprise Service Bus mit Apache ServiceMix.

– **E-Plus Gruppe**
REAL TIME DECISIONING

Gemeinsam mit NTT DATA und weiteren Partnern hat E-Plus in nur 15 Monaten eine Realtime-Decision-Management-Lösung für das Inbound-Marketing entwickelt und implementiert.

– **QVC**
CUSTOMER RELATIONSHIP MANAGEMENT

NTT DATA unterstützte den Multimedia-Versandhändler QVC bei der Einführung eines modernen Siebel CRM-Systems. Die CRM-Software musste hundertprozentig funktionieren. Natürlich hat es geklappt.

BRANCHENSCHWERPUNKTE

✪	Automobil	✪	Produktion und Verarbeitung
✪	Banken und Versicherungen	✪	Telekommunikation
✪	Energieversorgung		

BERATUNGSSCHWERPUNKTE

Strategieberatung	schwach	●	●	○	○	stark
Geschäftsprozessberatung	schwach	●	●	●	●	stark
Infrastruktur und Technologie	schwach	●	●	●	●	stark
Systemintegration	schwach	●	●	●	●	stark
IT-Systembetrieb	schwach	●	●	●	●	stark

www.nttdata.com/de

OLIVER WYMAN

Oliver Wyman ist eine international führende Managementberatung mit weltweit 3.000 Mitarbeitern in mehr als 50 Büros in 25 Ländern. Das Unternehmen verbindet ausgeprägte Branchenspezialisierung mit hoher Methodenkompetenz bei Strategieentwicklung, Prozessdesign, Risikomanagement, Organisationsberatung und Führungskräfteentwicklung. Gemeinsam mit Kunden entwirft und realisiert Oliver Wyman nachhaltige Wachstumsstrategien. Wir unterstützen Unternehmen dabei, ihre Geschäftsmodelle, Prozesse, IT, Risikostrukturen und Organisationen zu verbessern, Abläufe zu beschleunigen und Marktchancen optimal zu nutzen. Oliver Wyman ist eine hundertprozentige Tochter von Marsh & McLennan Companies (NYSE: MMC). Weitere Informationen finden Sie unter www.oliverwyman.de.

HAUPTSITZ	München
GRÜNDUNG	1970
UMSATZ	1,5 Milliarden US-Dollar (weltweit, Geschäftsjahr 2011)
MITARBEITER	3.000

Dr. Kai Bender
[Partner und Leiter der globalen Information Technology & Operations Practice]

»Oft wird die Informationstechnologie nur als Kostentreiber angesehen. Wir verstehen IT dagegen als entscheidenden Werttreiber für das Geschäft. Sie garantiert, dass Unternehmen in Zukunft wettbewerbsfähig, flexibel, schnell und kundenorientiert agieren können.«

KONTAKT

Oliver Wyman
Julia Karas
Marstallstraße 11, 80539 München
Telefon: +49 (0)89 939 49-468, Fax: +49 (0)89 939 49- 515
julia.karas@oliverwyman.com

Oliver Wyman

REFERENZEN / PROJEKTE

Die IT ist ein wesentlicher Treiber der wirtschaftlichen Leistungsfähigkeit und der Gesamtkostenposition eines Unternehmens. Der strategische IT-Ansatz von Oliver Wyman deckt die komplette Agenda der Geschäftsleitung und der IT-Verantwortlichen entlang der Dimensionen Enablement, Execution, Effectiveness und Efficiency ab.

Wir übernehmen die Entwicklung und Implementierung der Strategie bis hin zum Launch einer neuen IT-Lösung und begleiten komplexe oder gefährdete IT-Großprojekte. Zudem sorgen wir für eine effektive Unterstützung des operativen Geschäfts bei gleichzeitig kosteneffizienter Leistungserbringung und sichern das Geschäft vor Risiken ab.

BRANCHENSCHWERPUNKTE

Automobil, Transport	Finanzdienstleistungen
Einzelhandel	IT, Hightech, Medien und Telko
Energieversorgung	Maschinen- und Anlagebau

BERATUNGSSCHWERPUNKTE

Strategieberatung	schwach	●	●	●	●	stark
Geschäftsprozessberatung	schwach	●	●	●	●	stark
Infrastruktur und Technologie	schwach	●	●	●	○	stark
Systemintegration	schwach	●	●	○	○	stark
IT-Systembetrieb	schwach	●	○	○	○	stark

www.oliverwyman.com/de

ORACLE®

ORACLE hat mehr als 380.000 Kunden (darunter 100 der Fortune 100) in den verschiedensten Branchen in mehr als 145 Ländern rund um den gesamten Globus und bietet eine optimierte und voll integrierte Palette an Hardware- und Softwaresystemen für Unternehmen. So können die Unternehmen Komplexität abbauen und Innovationen vorantreiben.

Dazu entwickelt ORACLE Hard- und Software für die Zusammenarbeit in der Cloud und in Rechenzentren – von Servern und Speicher über Datenbanken und Middleware bis hin zu Anwendungen. ORACLE Systeme:

- Mehr Leistung, Zuverlässigkeit, Sicherheit und Flexibilität
- Reduzierung der Kosten und Komplexität der IT-Implementierung und -Verwaltung
- Höhere Produktivität, Agilität und bessere Business Intelligence

Die offene ORACLE Architektur und mehrere Betriebssystemoptionen wurden für Kunden entwickelt, die modulare Lösungen benötigen. Sie bieten Kunden unvergleichliche Vorteile durch erstklassige Produkte in jedem Bereich der Palette, sodass sie die beste Infrastruktur für ihr Unternehmen entwickeln können.

ORACLE vereinfacht die IT und hilft den Unternehmen, Innovationen voranzutreiben und Komplexität abzubauen.

HAUPTSITZ	München
GRÜNDUNG	1977
UMSATZ	37,1 Milliarden US-Dollar (Fiskaljahr 2012, endete am 31.05.2012)
MITARBEITER	k. A.

Jürgen Kunz
[Senior Vice President ORACLE Deutschland B.V. & Co. KG und Northern Europe]

KONTAKT

ORACLE Deutschland B.V. & Co. KG
Riesstraße 25, 80992 München
Telefon: 0180 2 672253
info_de@oracle.com

ORACLE Deutschland B.V. & Co. KG

REFERENZEN / PROJEKTE

- **SV Informatik GmbH**
  SV INFORMATIK GMBH ERZIELT DURCH SOA-PILOT-PROJEKT SECHSSTELLIGE PROZESSKOSTENEINSPARUNG

  Automatisierung der Bearbeitung und Beschleunigung der Durchlaufzeit der jährlich rund 20.000 Glasschäden: Die manuelle Bearbeitung dieser Bagatellschäden beschäftigte vier Sachbearbeiter.

- **Dialog Semiconductor**
  DIALOG SEMICONDUCTOR VERBESSERT DATENBANK-LÖSUNG UNTERNEHMENSWEIT MIT EXADATA DATABASE MACHINE

  Durch Exadata reduziert sich der Zeitaufwand für rechenintensive Prozesse um 90% und das Hochladen von Daten ist bis zu 10x schneller.

- **Deutsche Börse AG**
  DEUTSCHE BÖRSE AG OPTIMIERT WERTSCHÖPFUNGS-KETTE FÜR GROSSE DATENVOLUMINA UND KOMPLEXE BERECHNUNGEN

  Optimale Nutzung des Speicherplatzes, da das zentrale Data Warehouse der Deutschen Börse jeden Tag um 90 bis 140 Gigabyte an Finanzdaten wächst. Gleichzeitige Durchführung komplexer Berechnungen und Datenumwandlungen bei algorithmischem Handel und Market-Making mit bis zu einer Milliarde Datensätzen.

BRANCHENSCHWERPUNKTE

✪	Dienstleistungen (allg.)	✪	Öffentliche Hand, Behörden
✪	Handel	✪	Produktion und Verarbeitung
✪	Bedienen alle Branchen mit IT- und TK-Infrastruktur		

BERATUNGSSCHWERPUNKTE

Strategieberatung	schwach	●	●	●	●	stark
Geschäftsprozessberatung	schwach	●	●	●	●	stark
Infrastruktur und Technologie	schwach	●	●	●	●	stark
Systemintegration	schwach	●	●	●	●	stark
IT-Systembetrieb	schwach	●	●	●	●	stark

www.oracle.com/de

Rittal – Das System.

Schneller – besser – überall.

Die Rittal GmbH & Co. KG mit Hauptsitz in Herborn, Hessen, ist ein weltweit führender Systemanbieter für Schaltschränke, Stromverteilung, Klimatisierung, IT-Infrastruktur sowie Software & Service. Systemlösungen von Rittal kommen in allen Bereichen der Industrie, im Maschinen- und Anlagenbau sowie in der ITK-Branche zum Einsatz. Zum breiten Leistungsspektrum gehören dabei auch Komplettlösungen für modulare und energieeffiziente Rechenzentren, vom innovativen Sicherheitskonzept bis zur physischen Daten- und Systemsicherung der IT-Infrastruktur (ehemals Lampertz).

Der führende Softwareanbieter Eplan sowie das Software- und Beratungshaus Mind8 ergänzen die Rittal Systemlösungen durch disziplinübergreifende Engineering-Lösungen. 1961 gegründet, ist Rittal mittlerweile mit 10 Produktionsstätten, 64 Tochtergesellschaften und 40 Vertretungen weltweit präsent. Mit insgesamt 10.000 Mitarbeitern ist Rittal das größte Unternehmen der inhabergeführten Friedhelm Loh Group, Haiger, Hessen. Die gesamte Unternehmensgruppe beschäftigt 11.500 Mitarbeiter.

HAUPTSITZ	Herborn
GRÜNDUNG	1961
UMSATZ	2,2 Milliarden Euro (Friedhelm Loh Group insgesamt)
MITARBEITER	über 10.000

Friedhelm Loh
[Vorsitzender der Geschäftsführung]

»Als Systemanbieter für IT-Infrastruktur liegt unser Fokus auf der physischen Sicherheit und der hohen Energieeffizienz von Rechenzentren. Die intelligente Absicherung mit Sensorik und Monitoring-Software stellt die permanente Verfügbarkeit sicher.«

KONTAKT

Rittal GmbH & Co. KG
Auf dem Stützelberg, 35745 Herborn
Telefon: +49 (0)2772 505-0
Fax: +49 (0)2772 505-2319
info@rittal.de

Rittal GmbH & Co. KG

REFERENZEN / PROJEKTE

- **IGN GmbH, München**
  COOL WATER: BRUNNEN KÜHLT RECHENZENTRUM

  Der Internet-Dienstleister IGN GmbH setzt Grundwasser zur indirekten Kühlung eines kommerziell genutzten Rechenzentrums ein.

- **Department of Mines, Perth, Australien**
  DATA CENTER CONTAINER XXL

  Für das Bergbauministerium hat Rittal den größten DCC der Firmengeschichte gebaut. Bis zu 15 Racks finden darin Platz. Entscheidend waren die Top-Qualität, die direkte Freikühlung und der hohe Vorfertigungsgrad.

- **DEMANDO AG, Kaiserslautern**
  MODERNES RECHENZENTRUM FÜR KAISERSLAUTERN

  Design, Sicherheit und höchste Verfügbarkeit prägen das Rechenzentrum „Datacenter4you". Ziel war die sichere, ortsnahe Unterbringung von IT-Infrastruktur. Wesentlicher Entscheidungsfaktor war der Einsatz der direkten Freikühlung im Rahmen von Green IT und die optionale Wärmerückgewinnung für die Beheizung eines Freibads.

BRANCHENSCHWERPUNKTE

✪	Banken und Versicherungen	✪	Öffentliche Hand, Behörden
✪	Energieversorgung	✪	Produktion und Verarbeitung
✪	Informationstechnologie	✪	Telekommunikation

BERATUNGSSCHWERPUNKTE

Strategieberatung	schwach	●	●	●	○	stark
Geschäftsprozessberatung	schwach	●	●	●	○	stark
Infrastruktur und Technologie	schwach	●	●	●	●	stark
Systemintegration	schwach	●	●	●	●	stark

www.rittal.de

SAS ist mit 2.725 Milliarden US-Dollar Umsatz einer der größten Softwarehersteller der Welt. Lösungen von SAS unterstützen CIOs in der Umsetzung nachhaltiger IT-Strategien:

- Business Intelligence und Business Analytics als Self-Service für die Fachabteilungen bei gleichzeitiger Einhaltung von IT-Governance-Richtlinien.
- Kosteneinsparungen in der Datenhaltung durch analytisches Klassifizieren und Verwendung von Open-Source-Technologie für Big Data (Hadoop).
- Analytische Verbesserung von Geschäftsprozessen durch branchen- und bereichsspezifische Lösungen von der Betrugserkennung über Risikoberechnung bis hin zur Marketingoptimierung.
- High Performance Analytics mit neuesten In-Memory-Technologien, um auch größten Datenherausforderungen souverän begegnen zu können.

SAS Lösungen werden an weltweit mehr als 60.000 Standorten eingesetzt. 96 der Top-100 der Fortune-500-Unternehmen vertrauen auf SAS. Firmensitz ist Cary, North Carolina. SAS Deutschland hat seine Zentrale in Heidelberg und weitere Niederlassungen in Berlin, Frankfurt, Hamburg, Köln und München.
http://www.sas.de

HAUPTSITZ	Heidelberg (Deutschlandzentrale)
GRÜNDUNG	1982 (Deutschland)
UMSATZ	128 Milionen US-Dollar (Deutschland)
MITARBEITER	über 500 (Deutschland)

Wolf Lichtenstein
[Vice President DACH Region, SAS]

»Ohne Analytics können CIOs nicht die tatsächliche Aussagekraft ihrer Daten kennen, die im Unternehmen vorliegen. SAS hilft ihnen, eine Datenstrategie zu entwickeln und beispielsweise mittels SAS High Performance Analytics diese dann umzusetzen. Von Datenqualität über Standardreporting bis zu unseren jüngsten Innovationen wie High Performance Analytics bieten wir dazu ein einzigartiges Lösungsportfolio an.«

KONTAKT

SAS Institute GmbH
Thomas Maier
In der Neckarhelle 162, 69118 Heidelberg
Telefon: +49 (0)6221 415-123
info@ger.sas.com

SAS Institute GmbH

REFERENZEN / PROJEKTE

- **UN Innovationsinitiative Global Pulse**
  SOCIAL MEDIA ANALYTICS ALS SOZIALES STIMMUNGSBAROMETER
  Zweijähriges Projekt zur Analyse sozialer Medien im Hinblick auf Arbeitsmarktthemen. Ergebnis: SAS Social Media Analytics lässt sich zur Früherkennung sozialer Krisen einsetzen.

- **Deutsche Telekom**
  INTERNATIONALES KAMPAGNENMANAGEMENT
  Umsetzung eines internationalen Standards bei der Deutschen Telekom mit SAS Marketing Campaign Management.

- **Vattenfall**
  REGELENERGIEKALKULATION
  Einsatz von SAS Analytics zur Preiskalkulation innerhalb der Regelenergie-Auktionen. Ergebnis: Erfolgssteigerung im Regelenergiebereich von über 15 Prozent.

- **REWE Touristik**
  ÜBERGREIFENDE STEUERUNG UND ANALYTISCHE PLANUNG
  Eine unternehmensweite Business Intelligence- und Business Analytics Plattform unterstützt die übergreifende Steuerung des führenden deutschen Reiseanbieters.

BRANCHENSCHWERPUNKTE

✪	Banken und Versicherungen	✪	Hochschulen
✪	Dienstleistungen (allg.)	✪	Industrie
✪	Energieversorgung	✪	Mittelstand
✪	Gesundheitswesen	✪	Öffentlicher Sektor
✪	Handel	✪	Telekommunikation

www.ger.sas.com

SMP
STRATEGY CONSULTING

SMP ist eine Strategieberatung, die sich darauf spezialisiert hat, Wachstumsfelder und Geschäftspotenziale zu identifizieren und gemeinsam mit den Kunden zu entwickeln. Wer marktseitig erfolgreich sein will, muss auch intern optimal aufgestellt sein. Wir helfen Ihnen, Ihre Strategie sowie daraus resultierende Prozesse und Projekte erfolgreich zu gestalten. Ziel ist eine optimale Struktur der Aufbau- und Ablauforganisation Ihrer IT. Ergänzend helfen verschiedene Benchmarking-Initiativen dabei, Ihre Organisation in einem geschützten Rahmen mit anderen zu vergleichen. Dadurch können Sie sich auf das Wesentliche konzentrieren: Ihr Geschäft.

Die Berater von SMP verstehen sich als echte Partner ihrer Kunden. Deshalb lassen wir uns auch gerne an dem erzielten Ergebnis messen – per Festpreis oder über erfolgsabhängige Honorare. Dabei kombiniert SMP Beratungs-Know-how mit dem Blick für das Machbare und der Leidenschaft für die Umsetzung.

Der Beratungsstil von SMP ist ebenso strategisch wie menschlich und pragmatisch. Jeder zweite DAX-Konzern vertraut beim Ausbau seiner Geschäftsfelder auf SMP.

HAUPTSITZ	Düsseldorf
GRÜNDUNG	1998
UMSATZ	keine Angaben
MITARBEITER	mehr als 70 Festangestellte

Robin Prothmann
[Partner]

»Eine der wesentlichen Herausforderung für die IT liegt in der effizienten Gestaltung der Schnittstelle zwischen Fachseite und IT. Der Mehrwert von SMP? Unser Fokus auf die strategisch-taktische Ebene: Wir realisieren keine Systeme, sondern managen Realisierung.«

KONTAKT

SMP AG | Strategy Consulting
Robin Prothmann
Wasserstraße 8, 40213 Düsseldorf
Telefon: +49 (0)160 18 66 003, Fax: +49 (0)211 130669-59
robin.prothmann@smp-ag.de

SMP AG | Strategy Consulting

REFERENZEN / PROJEKTE

Zu den Kunden von SMP zählen zahlreiche Großkonzerne sowie Unternehmen des gehobenen Mittelstands, insbesondere aus den Kernbranchen Energie, Finanzdienstleistungen, Handel, Telekommunikation und IT. Alle Kunden verbindet der Anspruch, schneller zu wachsen als der Markt.

Transparenz über Trends und Entwicklungen im Markt generiert SMP für seine Kunden und sich selbst neben dem Projektgeschäft auch aus Benchmarking-Initiativen wie beispielsweise dem „Bensberger Kreis“ oder Preisbenchmarks von Einkaufskonditionen – und das erfolgreich seit mehr als zehn Jahren.

Referenzkontakte zu Kunden stellen wir gerne themenbezogen her – aus Vertraulichkeitsgründen aber nur auf Basis persönlicher Anfrage.

BRANCHENSCHWERPUNKTE

✪	Banken und Versicherungen	✪	Handel
✪	Dienstleistungen (allg.)	✪	Informationstechnologie
✪	Energieversorgung	✪	Telekommunikation

BERATUNGSSCHWERPUNKTE

Strategieberatung	schwach	●	●	●	●	stark
Geschäftsprozessberatung	schwach	●	●	●	●	stark
Infrastruktur und Technologie	schwach	●	○	○	○	stark
Systemintegration	schwach	●	●	○	○	stark

www.smp-ag.de | www.bensbergerkreis.net

Die SNP erhöht die Geschwindigkeit, mit der Unternehmen Veränderungen umsetzen und unterstützt sie, ihre IT-Landschaft schneller und wirtschaftlicher an neue Rahmenbedingungen anzupassen. Diese Transformationen werden durch Mergers & Acquisitions, Restrukturierungen oder neue Technologien ausgelöst.

Die Geschwindigkeit, mit der Unternehmen in sich rasant wandelnden Märkten Veränderungen in die Tat umsetzen, entscheidet heute über den Erfolg und die Zukunftsfähigkeit. Dazu haben wir mit SNP Transformation Backbone® die weltweit erste Standardsoftware für die automatisierte Analyse und standardisierte Umsetzung von Änderungen in ERP-Systemen entwickelt. Die Transformationsplattform beruht auf den Erfahrungen aus 1.500 Projekten weltweit. Diese hat das 1994 gegründete Unternehmen mit seinen software-bezogenen Dienstleistungen für Business Landscape Transformation® gesammelt.

Mehr als 200 Mitarbeiter in Europa, Südafrika sowie den USA erwirtschafteten 2011 einen Umsatz von rund 27 Mio. Euro. Die SNP AG mit Stammsitz in Heidelberg ist seit 2000 im General Standard der Frankfurter Börse gelistet.

HAUPTSITZ	Heidelberg
GRÜNDUNG	1994
UMSATZ	27 Millionen Euro (Geschäftsjahr 2011)
MITARBEITER	200 (Stand: Juli 2012)

Dr. Andreas Schneider-Neureither
[Vorstandsvorsitzender/ CEO]

»Wir erhöhen die Geschwindigkeit, mit der Unternehmen Veränderungen umsetzen.«

KONTAKT

SNP Schneider-Neureither & Partner AG
Jörg Petzhold
Dossenheimer Landstraße 100, 69121 Heidelberg
Telefon: +49 (0)6221 6425-270, Fax: +49 (0)6221 6425-20
joerg.petzhold@snp-ag.com

SNP Schneider-Neureither & Partner AG

REFERENZEN / PROJEKTE

- **Voith GmbH**
  SAP4PAPER

  Im Rahmen des Projekts SAP4PAPER wurden die lokalen SAP®-Systeme der Standorte Heidenheim, St. Pölten und Krefeld mit SNP Beratung und Software zu 100% in das zentrale SAP®-System migriert.

- **Siemens AG**
  HARMONISIERUNG ENERGY SECTOR

  Bei Siemens wurden global verteilte Quellsysteme SAP® R/3 4.6 in einen Zielmandanten SAP® ECC 6.0 konsolidiert. Dabei wurde mit SNP die gesamten Historie übernommen und alle Daten harmonisiert.

- **Deutsche Telekom AG**
  AKTUALISIERUNG DER SAP®-TESTSYSTEME

  Mit SNP wurde die Testdatenmenge massiv reduziert, die Downtime bei der Aktualisierung verkürzt sowie gleichzeitig alle Testdaten anonymisiert, um Kunden- und Mitarbeiterdaten zu schützen und gesetzlichen Anforderungen zu genügen.

- **ThyssenKrupp IT-Service GmbH**
  HR-SYSTEMKONSOLDIERUNG

  Mit SNP wurden 18 verschiedene HR-Systeme in einen zentralen SAP® HCM Mandanten zusammengeführt. Nach einer Pilotphase und Schulungen setzt der Kunde die Transformationen mithilfe des SNP T-Bone eigenständig um.

BRANCHENSCHWERPUNKTE

✪	Handel	✪	Prozessindustrie
✪	Hightech	✪	Telekommunikation
✪	Produktion und Verarbeitung		

BERATUNGSSCHWERPUNKTE

Strategieberatung	schwach	●	●	○	○	stark
Geschäftsprozessberatung	schwach	●	●	●	●	stark
Infrastruktur und Technologie	schwach	●	●	●	●	stark
Systemintegration	schwach	●	●	●	○	stark
IT-Systembetrieb	schwach	●	●	●	●	stark

www.snp-ag.com

T-Systems

T-Systems ist die Großkundensparte der Deutschen Telekom. Auf Basis einer weltumspannenden Infrastruktur aus Rechenzentren und Netzen betreibt das Unternehmen Informations- und Kommunikationstechnik (engl. kurz ICT) für multinationale Konzerne und öffentliche Institutionen. Mit Niederlassungen in über 20 Ländern und globaler Lieferfähigkeit betreut T-Systems Unternehmen aus allen Branchen – von der Automobilindustrie über Telekommunikation, den Finanzsektor, Handel, Dienstleistungen, Medien, Energie und Fertigungsindustrie bis zur öffentlichen Verwaltung und dem Gesundheitswesen. Rund 48.200 Mitarbeiter weltweit setzen sich mit ihrer Branchenkompetenz und ihrem ICT-Know-how für höchste Servicequalität ein. Im Geschäftsjahr 2011 erzielte die Großkundensparte einen Umsatz von rund 9,2 Milliarden Euro.

HAUPTSITZ	Frankfurt am Main
GRÜNDUNG	2000
UMSATZ	9,2 Milliarden Euro (Geschäftsjahr 2011)
MITARBEITER	ca. 48.200

Reinhard Clemens
[Vorstand Deutsche Telekom und CEO T-Systems]

»Hochsichere Rechenzentren, hohe Bandbreiten und geschützte Netze sind die Grundlage für das Arbeiten der Zukunft – insbesondere mobil. Diesen Trend unterstützt T-Systems, weil wir unseren Kunden alles aus einer Hand anbieten.«

KONTAKT

T-Systems International GmbH
Hahnstraße 43d
60528 Frankfurt am Main
info@t-systems.com

T-Systems International GmbH

REFERENZEN / PROJEKTE

- **DHL**
  BETRIEBSKONZEPT PACKSTATIONEN
  End-to-End-Verantwortung vom Serverbetrieb bis zur Packstation über alle relevanten ICT-Services (Server, Netz, Firewall, Mail, Gateway, Support) bei nur einem SLA.

- **Vorwerk**
  BEREITSTELLUNG VON IT-RESSOURCEN NACH BEDARF
  Dynamic Services for SAP: SAP bedarfsgerecht bereitstellen, zusätzliche WAN-Anbindung verschiedener Standorte über MPLS.

- **Barmer GEK**
  OPTIMIERUNG DES BESCHAFFUNGSPROZESSES
  Einführung einer komplexen Marktplatzlösung mit kundenindividuellem Customizing der Systemlandschaft inklusive Hosting und Betrieb der Gesamtlösung.

BRANCHENSCHWERPUNKTE

★	Gesundheitswesen	★	Öffentliche Hand, Behörden
★	IT, Telekommunikation	★	Produktion und Verarbeitung
★	Bedienen alle (!) Branchen mit IT- und TK-Infrastruktur		

BERATUNGSSCHWERPUNKTE

Strategieberatung	schwach	●	●	●	○	stark
Geschäftsprozessberatung	schwach	●	●	●	○	stark
Infrastruktur und Technologie	schwach	●	●	●	●	stark
Systemintegration	schwach	●	●	●	●	stark
IT-Systembetrieb	schwach	●	●	●	●	stark

www.t-systems.de

team neusta
creating solutions

team neusta ist ein Zusammenschluss von verschiedenen, inhaltlich sauber abgegrenzten, selbstständigen Unternehmen. Anfangs auf den IT-Markt begrenzt, ist inzwischen ein Team von 500 Menschen entstanden, die ihren Auftraggebern bei der nachhaltigen Verbesserung ihrer betrieblichen Wertschöpfung zur Seite stehen. Das Kerngeschäft ist nach wie vor die Beratung, Entwicklung und Umsetzung von umfassenden, meist webbasierten Softwarelösungen. Ergänzt werden unsere Leistungen durch Themen wie Marketing, Konzeption, Personaldienstleistungen, Usability, Design und Social Media, die wir professionell im Firmenverbund besetzen.

Unter der Maxime „Vertrauen, Verantwortung und Professionalität" steht bei team neusta der enge Dialog mit unseren Auftraggebern im Zentrum. Erst durch die enge Zusammenarbeit wird die Entwicklung individueller Lösungen möglich. Dank der langjährigen Erfahrung und der großen Bandbreite können auch komplexe Projekte aus einer Hand realisiert werden. Das wissen namhafte Marken und Unternehmen nicht nur im deutschsprachigen Raum zu schätzen.

HAUPTSITZ	Bremen
GRÜNDUNG	1992
UMSATZ	40 Millionen Euro
MITARBEITER	500

Carsten Meyer-Heder [Geschäftsführer]

»Mit Ausbau und der Leistungsfokussierung von team neusta haben wir den richtigen Weg eingeschlagen. Wir stellen weiche Faktoren in den Mittelpunkt und fahren sehr gut damit. Verantwortung, Flexibilität und Agilität spielen intern wie extern starke Rollen.«

KONTAKT

team neusta GmbH
Carsten Meyer-Heder
Contrescarpe 1, 28203 Bremen
Telefon: +49 (0)421 20 696-0, Fax: +49 (0)421 20 696-99
c.meyer-heder@neusta.de

team neusta GmbH

REFERENZEN / PROJEKTE

– **Parkraumbewirtschaftungsunternehmen**
IPHONE, ANDROID, XML APPLIKATION

Entwicklung einer mobilen Applikation, die minutengenau den aktuellen Füllstand von 9 verschiedenen Parkhäusern darstellt und einen Überblick über Preisübersicht und Parkhausstandorte gibt.

– **Immobiliendienstleister**
TECHNISCHE UMSETZUNG EINES MIETERPORTALS FÜR WOHNUNGSVERMIETER.

Geboten werden dem User unzählige Möglichkeiten, sich über aktuelle Mietwohnungen, Kaufobjekte, unterschiedliche Projekte und das Unternehmen zu erkunden.

BRANCHENSCHWERPUNKTE

✪	Banken und Versicherungen	✪	Informationstechnologie
✪	Dienstleistungen (allg.)	✪	Telekommunikation
✪	Handel	✪	Touristik

BERATUNGSSCHWERPUNKTE

Strategieberatung	schwach	●	●	●	○	stark
Geschäftsprozessberatung	schwach	●	●	●	●	stark
Infrastruktur und Technologie	schwach	●	●	●	●	stark
Systemintegration	schwach	●	●	●	○	stark
IT-Systembetrieb	schwach	●	●	○	○	stark

www.neusta.de

Telefónica

Mit mehr als 24 Millionen Kundenanschlüssen und einem Jahresumsatz von über fünf Milliarden Euro ist Telefónica Germany einer der drei großen Telekommunikationsanbieter in Deutschland. Bundesweit beschäftigen wir 5.000 Mitarbeiter. Neben der Hauptmarke O_2 gehört auch der Discount-Anbieter Fonic zum Portfolio. Unser Unternehmen ist Teil der spanischen Telefónica S. A., einem der größten globalen Telekommunikationskonzerne mit 300 Millionen Kundenanschlüssen. Telefónica S. A. beschäftigt weltweit 286.000 Mitarbeiter.

Telefónica Germany steht Unternehmen in der Zukunftsentwicklung als Partner zur Seite. Unter dem Motto „Partners for Transformation" unterstützen wir Firmen aus allen Branchen mit unserer Expertise – von multinationalen Unternehmen (Telefónica Multinational Solutions) über Mittelständler bis hin zu Selbstständigen. Zu unserem Portfolio gehören mobile und festnetzbasierte Sprach- und Datendienste sowie Standortvernetzung und Sicherheitspakete.

Mehr über Telefónica Germany finden Sie unter: www.telefonica.de/unternehmen und www.multinationalsolutions.telefonica.com

HAUPTSITZ	München
GRÜNDUNG	1995
UMSATZ	über 5 Milliarden Euro (2011)
MITARBEITER	5.000

René Schuster, [Chief Executive Officer]

»Die mobile Internetnutzung ist heute ein Massenphänomen, das Smartphone wird zur Fernbedienung unseres Lebens und wälzt auch das Geschäftsleben um. LTE beschleunigt diese Entwicklung. Telefónica bietet die optimale Infrastruktur für diese mobile Revolution.«

KONTAKT

Telefónica Germany GmbH & Co. OHG
Georg-Brauchle-Ring 50, 80992 München
Telefon: 0800 33 888 33
Fax: 0800 33 888 34
business-interessenten-telesales@o2.com

Telefónica Germany GmbH & Co. OHG

REFERENZEN / PROJEKTE

– **Hermes**
STANDORTVERNETZUNG BASIEREND AUF MPLS TECHNOLOGIE

Verbindung der ca. 70 Standorte mit der Zentrale in Hamburg über ein einheitliches MPLS-VPN, was erhebliche administrative und operative Entlastung für das Unternehmen darstellt.

– **MTU Aero Engines**
MTU AERO ENGINES TELEFONIERT MIT TELEFÓNICA GERMANY WELTWEIT MOBIL

MTU Aero Engines telefoniert deutschland- wie weltweit mit dem Anbieter Telefónica Germany. Um überall gut erreichbar zu sein, nutzen die Vertriebs- und Serviceteams im internationalen Einsatz die mobilen Sprachservices von 0_2.

– **Seidensticker**
MASSGESCHNEIDERTE M2M LÖSUNG

Übertragung des Lagerbestandes in Echtzeit an die Logistikzentrale und zuverlässiger Informationsaustausch über das 0_2 Netz. Somit setzten Seidensticker Mode automaten weltweit neue Maßstäbe.

BRANCHENSCHWERPUNKTE

✪	Informationstechnologie
✪	Telekommunikation

BERATUNGSSCHWERPUNKTE

Strategieberatung	schwach	●	●	●	●	stark
Infrastruktur und Technologie	schwach	●	●	●	●	stark
Systemintegration	schwach	●	●	●	●	stark
IT-Systembetrieb	schwach	●	●	●	●	stark

www.telefonica.de

Trend Micro, einer der international führenden Anbieter für Cloud-Security, ermöglicht Unternehmen und Endanwendern den sicheren Austausch digitaler Informationen. Als Vorreiter bei Server-Security mit mehr als zwanzigjähriger Erfahrung bietet Trend Micro client-, server- und cloud-basierte Sicherheitslösungen an. Diese Lösungen für Internet-Content-Security und Threat-Management erkennen neue Bedrohungen schneller und sichern Daten in physischen, virtualisierten und Cloud-Umgebungen umfassend ab. Die auf der Cloud-Computing-Infrastruktur des „Smart Protection Network" basierenden Technologien, Lösungen und Dienstleistungen wehren Bedrohungen dort ab, wo sie entstehen: im Internet. Unterstützt werden sie dabei von mehr als 1.000 weltweit tätigen Sicherheits-Experten.

Trend Micro ist ein transnationales Unternehmen mit Hauptsitz in Tokio und bietet seine Sicherheitslösungen über Vertriebspartner weltweit an.

HAUPTSITZ	Tokio
GRÜNDUNG	1988
UMSATZ	1,029 Milliarden US-Dollar
MITARBEITER	4.882

Frank Schwittay
[Vice President DACH, Trend Micro Deutschland GmbH]

»Im Mittelpunkt der IT-Sicherheit muss der Schutz der Daten und Ressourcen stehen. Denn nur wer den Zugriff auf diese Daten und Ressourcen in Echtzeit nachverfolgen, analysieren und steuern kann, kann sich effektiv schützen.«

KONTAKT

Trend Micro
Zeppelinstraße 1, 85399 Hallbergmoos
Telefon: +49 (0)811 88990-711
Fax: +49 (0)811 88990-799
sales@trendmicro.de

Trend Micro

REFERENZEN / PROJEKTE

– **Swisscom IT Services**
SWISSCOM IT SERVICES SICHERT CLOUD-COMPUTING-ANGEBOT MIT „TREND MICRO DEEP SECURITY"

Um schnell auf die Anforderungen eines sich kontinuierlich verändernden Marktes reagieren zu können, bedarf es einer IT-Infrastruktur, die flexibel auf veränderte Geschäftsbedürfnisse ausgerichtet werden kann.

– **PFS Pension Fund Services AG**
VIRTUALISIERTE IT-INFRASTRUKTUR BEI OPTIMALEM SCHUTZ PERSONENBEZOGENER DATEN

Einhaltung gesetzlicher Datenschutzvorgaben für etwa 26.000 Versicherte in 29 Vorsorgestiftungen sowie termingerechte Erstellung von Lohn- und Gehaltsabrechnung einschließlich Sozialversicherungsabgaben für mehr als 20.000 SAP-Stammsätze.

– **Siemens Enterprise Communications**
ABSICHERUNG VIRTUELLER UNIFIED COMMUNICATIONS-LÖSUNGEN

Komplexe Sicherheitsanforderungen erhöhen Aufwand; virtualisierte UC-Umgebungen brauchen effektiven Schutz; Agentenlose Sicherheit schont Ressourcen; Eingebaute Sicherheit spart Kosten.

BRANCHENSCHWERPUNKTE

✪	Cloud-Security	✪	Informationstechnologie
✪	Content-Security	✪	IT-Security

BERATUNGSSCHWERPUNKTE

Infrastruktur und Technologie	schwach	●	●	●	●	stark
IT-Systembetrieb	schwach	●	●	●	●	stark

www.trendmicro.de

WIPRO
Applying Thought

Wipro has been committed to Germany by serving customers for more than ten years with currently more than 450 associates engaged with German clients. Our team includes more than 150 local nationals with a strong experience of German business processes, service offerings and project management.

With extensive knowledge of German business operations, Wipro has created solutions for clients to capture business opportunities and at the same time to enable their enterprises become profitable, agile, and smart. Over the years, Wipro has differentiated in many ways in the market place but the key highlights have been our-

- Best in class industry solutions, technology assets, and business processes.
- Established global delivery network for quality, speed and lower costs.
- Strong partnership with global software vendors.
- Established Infrastructure capabilities including Datacenter near Dusseldorf to provide full breadth of outsourcing solutions.

Our key Enablers in Germany

- Differentiated client engagement; Differentiation at the Front through industry and client insight
- Deep industry insights; Uncovering key characteristics of industries and offering unique solutions
- Simplification of Delivery; Delivery models targeting faster, efficient and business aligned KPI's
- Innovation network; Engage, retain, develop for enabling transformation. Investment in next gen technologies
- Strategic partnerships with 360 deg relationship; Collaborative offerings and innovation with product partners
- Culture; Collaboration with customers; employees; partners and community

HAUPTSITZ	Köln
MITARBEITER	450

Ralf Reich
[Director Wipro Technologies Germany]

KONTAKT

Wipro Technologies
Aseem Tiwari, Sudhanshu Asthana
Gottfried-Hagen-Str. 20, 51105 Köln
Telefon: +49 (0)221 355 001 0, Fax: +49 (0)221 995 549 60
aseem.tiwari@wipro.com, sudhanshu.asthana@wipro.com

Wipro Technologies

REFERENZEN / PROJEKTE

1. Wipro delivered E2E Testing As Managed Services transforming their business application in Cost, Quality, and Speed using proven Wipro Testing Methodology. An overall cost reduction of testing by 40% was achieved as well as a reduction in defect rejection from 30% to 10%.

2. Wipro delivered Network Testing services and ensured high quality Test execution of mobile infrastructure from multiple vendors and supported live network for increased customer satisfaction. An overall cost reduction of testing by 20% was achieved as well as a seamless and risk free transition was completed for all domains in less than 2 months.

BRANCHENSCHWERPUNKTE

Banken und Versicherungen	Herstellung
Handel	Telekommunikation

BERATUNGSSCHWERPUNKTE

Strategieberatung	schwach	●	●	●	●	stark
Geschäftsprozessberatung	schwach	●	●	●	●	stark
Infrastruktur und Technologie	schwach	●	●	●	●	stark
Systemintegration	schwach	●	●	●	●	stark
IT-Systembetrieb	schwach	●	●	●	●	stark

www.wipro.com

xenium

Xenium führt kritische IT-Projekte zum Erfolg. Wir helfen unseren Kunden, IT-Projekte von Anfang an sicher und stabil zum Ziel zu führen: mit präzisen Anforderungen, einer klaren Business-Architektur, angemessener Technologie und einem realistischen Plan.

Wir helfen auch, wenn Projekte in Schwierigkeit geraten: mit Konsequenz und Pragmatismus, technischer Kompetenz und fachlichem Verständnis – und mit Fingerspitzengefühl.

Xenium-Berater sind Manager, Architekten und Spezialisten, die stets das Ganze im Blick haben und die Details verstehen. Wir lieben das Geschäft unserer Kunden, beherrschen die Technologie und finden den richtigen Platz für jeden im Team.

Unsere Berater beherrschen Business-Architektur, IT-Architektur und Projektmanagement: So werden sie schnell effizient und effektiv – und erkennen Lösungen, die andere nicht sehen.

HAUPTSITZ	München
GRÜNDUNG	01.10.1999
UMSATZ	3,8 Millionen Euro (2010) 4,5 Millionen Euro (2011)
MITARBEITER	27

Sebastian Kutscha
[Vorstand]

»Innovative Lösungen ohne Schnörkel – das ist es, was unsere Kunden brauchen. Dafür übernehmen wir Verantwortung als Architekten und Projektmanager und bringen Business, Development und Operations zusammen.«

KONTAKT

Xenium AG
Sebastian Kutscha (Vorstand)
Willy-Brandt-Platz 6, 81829 München
Telefon: +49 (0)89 42 07 98-0, Fax: +49 (0)89 42 07 98-40
info@xenium.de

Xenium AG

REFERENZEN / PROJEKTE

- **Daimler AG**
  MBC POS
  Projektziel: ein neues integriertes System im Autohandel
  Aufgabe: Business-Architekt
- **Commerzbank AG**
  INTEGRATION DER DRESDNER BANK
  Projektziel: Integration der IT von Commerzbank und Dresdner Bank; Aufgabe: PMO, Test-Management
- **Kühne + Nagel**
  SALOG
  Projektziel: ein neues Logistik-Kernsystem
  Aufgabe: Auditor, Risk-Manager, IT-Architekt
- **Bundesagentur für Arbeit**
  ALLEGRO
  Projektziel: ein neues System zur Auszahlung des Arbeitslosengeld II
  Aufgabe: Business-Architekt
- **Schweizerische Bundesbahnen (SBB)**
  INTERNATIONALER PERSONENVERKEHR (PROJEKT IPS)
  Projektziel: Buchungen von internationalen Tickets im Web
  Aufgabe: Turnaround-Manager

BRANCHENSCHWERPUNKTE

✪	Automotive	✪	Öffentliche Hand, Behörden
✪	Banken und Versicherungen	✪	Travel & Transport
✪	Logistik		

BERATUNGSSCHWERPUNKTE

Strategieberatung	schwach	●	●	○	○	stark
Geschäftsprozessberatung	schwach	●	●	●	●	stark
Infrastruktur und Technologie	schwach	●	●	●	●	stark
Systemintegration	schwach	●	●	●	●	stark
IT-Systembetrieb	schwach	●	●	○	○	stark

www.xenium.de

Foto: © Joachim Wendler, München

DIE NEUZUGÄNGE IM CIO-NETZWERK

In den vergangenen zwölf Monaten haben sich 1.600 IT-Interessierte neu im Netzwerk auf www.cio.de eingetragen. Damit hat sich die Zahl der Einträge auf mehr als 13.000 erhöht.

A

Aberle, Marcel
AtoS
Abrão, Amíru
tchibo
Acimovic, Ivan
StadtFreiburg
Ahlmen, Karl
KaudiaAG
Aiemut, Nana
QtobeServicesGmbH
Akyol, Aslan
MGB
Akyol, Kadir
BoschMahleTurboSystemsGmbH&Co.KG
Allardt, AliceSophie
FDMGroup
Allerding, Christoph
Orbit
Allgeyer, **Thomas**
FrenusUG(haftungsbeschränkt)
Alsmann, Matthias
EMCDeutschlandGmbH
Alt, Gerrit
Tieto
Altgassen, Dirk
HSBCTrinkaus&BurkhardtAG
Altmann, Angelika
IBM
Altner, Matthias
USUAG
Amborn, Thomas
EDV-&Unternehmensberatung
Andre, Nathalie
E-SECGmbH
Andreae, Cathinka
BonitaGmbH&Co.KG
Angerl, Martina
Atos
Apfelbaum, Jürgen
ProvalidaGmbH
App, Ludwig
selectIT4GmbH
Appel, Bernd
LufthansaSystemsASGmbH
Appel, Bernd
LufthansaSystemsASGmbH
Arth, Matthias
RI-SolutionGmbH
Asbrede, Joachim
AscendantTechnology
Ascherl, Hermann
PICAGmbH
Augustin, Sebastian
AskoTecEngineeringundConsultingGmbH
Augustin, Jörg
A.T.Kearney

B

Babst, Jan
LogistaS.A.
Bäcker, Sabrina
UC4SoftwareGmbH
Backermann, Dennis
DeutschePostDHL
Backhaus, Christine
BTS
Baestlein, Martina
We4IT
Bahner, Christian
Fujitsu
Baldowski, Peter
RealtechAG
Ball, Florian
executiveconsultinggroup
Ballhausen, Rainer
Fricopan
Balling, Thomas
LeopoldinaKrankenhausGmbH
Ballmer, Roger
EBM
Bandoly, Martina
BandolyKarriereberatung
Bandow, Franziska
T-SystemsInternationalGmbH
Banzer, Ferdinand
FBITEstablishment
Baptist, Guido
AugustStorckKG
Bartenschlager, Jan
ZELOSManagementConsultants
Bartetzki, Marcel
m-bits

Barth, Felix
SpiralStudios
Barth, Nicolai
PDAgroup
Baser, Nilgün
SASInstituteGmbH
Bauer, Frank
Agro-NormVertriebsGmbH
Bauer, Gerd
iXventiv
Baumann, Hannes
YITGermanyGmbH
Baumberger, Herwig
WabionGmbH
Baumgarten, Idris
ACTUnternehmensgruppe
Baumgartner, Steffen
ProwayGmbH
Bause, Jürgen
AGSMedizinkommunikation
Bayartz, Hans
BAYARTZAG
Bechtelsheimer, Markus
ThüringerJustizministerium
Beck, Marco
CreditreformReutlingen
Becker, Daniel
DRK
Beckmann, Volker
yourITsecure
Beer, Marianne
HP
Beermann, Reinhard
ISRI
Behler, Lutz
WH
Behn, Barbara
FIREWIRE-REVOLUTION
Behnke, Harald
Oracle
Behrendt, Eric
ActivePower(Germany)GmbH
Bein, Michaela
KlassikRadio
Beitat, Anja
Computerfutures
Beklarov, Denis
FHIngolstadt
Bell, Frances
FinancialTimes
Bellanova, Alexandra
EXASOLAG
Bender, Sabrina
Siemens
Bendig, Nicole
nterraintegrationGmbH
Bengert, Christian
ISUGroupGmbH
Benn, Matthias
HanseatischeKrankenkasse
Benz, Thomas
7P
Bergbauer, Armin
IngramMicroDistributionsGmbH
Berger, Stephan
LufthansaCityLineGmbH
Berghoff, Julia
FINAKIDeutschlandGmbH
Berlin, Volker
e*MessageWISDeutschland
Berner, Florian
SofortBank
Berners, Ha-Jo
HB-Consulting
Berni, Anton
StadtBern,Informatikdienste
Bertenhoff, Frank
RWE
Betz, Gerd
TangramTeleOfficeGmbH
Beyer, Britta
Business&Lifecoaching
Beyer, Jörg G.
Treibglas
Bialek, LarsOliver
HRS
Bialek, Björn
Gartner
Biedermann, Simon
remotecontrolproductionsGmbH
Biehl, Philipp
Nivea

Bienasch, Thomas
aragoAG
Bierbrauer, Frank
onlineDatensystemeGmbH
Biermann, Tom
TwinsoftGmbHundCo.KG
Bieschke, Christian
MediVisionBetriebsg.mbH
Bieschke, Christian
MediVisionBetriebsg.mbH
Bingel, Marcus
MHB
Birke, Hartmut
SEPAG
Bischoff, Torren
EADSDeutschlandGmbH
Bittmann, Gian
DBK
Blass, Horst
awintaGmbH
Blechschmid, Hartmut
Blechschmid
Block, Oliver
UC4
Blüm, Klaus
ebm-papst
Blume, Jens
Alcatel-Lucent
Blumstengel, Astrid
TheBostonConsultingGroup
Bock, Thomas
AccentureGmbH
Bock, Andreas
TelekomDeutschlandGmbH
Bock, Wolfgang
SalzburgAG
Bode, Dirk
ipiGmbH
Bödiger, Andreas
econosoftUnternehmensberatungGmbH
Boecker, Joachim
Networksphere
Boelk, Michael
aimtecGmbH
Boers, Tom
G2M
Bohm, Claudia
PageContracting
Böhm, Regina
RedCommerce
Böhme, Christiane
SOFTPROGmbH
Borchert, Jürgen
Salesrace
Börgmann, Kathrin
ESCPEurope
Bornemann, Mirco
MTAGmanagingtechnology
Borschbach, Markus
FHDW
Bosancic, Tomislav
BosancicConsulting
Bossenmaier, Sven
IBM
Bößl, Markus
PACTManagementAG
Böttcher, Roland
BuGaSiLabs
Brammer, Richard
konplangmbh
Brandacher, Thomas
ThomasBrandacher-ITBeratung
Brandacher, Thomas
DefianceTechGmbH
Brandau, Friedhelm
Atalis
Brandt, Dr.Marcus
DRMBBusinessConsulting
Brauchle, Thomas
Knorr-BremseITServicesGmbH
Brauer, Ralf
PneuhageManagementGmbH&Co.KG
Braun, Roger
SuntechPowerIntl.Ltd
Braunsteiner, Christian
T-Systems
Brehmer, Thomas
HTA
Brenner, Stefan
SMPAG
Brenner, Walter
InstitutfürWirtschaftsinformatik

Breuer, Mario
FiatGroupAutomobilesGermanyAG
Breuer, Mario
VolkswagenAG
Breustedt, Johannes
Dell
Brillisauer, Walter
WaldnerHoldingGmbH&Co.KG
Brinkmann, Andreas
SPIRIT21Unternehmensgruppe
Brockhaus, Wolfgang
PECOSGMBH
Brockman-MOre, ANgelika
SBB
Brödel, Marion
IBM
Broemel, Marcus
KWPteamHRGmbH
Bröker, Martin
RWEITGmbH
Brokmann, Michael
IBM
Bronstert, Bernd
BerndbronstertBMPSConsulting
Bruderer, Eva
KornFerryInternational
Bruegel, Gabriel
Deloitte&ToucheGmbH
Brumfield, Angela
CIONETGmbH
Brunner, Josef
nativytranslationsGmbH
Bruns, Ingo
GADeG
Buchanan, Alex
SocialMediaCompetenceCenter
Büchele, Christian
ViforPharmaAG-ViforIntl.AG
Buck, Joachim
Siemens
Buckstegen, Michael
DoricAssetFinance&VerwaltungsGmbH
Buehrer, Benjamin
HerrenknechtAG
Buettgen, Stefan
affinisissGmbH
Buhk, Iris
SoftwareAG
Bühring, Anja
InditangoAG
Bui, Thang
FPT
Burchartz, Stephan
WetzelGmbH
Burghardt, Josef
csi-solutionseG
Bürgi, Marcel
R.NussbaumAG
Burkert, Rainer
ENTIRETECAG
Burkhardt, Michael
ADADasSystemHausGmbH
busby, angela
consileonbusinessconsultancy
Buss, Sebastian
DiehlInformatikGmbH
Busse, Heiko
FUTUREDATGmbH
Bussmann, Dietmar
MaxPlanckInstitut für ausländisches öffentliches RechtundVölkerrecht
Büttner, Marcus
HP
Büttner, Georg
ITERGOGmbHDüsseldorf
Büttner, Sven
AtelierGoldnerSchnittGmbH&Co.KG
Bzdega, Michael
hagebauDatendienstIT-ServiceGmbH

C

Calabrese, Ennio
maxi
Carell, Angela
adesso
Cares, Michael
TUIInfoTecGmbH
Carzavec, Zlatomir
Roth&LorenzGmbH
Cesarec, IreneAnne
beauty+health

Chaturvedi, Ankit
ExevoIndia
Christoffer, Jens
KlinikumRegionHannoverGmbH
Chudoba, Christian
WIVOGmbHHamm
Cimala, Damian
TCSSobotka&Partner
Clark, Nicky
JDMarketing
Claußing, Heiko
EsriDeutschlandGmbH
clement, antoine
CBS
Clinton, Eduard
CDT
Close, Shane
Opsview
Coates, Maurice
T-Systems
Collin, Cyril
nktcablesgroupgmbH
Conzelmann, Boris
Cerner
Conzen, Miriam
McKinsey
CookeO'Dowd, Nora
EnterpriseIreland
Courtois, Claude
Saint-PaulLuxembourg
Crefeld, Rafael
Crefeld-ExecutiveConsulting
Cremer, Wilfried
DaimlerAG
Crepaldi, Ricardo
BASF
Crum, Christine
keyrocket
Cullmann, Jürgen
LABCompany
Cullmann, Jürgen
IHRKCONSULTING
Cullmann, Jürgen
LABCompany
Culo, Nathalie
HAWIngolstadt
Cuny, Frederic
KienbaumManagementConsultantsGmbH
Cusenza, Giuseppe
AMTS

D

Dahrendorf, Stephan
XINGAG
Damjanic, Boris
VodafoneGlobalEnterprise
Dannecker, Dimitri
SiemensAG
Dannenberg, Michael
C1FinancialServicesGmbH
Dannewitz, Sacha
MiltenyiBiotecGmbH
Danöhl, Andreas
TRICENTISTechnology&ConsultingGmbH
Dantuma, Ragnar
iQuate
Darmono, Sigit
santixAG
Daust, Juergen
DeutscheTelekom-CommundoTagungshotels
Dayanand, Arul
BharathiarUniversity
Deck, Julia
KPMGAG
Degitz, Günter
Alvarez&MarsalGlobalForensicandDisputeServices GmbH
Dehne, Frank
Oracle
Dehoff, Stefan
SiemensEnterpriseCommunicationsGmbH&Co.KG
Dekhil, Mohamed
McDo
deLorenzi, Peter
adesso
DelPopolo, Steffen
cundusAG
Deltl, Johannes
AcrasioGmbH
Demiray, Nicole
BMCSoftware

Demko, Andrej
Detecon(Schweiz)AG
Dengler, Simone
Home
Depper, Joachim
MediaanABSDeutschlandGmbH
deReuver, Martina
MdRConsultingManagementUG
Dettmer, Marcel
ScarusSoftwareGmbH
deVries, Eric
CSCDeutschlandSolutionsGmbH
Dick, Maike
FIRAachen
Diehl, Mirko
BASFITServices
Dieringer, Edda-Maria
RobertBoschGmbH
Dieterich, Guido
Lineas
Dieterle, Astrid
brainteamUG
Dietsche, Christoph
IBM
Diller, Jürgen
NetpioneerGmbH
Dimmler, Manuel
WebMapMeInh.ManuelDimmler
Dincer, Atila
BSHTürkei
Dinkel, Christina
b.telligent
Dirlenbach, Lisa
IBMDeutschlandGmbH
Dittrich, Volker
KlinikumFürth
Ditzel, Alexander
MegaphoneEntertainment
Döbus, Sebastian
DimensionDataAG&Co.KG
Dogan, Akin
system1
Doleschal, Michael
RealNetworks
Doll, Peter
Freiberufler
Doll, Richard
sonesGmbH
Dolle, Wilhelm
KPMGAG
Dombrowski, Viktor
ResiurcesGlobalProfessionals
Donati, Enrico
alfabetag
Dongowski, Gerhard
SchlüterscheVerlagsgesellschaft
Donocik, Christoph
Siemens
Döring, Dana
SAP
Dostert, Frank
ÖRAGRechtsschutzversicherungsAG
Dovgonos, Anna
Oracle
Drebing, Peter
Fa.GCONGmbH
Drechsel, Dirk
BTGermany
Drost, Christian
StadtwerkeAugsburgGmbH
Drouven, Uwe
T-Systems
Dubey, Balkrishna
NagarroSoftwareGmbH
Duelsner, Dorette
S&TSystemIntegration&TechnologyDistributionAG
Dumitru, Sebastian
KIDSe.V.
Durian, Sven
AXITAG
Durville, Nicolas
ZühlkeEngineeringAG
Dusch, Günter
TechnischeUniversitätCaroloWilhelminazu Braunschweig
Dutiné, Maico
ComputerFutures
Dziomber, Etienne
mITSMGmbH

E

Ebel, Frank
CiscoSystems

Ebi, Markus
TNTInnight
Ebken, Ralf
BTIT-ServiceGmbH
Eckhardt, Holger
KonvektaAG
Eckhardt, Volker
PROFCON-iSolutionsGmbH
Eckl, Christoph
NTECOGesellschaftfürinnovativeTechnologienmbH
Eder, Michael
PartnerPankAG
Edinger, Bernd
HDEKassel
Egener, Patrick
Atos
Eger, Janina
amagno
Egerer, Martin
H&DITASSüdGmbH
Egger, Stefan
ColligoGmbH
Ehmke, Uwe
Berentzen-GruppeAG
Eichenberger, HansRudolf
ITServices
Eichholz, Jan-Erik
UniversitätsmedizinMainz
Eisenhut, Sascha
EiKO-EuropeGmbH
Eisold, Uwe
ICD-E
Eitelbuss, Klaus
SPIRIT/21AG
Ellenberger, Tobias
SQSSoftwareQualitySystems(Schweiz)AG
Eller, Claus
TestoAG
Elsner, Sven
MICROS-RetailAustriaGmbH
Emminger, Martina
NetworkHardwareResaleLLC
Enders, Volker
SNPAG
Endner, Jasmin
Atos
Engel, Marcus
SolutionProviders
Engel, Michael
Student
Engelhardt, Christoph
TRICENTISTechnology&ConsultingGmbH
Engelhardt, Heiner
SchwabVersandGmbH
Erbert, Otto
AtosITSolutionsandServices
Erhorn, Reiner
SAP
Erik, Sophia
WebAvenueAG
Ernst, Reiner
ORACLEDeutschlandB.V.&Co.KG
Ernst, Friedrich
Südwestrundfunk
Ernst, Daniel
loginBerufsbildung
Ertl, Thomas
DynamixCrashworx
Eschenbach, Mike
aicoomagermanygmbh
Esposito, Stefano
MHP
Eßer, Oliver
SiemensEnterpriseCommunicationsGmbH
Essl, Andreas
IME-InterimManagement
Evers, Frank
vhv
Ewald, Florian
MBA
Ewald, Thomas
Student

F

Falk, Carsten
manusERP
Falter, Harald
HAWIngolstadt
Fangmeier, Ralf
SAP
Fast, Angela
TUI4UGmbH

Faulstroh, Alexander
ConsensoConsultingGmbH
Feike, Thomas
VLEXgroup
Feil, Thomas
VPV
Feld, Thomas
ScheerGroupGmbH
Felis, Sebastian
Hönigsberg&Düvel-TrainingundConsulting
Fetz, Andreas
fetzconsulting
Fiammengo, Dino
StampaGroup
Fiedler, Rudolf
DPPDataProtectionGmbH
Field, Marcus
VerizonDeutschlandGmbH
Filla, Siegfried
PwC
Finck, Mike
XTB
Finke, Peter
reslabor
Finke, Hendrik
BUW
Fisch, Johann
ISISPapyrusSoftware
Fischer, Marc-Alexander
SAPDeutschlandAG&Co.KG
Fischer, Jan
BechtleGmbHHamburg
Fischer, Jan
ADA
Fischer, Ralf
TheCorporateExecutiveBoardGmbH
Fischer, Alexander
SCASchuckerGmbH&Co.KG
Fischer, Reiner
Calida
Fischinger, Ralf
proseedGmbH
Flick, Peter
telekomDeutschlandGmbH
Flug, Nicolas
DeutscheBahnAG
Forelle, Franka
TietoDeutschlandGmbH
Frank, Markus
JAKOAG
Frank, Karlheinz
diamag
Franke, Michael
FOCUSMagazinVerlag
Frenz, Marcus
Lufthansa
Frenzel, Matthias
Siemens
Freudenreich, Sture
DampskibsselskabetNORDENA/S
Freund, Ralf
AUXENIOCOMMUNICATIONS
Frey, Edwin
GEAITServicesGmbH
Frey, Thomas
ExpertsOn.Info
Freyer, Hellmuth
Acando
Frick, HermannJ.
T-Systems
Friedrich, Heiko
RENOLITSE
Friedwagner, Erwin
VCC
Fritschi, Peter
PerotSystems
Fritz, Michael
Kühne+Nagel(AG&Co.KG)
Fritzsche, Andreas
BMW
Fromm, Ingo
EBH–Die Kommunikationsexperten für
Projekte GmbH
Fröse, Thorsten
Piratenpartei
Fuhrmann, Mario
VMware
Fülling, Sven
FujitsuTechnologySolutionsGmbH
Futterer, Michael
WISAG

G

Gabelin, Andreas
WebsenseGmbH
Gajda, Jochen
Ernst&Young
Galinski, Radek
MedienfabrikGüterslohGmbH
Gantner, Maximilian
PentadocAG
Garde, Stefan
MeinolfGockelGmbH&Co.KG
Garrels, Bernhard
BernhardGarrels
Gärtner, Christian
ELAXY
Gärtner, Alexander
CostXpertAG
Gehring, Daniel
KentuckyFriedChicken(GreatBritain)
Limited,GermanBranch
Geier, Christine
ThyssenKruppElevatorAG
Geiger, Johannes
aluplastGmbH
Geisler, Sebastian
NetAppDeutschlandGmbH
Geltinger, Frank
eunetworksGmbH
Gemmer, Frank
Atos
Gerber, Erich
TIBCOSoftwareGmbH
Gericke, Uwe
N.N.
Geringer, Harald
BSH
Gerke, Michael
GERKEConsulting
Gerlach, Juergen
ComputacenterAG&Co.oHG
Gerlof-Guldbransen, Ralf
T-SystemsInternationalGmbH
Gerres, Erik
TelekomDeutschlandGmbH
Geyer, Marcus
TÜVAustriaHoldingAG
Ghafouri, Reza
CROCODIALITSecurityGmbH
Giebel, Ralph
EMCDeutschlandGmbH
Gierl, Stefan
FRITZ&MACZIOLGmbH
Gieseler, Stefan
SirrixAG
Gilbert, OliverT.
MHP
Gintzel, Jochen
EvonikIndustriesAG
Girbig, Michael
mg²-Webservice
Girschson, Anna
readytosmile
Glade, Christian
Devoteam
Glöckner, Robert
YouLogicAG
Gloger, Carsten
NextiraOneDeutschlandGmbH
Glowienka, Mark
arvatosystems
Goebel, Oliver
BerenbergBank(Schweiz)AG
Goergens, Berthold
TBSbeimDGBHessen
Gogarn, Christiane
IBMDeutschlandGmbH
Goltz, Michael
RobertKoch-Institut
Golubeva, Olga
AscensioSystemSIA
Gomoluch, Klaus
CONFIDES
Gottschalk, Ben
DB
Gottschlich, Dirk
freiberuflich
Grabner, Christine
ComponentsTechnology
Graf, Agnes
AMPEGGmbH
Graf-Killes, Annelie
IBM

Grätz, Mathias
WarwickBusinessSchool
Greiffenhagen, Petra
ProKonzeptGmbH
Gremm, Thomas
TUChemnitz
Grigull, Andreas
Microsoft
Grimm, Bernd
Gebr.SchmidGmbH&Co.
Groinig, KarlHeinz
certilusB2Btelemarketing
Gromann, Thomas
DEXINAAG
Große, Stefan
anaptecsGmbH
Grossen, Beat
StadtBurgdorf
Grund, Matthias
KobilSystemsGmbH
Grundl, Michael
CMSIT-ConsultingGmbH
Grundmann, Holger
T-SystemsInternationalGmbH
Grüter, Philipp
SQS(Schweiz)AG
Guenes, Murat
BMCSoftware
Guerrero, Louis
SAPdeutschlandAG&Co.KG
Guerrini, Alessandro
VineyardManagementConsulting
Guizar-Alvarez, Javier
CSN
Gülikers, Alexander
AlexanderGülikers
Gülsen, Hilal
ConsistSoftwareSolutionsGmbH
Günther, Manuela
CioConsultsGmbH
Günther, Sascha
Mücke,Sturm&CompanyGmbH
Gurski, Ralph
T-Systems
Gutberlet, Martin
Fujitsu
Guth, KarlFriedrich
Essilor
Güven, Aykut
FOXConsulting

H

Habegger, Sascha
ClezZ
Haberstroh, Gerhard
HP
Hadenfeld, Jan
badenIT
Häfele, Michael
RLEInternational
Häfeli, Cyrill
WinklerVeranstaltungstechnikAG
Hafner, Sergej
FHDortmund
Hagg, Juergen
ContinentalAG
Hahn, Werner
CEB
Hahn, Joachim
ELAXYFormatGmbH
Hahn, Tony
Stott&MayProfessionalSearchLtd.
Hahn, Jens
TriFinance
Hahn, Sebastian
BayerDirectServicesGmbH
Halilovic, Nedim
OrangeAustriaTelecommunicationGmbH
Haller, Bernd
devoteam
Haller, Robert
GoodmanHallerMultisourcing
Haltmeyer, Heinrich
base-campIT-Security&SolutionsGmbH
Hamacher, Norbert
DuisburgerVersorgungs-und
VerkehrsgesellschaftmbH
Hanika, Sascha
BetaSystemsSoftwareAG
Hanisch, Christoph
GangsterIT

Hanisch, Oliver
PASSConsultingGroup
Hanu, Cristian
ROMTELECOM
Haong, Frank
SiemensAG
Happ, Michael
HochschuleHeilbronn
Harms, Klaus
NikonFotografie-Forum
Harmsen, Ingo
WESInternational
Harrer, AlexanderCarl
RocketdataProjekt-Datenmanagement
harter, peter
saxoequitymanagementgmbh
Härtlein, Daniel
Fujitsu
Hartmann, Dirk
SkyhartConsulting
Hartmann, Dirk
SkyhartUnternehmensberatung
Hartmann, Stephan
Oracle
Hartmann, Günter
hartmanncoaching.de
Hartmann, Thilo
MainFirstBankAG
Hartmann, Stephan
GXS
Hasanoglu, Olcay
adessoAG
Haslar, Jurgens
I.P.E.N
Hau, Harald
DaimlerAG
Haug, Lisa
HAWIngolstadt
Hauschildt, Holger
Dataport
Hauser, Tanja
Horvàth&PartnerGmbH
Hauser, Rainer
HauserSCMConsulting
Hausmann, Gerd
derexternedsb
Heckner, Hannes
mobileXAG
Heckwolf, Tim
Dell
Heger, Silke
Accenture
Hehl, Heiko
SCAPackagingDeutschlandStiftung&Co.KG
Heiland, Gregor
HeilandIT
Heiler, Rolf
HeilerSoftwareAG
Heimbachl/l, Annika
Knorr-Bremse
Hein, Wolfgang
SHDTechnologieundService
Hein, Rüdiger
rheinbitITServices
Heinen, Thomas
PR-PartnerKöln
Heinhaus, Wolfgang
experton-groupAG
Heinz, Oliver
Henkel
Heinze, Vanessa
isacon
Heinzerling, Andreas
InformationBuilders(Deutschland)GmbH
Heise, Maren
ADA-DasSystemHausGmbH
Heiz, Roger
FinanzdepartementKantonBasel-Stadt
Heizmann, Wolfgang
TognumAG
Heldt, Stefan
HolisticonAG
helfrecht, susann
unihalle
Hellerich, Thomas
SamhammerAG
Hemker, Thomas
Hemker
Henn, Alfred
UnternehmensberatungHenn
Henne, Reinwald
IBMDeutschlandGmbH

Hennekeuser, Johannes
CreditSuisse
Hennig, Ralf
SiemensITSolutionsandServicesGmbH
Herbrand, Georg
WiproTechnologies
Herbst, Christoph
BITMARCKSoftware
Herkommer, Hubert
KSK-Ostalb
Hermanns, Hans
CirconAG
Hermansen, Henrik
IT4SURE
Herold,IT, Uwe
HeidelbergerDruckmaschinenAG
Herzog, Timo
KWSSaatAG
Hessler, Melanie
www.pr-marcom.de
Heuberger, Roland
LogicaGmbH&Co.KG
Heuer, Hilko
FerrostaalAG
Heun, Ulrich
CARMAOGmbH
Heye, Christian
LSY
Heyn, Andrea
WürttembergischeLebensversicherunAG
Hick, Jean-Claude
TakedaPharma
Hilger, Günter
GECOAG
Himmelbauer, Josef
CaritasWien
Hirmer, Marcus
TravelTainmentGmbH/Amadeus
Hirschbiegel, Lothar
HochschulefürWirtschaftundRecht
Hischer, Stefan
BT(Germany)GmbH&Co.OHG
Hof, Markus
NetAppsGmbH
Höfer, Tanja
DeutscheTelekomAG
Hoffmann, Enno
AtosAG
Hoffmann, Jochen
PUETZConsultingGmbH
Hoffmann, Rüdiger
LiNKiTConsultingGmbH
Hoffmann, Michael
ScheerManagementGmbH
Höfker, Ingo
FernuniHagen
Hofmann, Jürgen
HochschuleIngolstadt
Hofmann, Falk
BERLINCOUNSEL
Holst, Mark
teamneustaGmbH
Holtmann, Volker
PlusServerAG
Hopfes, Wolfgang
SoftingIndustrialAutomationGmbH
Höpli, Rolf
ZühlkeEngineeringAG
Höpperger, Gerhard
ILF-BeratendeIngenieureZTGmbH
Hörning, Henrik
Hewlett&packard
Horntrich, Michael
cubusAG
Horst, Elmar
Dräger
Horvath, Gabor
ajcosolutionsGmbH
Hoster, Stephan
ElektrobitAutomotiveGmbH
Houser, Patrizia
MerckKGaA
Hross, Martina
SymantecDeutschlandGmbH
Huber, Walter
stylecouncil
Huber, Thomas
AppsenseGmbH
Huber, Emanuel
smartpointITconsultingGmbH
Huebener, Kai
CapcoGmbH

Humhauser, Andreas
KSK
Hürlimann, Bruno
Swisscom(Schweiz)AG
Hürlimann, Beatrice
Rega
Hürlimann, BrunoJ.
APBtrioGmbH
Hurtienne, Adrienne
UBSAG

I

iba, santi
hils
Ibold, Christoph
Atos
Ibragimjanova, Dinara
HochschuleMünchen
IbrahimRascid, Nageye
HPEnterpriseServices
Ihlenfeldt, Frank
BLUME2000NewMediaAG
Ihringer, Stefan
MANN+HUMMELGmbH
Iken, Andreas
DodenhofPosthausenKG
Isenmann, Joachim
InternationalBusinessDevelopmentGroup
Istrate, Adrian
BancaRomaneasca
Iversen, Jan
jiversen

J

Jäckle, Klaus
SiemensAG
Jäckle, Klaus
privat
Jacob, Jan
msgservicesag
Jacob, Vincent
Intel4Health
Jaeger, Ralf
CiscoSystemsGmbH
Jahl, Hendrik
Dell
Jahn, Heiko
SNPAG
Jähnisch, Stefan
KreissparkasseWaiblingen
Janes, Peter
Abdagon
Jansen, Carsten
SteriaMummertConsultingAG
Jansen, Thomas
AlpiqIntecManagementAG
Janzen, Oliver
spirit21
Jastrzembski, Ralph
GetronicsDeutschlandGmbH
Jatzkowski, Jürgen
LearnshipNetworksGmbH
Jedlitschka, Thomas
SymantecGmbH
Jivitski, Dmitri
Dipl.mathematikerD.Jivitski
Joachim, Thomas
CiberAG
Jobst, Jürgen
GreinerPackagingInternationalGmbH
Jochem, Rainer
MerckKGaA
joerger, claudine
TCS
Joeris, Patrick
Freiberuflich
Joham, Michael
Raiffeisen
Jongman, Denhard
CentricITSolutions
Jörn, Cristina
Dr.Schwerhoff&AssociatesGmbH
Joseph, Cheryl
DKN
Jost, Gerd-Ullrich
CoachConsult
Jozic, Sascha
isaconAG
Jürgen, Funke
syngenioAG
Juriga, Raimund
LogwinSolutionsAustria

Jurisic, Albert
TelefonicaMultinationalSolutions

K

Kaemena, Markus
StolzenbachAG
Kahn, Walter
Malteser
Kaib, Berthold
HewlettPackard,Schweiz
Kaim, Esther
F5Networks
Kaiser, Ralf
HengelerMueller
KakaeiDehkordi, Farhad
Airbus/T-Systems
Kalbe, Michael
Microsoft
Kalkhoff, Gerd
LicetusGmbH&Co.KG
Kammel, Eric
DeutscheBahnAG
Kämmerle, Christoph
SchulerPressenGmbH
Kampf, Andreas
HaasLogisticGmbH
Kansy, Christoph
TrendMicroInc.
Kansy, Christoph
TrendMicroInc.
Kapsegger, Klaus
CarlZeissVisionInternationalGmbH
Karacsony, Marvin-Sebastian
MicrosoftSwitzerlandLtd.
Karaman, Ali
NoCom
Karaman, Süleyman
euNetworksGmbH
Karmann, Hubert
IBM
Karsten, Niclas
LHM
Karwath, Julia
NokiaSiemensNetworks
Kasch, Hannes
HKexpectITSoftware&SecurityServicesGmbH
Kastner, Dirk
EDEKAHandelsgesellschaft
Kath, René
Oracle
Katus, Manuel
GMSElectronic
Katzenmeier, Kay
NewYorkerInformationServicesInternationalGmbH
Katzenstein, Jochen
resourcecenterGmbH&Co.KG
Kautzsch, Thomas
ThomasKautzsch
Kayser, Maria
BechtleAG
Kehm, Markus
Securitas
Keller, Andreas
HP
Keller, Christoph
SwisscomITServicesFinanceAG
Kemmeter, Christian
BechtleGmbHFSHFrankfurt
Kempfert, Matthias
LufthansaSystemsASGmbH
Kenngott, Matthias
GGBHeilbronnGmbH
Kerkmann, John
Diron
Kern, Sarah
band
Kern, Oliver
DSTConsulting
Kersten, Petra
interagilaITGmbH
Khan, Aman
NextiraOne
Kibler, Manfred
Bosch&SiemensHausgeräteGmbH
Kiefer, Gerold
WorkingICTGmbH
Kiefer, Gerold
GEKI-CONSULTUnternehmensberatung
Kiefer, Gerold
JavajiSystemSolutionsGmbH
Kiesinger, Walter
coresystemsDeutschlandGmbH

Kiesler, Oliver
ADACe.V.
Killinger, Max
SchwarzFinanz
Killisperger, Jürgen
K&LRuppertStiftung&Co.Handels-KG
Kinder, Daniel
adessoAG
Kindler, Thomas
Teradata
Kirbus, Ralf
LidlStiftung
Kircher, Matthias
HochschuleEmden-Leer
Kirchmaier, Marco
DHL
Kirchmann, Thomas
SiemensEnterpriseCommunicationGmbH&Co.KG
Kirchner, Guido
GeckoGroupAG
Kirchner, Helmut
TCIConsult
Kirsch, Christian
YITGermanyGmbH
Kistler, Alessia
BoydakManagementConsultingAG
Kitzing, Marko
IdealoInternetGmbH
Kläger-Timm, Michael
T-SystemsInternationalGmbH
Klahold, Michael
cancom
Klauser, Vincent
HuxleyAssociates
Klein, Peter
CanonDeutschlandGmbH
Kleinberger, Micha
IBM
Kleingers, Michael
KaPeConGmbH&Co.KG
Kleinsorge, Heinz-Peter
T-SystemsInternationalGmbH
Klemann, Robert
BT
Klenner, Christian
convenioAG
Kliemann, Rachael
PABLO721
Klietz, Peter
Klietz
Klinger, Jan
SKFLubricationSystemsGermanyAG
Klinkenberg, Sandra
SKConsultingandDevelopment
Klöti, Christoph
RehaClinic
Klüber, Winfried
HZD
Klug, Andreas
ITyXSolutionsAG
Kluge, Olaf
KfW
Klutke, Peter
HochschuleKempten
Knoblich, Peter
SAMDeutschlandGmbH
Knoll, Matthias
PR-X
Kobbe, Andreas
addGETSolution
Koca, Ugur
HDS
Koch, Anton
inspirationdepartment
Koch,MBA, Volker
FSCFinancialSoftwareConsultants
Koerner, Stefan
iT-CUBESYSTEMS
Kohl, Dietmar
WorkingICTGmbH
Köhl, Holger
HolgerKöhl,ITKBeratungundVertrieb
Köhler, Rolf-Dieter
IHKChemnitz
Kokot, Rainer
LenovoDeutschlandGmbH
Kolb, OliverW.
SAPDeutschland
Kolberg, Thomas
networker,projektberatungGmbH
Kolf, Sebastian
TechnogroupIT-ServiceGmbH

Koll, Thomas
Laplink
Kollorz, Elisabeth
nicetecGmbH
Kolozei, LutzMichael
Donner&ReuschelAG
Kommana, BhavaniPrasad
Syntel
Konrad, Ilona
Werbe-undMedia-Agentur
Kopecky, Thomas
TopcomKommunikationssystemeGmbH
Kormann, Josef
ChristofHoldingAG
Körner, Beatrix
santixAG
Kornfeld, Kathrin
POOL4TOOL
Korpela, Alexis
swisscom
Korte, Robert
TortugaNetworks.e.K.
Koschinski, Harald
HK-Consult
Kösem, Murat
IBMDeutschlandGmbH
Kossowski, Alexandra
HagerUnternehmensberatungGmbH
Köszegi, Christopher
BoerseStuttgartAG
Kraft, Edgar
Huxley
Kraleva, Kristina
FIBank
Kramar, Christopher
FujitsuTechnologySolutions
Kramer, Christian
BayerPharmaAG
Krämer, Michael
MinolMesstechnikW.LehmannGmbH&Co.KG
Krämer, Manuela
CBTTraining&ConsultingGmbH
Krames, Peter
DoducoGmbH
Kranz, Szymon
8IT
Krapf, Reiner
CasinoSoft
Krasovitskiy, Georgy
AntennaSoftware
Kraus, Heinz-Peter
EBLConsultingGroup
Krawietz, Klaus
vonRundstedtExecutiveSearchGmbH
Krawinkel, Andreas
ELGHanielGmbH
Krebs, Mia
It-you
Kresin, Marc
legodoag
Kretschmer, Laura
Telefonica
Kreuzer, Karl-Heinz
IT-Freiberufler
Krimmer, Sonja
ZenitPressevertriebGmbH
Krispel, Oliver
SolutionProvidersSchweizAG
Kritzer, Evelyn
VBLVersorungsanstaltdesBundes
Kröger, Thomas
KEDIIT&Consulting
Kroh, Karin
GH
Krohn, Moritz
BombardierTransportationGmbH
Kroker, André
FujitsuTechnologySolutionsGmbH
Kronawitter, Jürgen
WincantonGmbH
Krueger, Stefan
GKSOFTWAREAG
Krüger, Jürgen
Kühne+Nagel
Krukenberg, Olaf
CGSmbH
Krupp, Matthias
GlobusSB-WarenhausHolding
Kruse, Werner
Salesforce.comDeutschlandGmbH
Kugler, Adrian
mITSMGmbH

Kuhl, Wolfgang
Pharmaserv
Kühling, Sven
DelphiSystems
Kuhlmann, Jürgen
S&V-Consult
Kühn, Albrecht
IPMUnited
Kühn, Fidelius
DeutscheBank
Kumbaric, Mima
BISPersonalserviceÖsterreichGmbH
Kunft, Uwe
swedexGmbH&Co.KG
Kunz, Axel
FerchauEngineeringGmbH
Kunze, Andre
VersatelAG
Küppers, Stefan
protecServiceGmbH
Kurda, Stefan
EWE
Kusche, Daniel
Symantec
Kuss, Sandra
S.K.M.InformatikGmbH
Küster, Guido
PhoenixContactGmbHCo.KG

L

L., Alessia
p3ConsultingundSoftwareAG
Laabs, Thorsten
mdkGmbH
Laars, Sven-Erik
HandwerkskammerErfurt
Laerbusch, Sven
SAP
Lambach, Dirk
LambachInfokus
Landua, Eckhard
SPEEDConsultingGmbH
Landwehr, Ralf
GETIT
Landwehr, Elmar
AlcoGmbH
Landwehr, Thomas
DasKarrieresystem
Lanzinner, Thomas
Media-SaturnIT-Services
Larsen, Tanja
Sony
Laub, Thomas
UniversitätZürich
Lauck, Barbara
adessoAG
Laumen, Andreas
AtlasCopco
Lauper, claude
CreditSuisse
Laußer, Gerhard
ConSolGmbH
Lechner, Kerstin
s&iManagementPartners
Lederhoser, Wolfgang
LoackerRecyclingGmbH
Lee-Klenz, Soonhwa
SiemensAudiologischeTechnikGmbH
Lehmann, Martin
ReefResourcingGmbH
Lehners, Claus
DaimlerAG
Leiner, Thomas
IBM
Lemke, Stefan
ATVINCIGmbH
Lemken, Peter
AgorumSoftwareGmbH
Lentrodt, Andreas
BMWGroup
Lenz, Dierk
Herrmann&LenzServicesGmbH
Lenz, Karsten
Distrelec-UnitofDatwylerSwitzerlandInc.
Leske, Larissa
mikadosoftgmbh
Leuoth, Sebastian
dimensioinformaticsGmbH
Leuze, Robert
ComgroupGmbH
Leypold, Marco
VolkswagenBankGmbHFilialeBelgien

Liebenberger, Eduard
it-economicsGmbH
Liebern, Katharina
SkillSoftNetgGmbH
Liebl, Claudia
SiemensFinancialServicesGmbH
Liedl, KarlHeinz
FaktorZehnAG
Liedtke, Gerda
DV-RATIONORDGmbH
Liedtke, Harald
BARMERGEK
Linden, Lars
PMCS
Lingemann, Stephanie
InstitutfürWirtschaftsinformatikderUniversität St.Gallen
Linke, Michael
GlobetrotterAusrüstung
Lippmann, Ralph
Willach
Lischke, Olaf
BayerHealthCare
Locker, Agnes
ColligoGmbH
Loeck, Andreas
Hewlett-PackardGmbH
Loeser, Fabian
TechnischeUniversitätBerlin
Loh, Sieghard
T-Systems
Lohmann, Wilfried
PHATCONSULTINGGmbH
Longodor, Beniamin
NTSNewTechnologySystemsGmbH
Luber, Dieter
VMware
Lübke, Arne
chargeSYSGmbH
Lück, Jutta
FutureConsultingGmbH
Ludwig, Markus
ELSAG
Ludwig, Stephan
cellentAG
Ludwig-Eisenmenger, Thomas
SECO-SYSIT
Lüken, Michael
SengerHoldingGmbH
Lünenbach, Jörg
CommaSoft
Lürssen, Oliver
SevenPrinciplesSolutions&ConsultingAG
Lüschow, Stefan
MBmedienGmbH
Lütgenbruch, René
MaxMuster
Lütjerath, Rainer
ComputacenterAG

M

M.-Kölbel, Cornelia
publityVertriebsGmbH
Maass, Peter
DELL
Machlet, Dieter
CuranumAG
Machnik, Andreas
WienerbergerGmbH
Mäder, Roland
Privat
Mahlke, Ingo
KlinikumMagdeburg
Mähr, Wolfgang
SPARManagementAG
Maibach, Anke
TataConsultancyServices
Maier, Kurt
EurocopterDeutschlandGmbH
Maier, Karl-Heinz
SiemensAG
Maier, Klaus
KMSupport
Maintok, Alexander
VerlagNürnbergerPresse
Makosi, Gordon
UHLltd.
Malik, Dhruv
Hexaware
Malter, Meike
MT-icsGmbH

Mandorf, Susanna
MSM-MandorfStrategicMangement
Mangiapane, Markus
HerbertOspeltAnstalt
Mannott, Christina
HelsanaVersicherungenAG
Manthey, Thomas
AutokraftGmbH/DeutscheBahn
Marchal, Ele
IVWe.V.
Mariam, Juliet
iwilltellyoulater
Marienfeld, Ingo
BMCSoftware
Marillier, Luna
StellarEnterprises
Mark, Hutta
OwnerGalaxyEIGS
Märk, Christoph
VKW-VorarlbergerKraftwerkeAG
Märkl, Werner
FINARISFinancialSoftwarePartnerGmbH
Markus, Thomas
PhoenixContactGmbH&CoKG
Marschner, Hans-Peter
ISD
Martin, Frank
ODNGmbH
martin, hans
Atosorigin
Martin, Uwe
AkamaiTechnologies
Maslennikow, Max
EOSDeutschlandGmbH
Massenberg, Dirk
CommaSoftAG
Mateicka, Juraj
IDC
Matheblowski, Ingo
KARLDEUTSCHPrüf-und Messgerätebau
GmbH+CoKG
Matic, Zeljko
WürthInterWerbungGmbH
Matthias, Carsten
BildungswerkderNiedersächsichen
Matus, Anatoli
Bundeswehr
Mauer, Paul
ClariantSEDeutschland
Mauritz, Detlef
StadtBorken
May, Wolf
OneStepAheadPersonalberatung
May, Anton
INNEOSolutions
Mayer, Robert
FujitsuTechnologySolutionsGmbH
Mayer, Christoph
Accenture
Mayer, Thomas
Bundeswehr
Mayr, Andreas
VodafoneD2GmbH
Mayr, Richard
ASERVOSoftwareGmbH
Meier, Peter
PeterMeier
Meier, Roland
Microsoft
Meier, Konrad
DFSKDF
Meinke, Joerg
IDCHGermanyGmbH
meissner, lutz
Netuitive
Meister, Reiner
CIANSAG
Meister, Haus
Hausmeister
Meister, Arno
GARAIOAG
Mekhanik, Anna
Scarus
Meng, Helmut
BWPARTNERPartnerschaftWpg/StBG
Menge, Monika
monikamenge
Menke, André
SinnovoIT-ServicesGmbH
Menon, Govind
DixendrisAG

Menzner, Jörg
SiemensAG
Merchant, Naushad
Capgemini
Merkli, Roland
ROMESOURCING
Mertz, Andreas
IT-CUBESYSTEMSGmbH
Meta, Qendresa
execsurf
Metz, Carmen
Atos
Metzger, Klaus
KlausMetzger
Metzner, Michael
Informatica
Meury, MichelG.
MGMrentasales
Meyer, Gerhard
HICAG
Meyer, Markus
PlanB.GmbH
Meyer-Blankart, Corvin
UniversitätHamburg
Michaelis, Jan
Accenture
Michel, Martin
MainframeSolutions
Mick, Gerd
Acision
Middel, Wolfgang
HeinrichHeineGmbH
Miehle, Andreas
NORMAGroupHoldingGmbH
Mikoleit, Uwe
SteriaMummertConsultingAG
Milius, Volker
arvatoITServicesGmbH
Miller, Johann
Integralis
Milojevic, Oliver
ABX
Minneker, Susanne
Textkernel
Mirosavljevic, Aleksandar
ExeQwork
Mitter, Sudhir
TCS
Mittmann-Gano, Gunther
dvhausSoftware&SolutionsGmbH
Modoruni, Otto
Bayer
Moench, Kirsten
FPTSoftware
Mohn, Svenja
VogelIT-MedienGmbH
Molinari, Georg
ToyotaInformations-Systeme
Moll, Veikko
SHDGmbH
Möller, Frank
GrafvonWestphalen
Möller, Volker
PTVAG
Mönch, Andreas
SaxoniaSystemsAG
Moog, Andreas
IBM
Morgenstern, Andreas
LahmeyerInternationalGmbH
Morrison, Rob
Pentaho
Muchow, Harald
RobertBoschTechnicalandBusiness
Mueller, Stephan
ICSInternationalAG
Mueller, Andreas
Roche
Mueller, Stefan
HuaweiDeutschlandGmbH
Mueller, Philipp
CSC
Mueller-Rabin, Stefan
conargusgmbh
Müller, Klaus
StadtBadHonnef
Müller, Jochen
KreisMettmann
Müller, Claus-Peter
RolandBergerStrategyConsultantsHoldingGmbH
Müller, Horst
Axway

Müller, Frank
VMware
Müller, Gudrun
neustaconsultingGmbH
Müller, Matthias
3TxpertGmbH
Müller, Elmar
CarlMahrHoldingGmbH
Müller, Marian
AvayaDeutschlandGmbH
Müller, Bernd
INOVANGmbH&Co.KG
Müller, Henry
BIMGmbH
Müller, Hans
MüllerGmbH
Müller, Dietmar
EnterpriseCIOForum
Müller, Stephan
ALBAT+WIRSAMGmbH
Müller, Rainer
XeroxGmbH
Mummert, Alexander
TKB-KorrespondentenbüroOG
Münch, Alexander
SalzburgerFlughafenGmbH
Mundorff, Alexander
TRICENTISTechnology&ConsultingGmbH
Murer, Christoph
bbvSoftwareServicesAG
Muschter, Christian
Oracle
Musick, Michael
KlinikumAugsburg
Musil, Kurt
syncroTECnetwork&SecurityGmbH

N

Naber, Christoph
HPPelzerHolding
Nagel, Klaus
ContinentalReifenDeutschlandGmbH
Naumann, Ingo
AntonSchlecker
Nawid, Idris
ItelligenceAG
Neisemeier, Andreas
n-tronik
Neitzel, Stefan
techconsult
Nejkov, Peter
BoydakManagementConsulting
Nerger, Sebastian
FachhochschulederWirtschaft
Netuschil, Tim
ControlExpertGmbH
Neubauer, Thomas
salesforce.com
Neubauer, Isabell
DKNNetworks
Neugebauer, Jan
KarlsruherInstitutfürTechnologie(KIT)
Neumann, Alexandra
ComputacenterAG&Co.oHG
Neumann, Walter
DTAG
Neumann, Tim
IPSInstitutfürPersonalschulungGmbH
Nickisch, Günther
LanzerathHoldingGmbH
Niedermayer, Monika
LandeshautstadtMünchen
Niehage, Gerd
HellaCorporateCenterShanghai
Niermeyer, Guido
Triumph-Adler
Niesser, Urban
Oracle
Nilles, Michael
SchindlerInformatik
Nilles, Michael
SchindlerInformatikAG
Nissen, Holger
RaffinerieIngolstadt
Nordström, Gabriela
p3Consulting
Nösner, Axel
KnowledgeAgentGmbH
Nötzel, Wolfram
MicrotecGmbH
Nowotny, Alexander
Scout24HoldingGmbH

Nuetzel, Georg
Kennametal
Nullmeyer, Jens
InfosysLtd.
Nullmeyer, Jens
InfosysLtd.
NunezdeArzt, AnaMaria
Bayer
Nürk, Marc
Integralis

O

ober, peter
DPD
Oberdammer, Georg
ATRICONGroup
Obermaier, Werner
NetAppDeutschlandGmbH
Obermair, Andreas
LindeGasGmbH
Oesterreich, Stefan
Capgemini
Olbrisch, Stefan
DPDHLR&I
Olma, Patrick
SeprotronicGmbH
Olma, Patrick
CTDIGmbH
Omerbegovic, Anida
CSC
Oppenberg, Burkhard
RolandBergerStrategyConsultants
Oppenberg, Burkhard
RolandBergerStrategyConsultantsGmbH
Ortwein, Philipp
Bain&Company
Ott, Andreas
ConsintoGmbh
Otteneder, GünterH.
HAINZLIndustriesysteme
Otto, Ralf
IBM
Otto, Hartmut
ccm-Campus®UG(haftungsbeschränkt)
Özyar, Özgür
IsbankGmbH

P

Paatzsch, Matthias
KPMGAGWirtschaftsprüfungsgesellschaft
Pachler, Robert
OSBC
Paff, Michael
InternationalUMPGmbH
Paidere, Ilze
ConsistSoftwareSolutionsGmbH
Pan, Lihua
VRKreditwerk
Pareek, Aashish
Amrop
Parlapanis, Christos
GVS-NetzGmbH
Parr, ChristopherR.
fosstux.net
Patankar, Mandar
HexawareTechnologies
Patel, Manoj
Nimsoft
Patzelt, Christian
SteigenbergerHotelsAG
Peekhaus, Ulrich
Knipex-WerkC.GustavPutschKG
Pelzl, Ursula
Pelzl&Pelzl
Peschke, Alexander
InfineonAG
Peschke, Frank
DrewsenSpezialpapiereGmbH&Co.KG
Peßenteiner, Thomas
GebroPharmaGmbH
Peter, Daniel
HiltiAG
Peteranderl, Karin
Giesecke&DevrientGmbH
Peters, Hans-Jörg
DeutscheTelekom
Peters, Dirk
DATAGROUPAG
Petersohn, Ralf
EmeryOleochemicalsGmbH
Petrina, Zeljko
KACOGmbH+Co.KG
Petrovska, Iva
Seavus

Pezold, Hans
E.ONIT
Pfaff, Matthais
fortissGmbH
Pfaff, Peter
Schuster&WaltherITKanzleiGmbH
Pfarr, Karlheinz
ArgentSoftware
Pfeffer, Britta
CONETTechnologiesAG
Pfleger, Andreas
UnisysÖsterreichGmbH
Pfohl, Rainer
ClientfocusGmbH
Philipp, Manuel
CteamConsulting&AnlagenbauGmbH
Philipp, Andre
IBM
Philippi, Joachim
SteriaMummertConsulting
Pichler, Rainer
c4rpi
Pieper, Burkhard
usdAG
Pieper, BrittaVerena
CompetenceCenterCluster-Management
Pieper, Andreas
AndreasPieperServiceundVertrieb
Piethan, Dirk
Mehr!EntertainmentGmbH
Pingel, Petra
m-comDaten-undKommunikationssysstemeGmbH
Piqué, Tobias
Detecon
Pistitsch, Christian
Siemens
Pitek, Peter
DieSchweizerischePost
Pitkowiak, Andreas
telegateMediaAG
Pitschek, Gerald
Pitschek+Partner
Plate, Philipp
Bayerninvest
Pol, Stephanie
HAWIngolstadt
Polter, Markus
MPSFA
Pongratz, Hans
TUMünchen
Popp, Stefan
anwalt.deservicesAG
Popp, Lisa
NeumannPartners
Pörschke, Vera
BITMARCKSoftwareGmbH
Post, Frederick
Sunrise
Pozenel, Johannes
LimelightNetworksGermanyGmbH
Prantl, Urs
KMUMentorGmbH
Prochazka, Heinz
MicrosoftÖsterreich
Prosen, Willi
ACP
Pudwell, Oliver
TranstecAG
Punke, Norbert
DeutschePostAG
Puppe, Eva
OcéDeutschlandBusinessServicesGmbH
Purice, Patricia
UniversitätSt.Gallen
Pürschel, Martin
DELL

Q

Quauka, Gerd
SWTUE

R

Raab, Bodo
Boraco
Raczynski, Robert
ITService+BeratungRobertRaczynski
Radebach-Opitz, PeterM.
Techem
Rademacher, Kay
ManagementBeratung
Rademacher, Otto
HeinrichKoppGmbH

Räder, Stephan
GFT
Rahner, Oliver
GrimmeLandmaschinenfabrikGmbH&Co.KG
Rahnfeld, Hauke
KTRKupplungstechnikGmbH
Raiger, Rainer
UBSDeutschlandAG
Ramirez, CarlosEstuardo
SPIAG
Ramirez, Fernando
MARInc.
Ramsauer, Floriane
Heads!GmbH&Co.KG
Randt, Bodo
RheinmetallDefence
Raneli, Giuseppe
JDTalentStream
Rapf, Dietmar
science+computingag
Rauch, Gabriele
voestalpine
Rausch, Till
GEHEPharmahandelGmbH
Rauscher, Juergen
SironaDentalSystems
Reda, Sebbata
FinancialTimes
Regez, Josua
isolutionsAG
Regnet, Markus
ScheerManagementGmbH
Rehbein, Kerstin
CIDGmbH
Rehm, Andreas
PDSEntwicklungs-undServiceGmbH
Reich, Alexander
TalanxSystemeAG
Reich, Christian
KienbaumManagementConsultants
Reich, Alexander
FlughafenHannoverlangenhagenGmbH
Reichle, Chris
ChrisReichle
Reichstein, Michael
AccentureAG
Reil, Peter
BeconGmbH
Reimers, Gerd
MMV
Reinermann, Bianca
ContinentalAG
Reinke, GeorgF.
PMCInternationalAG
Remensperger, Norbert
DeutscheBKK
Remfert, Christian
UniversitätMünster
Renner, Erik
Oracle
Rensing, Matthias
noventumconsultingGmbH
Repp, Marcus
BechtleRhein-Main
Rettich, Harald
HP
Reuber, U
Zapp
Rhode, Alexander
Goetzpartners
Richter, Dieter
DieterRichterConsulting
Richter, Hans
EnBW
Rickmann, Hagen
T-SystemsInternationalGmbH
Rieffel, Markus
QuantisInformatikAG
Riegelhof, Thomas
FujitsuSemiconductorEurope
Riermeier, Philipp
SmartEnterpriseSolutionsGmbH
Rieß, Marco
GEKAGmbH
Rieth, Sabine
TÜVRheinlandi-secGmbH
Riner, Markus
EKZ-ElektrizitätswerkedesKantonsZürich
Ritter, Stefan
BASF
Ritter, Reinhard
PassConsultingGroup

Robrecht, Alexander
UniversitätHH
Roche, Colm
ShopperTrak
Röck, Florian
HSAlbsig
Röckl, Claudia
GEDAG
Roedemester, Eva
ExperTeachGmbH
Rohde, Dominik
keine
Rohleder, Enrico
kdmag
Rohrbach, Andreas
MONDIGmbH
Rosano, Sebastiano
StrategyInsights
Rösch, Sven
ManagementEvents
Rose, Karsten
Layer8-Solutions
Rösener, Kay
DBPrivateEquityGmbH
Rosenfeld, Beate
CANCOMAG
Rosenstiel, Torsten
PentasysAG
Rösl, Alexander
FiducialTAG
Rösler, Dirk
Computacenter
Roß, Christel
SpringerFachmedienWiesbaden
Rossi, Carsten
Kuhn,Kammann&KuhnGmbH
Roth, Manuel
GRENKELEASINGAG
Roth, Nils
WeidmannInfraAG
Roth, Gerd
GerdRothGmbH
Roth, Ralph
HP
Roth, Willi
FinanzdienstleistungRoth
Rubant, Gerald
Level3CommunicationsGmbH
Rübartsch, Alfred
LANUV
Rübe, Heinz
Spantax
Rüchel, Carsten
Focke&CO
Ruck, Ulf
NokiaSiemensNetworksGmbh&CoKG
Rückert, Ralf
KVHessen
Rückl, Andreas
DTSSystemeGmbH
Rudinger, Franz
IMISevereService
Rudolph, Jens-Ulli
ELAXYFormatGmbH
Ruess, Hannes
LenzingAG
Rühl, Rene
ECOSTechnologyGmbH
Rupp, Stefan
COMLINEAG
Rupp, Nevena
DPDHL
Ruppel, Markus
RIMOCGmbH
Ruppel, Susanne
HeadQuestGmbH
Rusnak, Martin
WiecardAG
Ruso, Harald
Accenture
Rüter, Andreas
AlixPartnersGmbH
Rzepka, Rainer
RzepkaKommunikationsdesign

S

Sabe, Fleming
ActeonGroupLtd
Sablic, Dieter
IDVAG
Sahin, Murat
GFTRescourceManagementGmbH

Sahlmann, Jörg
DeteconInternationalGmbH
Salamon, Martin
salamon|it-service
Salz, Frank
ConSaltUnternehmensberatungGmbH
Sancu, Cornel
Schaeffler
Sanden, Siegward
ISGCompassDeutschlandGmbH
Sander, BerndR.
SanderConsultingGmbH
Sandfuehr, Rene
LIDLStiftung&Co.KG
Sandmeier, Christian
SIXGroupServices
Sardarian, Argineh
PSDGroupGmbH
Saric, Krunoslav
Hagemeyer
SATTLER, HEINZ
HeinzSConsulting
Sauerer, Anneliese
RandstadDeutschlandGmbH&Co.KG
Saunders, Robert
BrunoKleinegmbh&co.kg
Schadt, Dirk
SPOT
Schaefer, Carsten
3CCareerConsultingCompanyBerlinGmbH
Schaefer, Carsten
Stellen-KombiGmbH
Schaefer, Dominic
Serco
Schäfer, Thomas
icaneckertcommunicationGmbH
Schäfer, Olaf
LaufenbergComputersystemeGmbH&Co.KG
Schäffer, Joachim
BORGWAREIT-SolutionsGmbH
Schalong, Michael
EPL-SystemhausUG
Schank, Peter
FestoAG&Co.KG
Schatek, Dirk
AvayaDeutschlandGmbH
Schauder, Rolf
F5Networks
Scheich, Claudia
Wundermann
Scherdin, Alexander
SenacorTechnologies
Scherer, Petra
HP
scherer, uwe-peter
sellgatesalesoutsourcingag
Scherm, Volker
Cisco
Scheuermann, Marta
AmropDeltaManagementConsultantsGmbH
Schierding, Arved
KARLSTORZ
Schierding, Arved
KARLSTORZ
Schierenberg, Volker
BKG
Schigulski, André
VodafoneD2GmbH
Schill, Michael
RUDKEttenRieger&DietzGmbHu.Co.KG
Schiller, Gerhard
wincornixdorf
Schimmel, Erich
CBM
Schintgen, Marc
EnovosInternationalS.A.
Schipp, Hans-Peter
BezirksklinikenSchwabenKU
Schirp, Carsten
KPMG
Schlacher, Wolfgang
FairGamesGmbH
Schlager, Uwe
FPTSoftware
Schlahsa, Andreas
IT-ConsultingSchlahsa
Schlebach, Thomas
SiemensEnterpriseCommunicationsGmbH&Co.KG
Schlechter, Mario
HAWIngolstadt
Schleicher, Stephan
Capgemini

Schlenz, Wolfgang
DeutscheTelekomAG
Schlief, Simone
DeutscheTelekom
Schlomski, Thomas
Kemper&SchlomskiGmbH
Schlüpmann, Kay
comcodeGmbH
Schlüter, Martin
T-SystemsInternational
Schlüter, Malte
Dataport
Schmalz, Reinhard
Nds.MinisteriuimfürUmweltundKlimaschutz
Schmälzle, Claus
Salesforce.com
Schmerold, Sebastian
BoydakManagementConsulting
Schmid, Jürgen
SiCProcessingGmbH
Schmidhauser, Beat
Selbständig
Schmidt, Alexander
AlgoSecSystemsLtd..
Schmidt, Martin
Test
Schmidt, Karsten
IDGBusinessMedia
Schmidt, Sabine
Capgemini
Schmidt, Michael
Forbo
Schmidt, Benjamin
PGi
Schmidt, Claus
CBS&Partner
Schmieder, Axel
DBSchenkerAG
Schmitt, Hans-Joachim
Telekom
Schmuki, Vincent
SwisscomITServicesAG
Schneider, Heide
PlantronicsGmbH
Schneider, Christian
we-conectgloballeaders
Schneider, Irina
SchneiderManagerConsultingGbR
Schneider, Jörg
BSH
Schneider, Irina
XeroxGmbH
Schneider, Dana
Helbing
Schneider, Jochen
AXA
Schnell, Karl
Unternehmensberatung
Schnittker, Bernd
AugustStorckKG
Schoch, Martin
curamikelektronicsGmbH
Schoek, Stefan
Schoek
Schöfl, Gerhard
StiefelkönigSchuhhandelsGmbH
Scholtze, Steffen
DSP
Schomann, Eicke
CheckPointSoftwareTechnologiesGmbH
Schön, Christian
CIANSAG
Schönig, Uwe
T-SystemsInternationalGmbH
Schott, Thomas
REHAUAG&Co
Schreiber, Christoph
BechtleGmbH&Co.KG
Schroff, Thomas
MettlerToledoAG
Schroth, Lukas
ZentrumfürUnternehmensführung
Schubert, Christian
CCRLogisticsSystemsAG
Schuhmann, Reinhard
bridging4successUG
Schuldt, Dietmar
StudioHamburgGmbH
Schulte, Thomas
IMPAQAG
Schultze, Thomas
Navico

Schulz, Elena
Laserline
Schulz, Werner
JHUJoachimHeuwese.K.
Schulz, Michael
DKNNetworks
Schulze, Carolin
TechedgeGmbH
Schumann, Gerd
WabionGmbH
Schumnig, Klaus
schluetersche
Schupka, Ronald
Handel
Schuster, Dominik
StudentanderHochschule
Schuster, Michael
ThyssenKruppElevatorAG
Schütrumpf, Axel
AxelSchuetrumpf
Schütze, Gerd
KIMGmbH
Schwaab, Moritz
FujitsuTechnologySolutionsGmbH
Schwabe, Oliver
Rolls-Royce
Schwalbe, Peter
T-Systemsinternational
Schwanzer, Nina
notebooksbilliger.deAG
Schwarz, Arno
s.OliverBerndFreierGmbH&Co.KG
Schwarz, Günter
LUDOFACT
schwarzer, joerg
enbw
Schwarzer, Andreas
Budenheim
Schwebel, Boris
MISCOGermanyInc.
Schweer, Lars
sitwaregmbh
Schwehn, Michael
ReclayGmbH
Schweiger, Dieter
InterNetWireCommunicationsGmbH
Schweigert, Hannah
PwC
Schweitzer, Andreas
AlphaPower
Schweizer, Dominik
Reichle&DeMassariAG
Schwind, Markus
Capgemini
Schwirtz, Christian
2tierconsulting
Schychowski, Kai
KomatsuMiningGermanyGmbH
Seestädt, Elmar
Dr.Schwerhoff&Associates
Sefzig, Holger
M+WDentalGmbH
Seibel, Maximilian
Callidusexecutive
seifert, Dana
ITCompany
Seikel, Peter
HP
Selent, Maike
Lufthansasystems
Selke, Joachim
TUBraunschweig
Selner, Thorsten
AmoenaGmbH
Sempao, Henrique
CATechnologies
Sengupta, Ishita
Capgemini
Senn, Markus
EADSDeutschlandGmbH
Sense, Atman
UniversitätGöttingen
Services, Central
NovaTecIngenieurefürneue
Setzke, Rainer
Wolff&OlsenGmbH&CoKG
sfeir, jessica
alfabetAG
Shaimerden, Gulnara
KostanaierIngenieur-ÖkonomischeUniversität
Shekhar, Samarth
HCL

Siddiqi, Salim
YazakiEuropeLtd.
Siebert-Heise, Andrea
HeiseConsultingServicesGmbH
Siemes, Heinz
ne-bz2009
Siepe, Christine
MATERNAGmbH
Sieverding, Andres
McKinsey
Simon, Markus
EnBWTradingGmbH
Simon, Ludger
J.C.C.BrunsBetriebsGmbH
Simonis, Rolf
Q-Cells
Sinatsch, Ina
BT(Germany)GmbH&Co.oHG
Singelmann, Klaus
EuropcarAutovermietungGmbH
Singh, Tarry
CIOportal
Sipachev, Grigory
LLCRDCTranskor-K
Skubski, Maurice
NetApp
Slapar, Rudolf
InformationstechnikGrazGmbh
Slogar, Andreas
DBSystelGmbH
Smith, Simon
MunichRe
Smuda, Michael
smart[HR]Personalberatung
Soei-Winkels, Eleonore
Quereinstieg-Netzwerk
Soheili, Sascha
weblike
Sohn, Christian
SoftwareAG
sonntag, matthias
novartis
Sorke, RolandW.
WincorNixdorf
Spaniol, Patrick
siinformaticsGmbH
Späth-Kövy, Zita
Google
Sperrle, Riccardo
Kaiser'sTengelmannGmbH
Spiegel, Stefan
E.ONIT
Spielberger, Jürgen
PosityAG
Spivey, Tom
ITConsulting&Services
Spreitzer, Thomas
T-Systems
Spreng, Michael
SidarionAG
Sprenger, Markus
www:Mediaimpression.eu
Sprick, Felix
NetlightConsulting
Spuehler, Matthias
eleveneyeGmbH
Staade, Michael
GroheAG
Stacher, Christian
SwisscomITServicesAG
Staeuble, Markus
KabaManagementundConsultingAG
Stähler, Joachim
NGKEUROPEGmbH
Stalder, Roger
SoftwareONE
Stalgies, Yves
etracker
Stanescu, Christina
T-SystemsInternationalGmbH
Stark, Franziska
GFNAG
Starke, Sieglinde
SZST
Stathorake, Georgia
CASTGmbH
Stefanie, Herrmann
SHSales&MarketingCommunications
Stefek, Georg
GSEngineering
Stefek, Georg
GSEngineering

Steffes, Dirk
SeoFirma
Steigert, Gunther
Sulzer
Stein, Gerrit-Leonhard
HelblingManagementConsultingGmbH
Stein, Andreas
NetscoutSystems
Steinbeck, Beatrix
FernwasserversorgungElbaue-OstharzGmbH
Steinbichler, Julian
TwinsoftGmbH&Co.KG
Steinbrunner, Tobias
InforGlobalSolutionsGmbH
Steinbuch, Julian
JulianSteinbuch
Steiner, Dominik
SteinerInc
Steinkamp, Arne
Dell
Stengel, Björn
AppSense
Stetter, Carl-Rainer
Atos
Stettler, Urs
e-WideWebAG
Stiebert, Lutz
LiftaLiftundAntriebGmbH
Stieglitz, Ralf
BullGmbH
Stiene, Bernd
EmersonNetworkPower
Stille, Alexander
CorporateExecutiveBoard
Stirmlinger, Tim
WSP-ConsultingGmbH
Stoffel, Jürgen
HannoverRückversicherungAG
StokarvonNeuforn, Sabine
Salesforce.com
Stoll, Beate
adidas
Stolz, Achim
eleveneyeGmbH
Stolz, Christopher
FH
Stolze, Sophia
SAPDeutschlandAG&Co.KG
Stöppke, Barbara
socialnetworkpower
Storn, Wenke
projectnetworksGmbH
Storp, Martin
ScalaGroup
Strahl, Alexander
SpencerStuartAssociatesGmbH
Straßburg, Andre
CSX2
Strasser, Daniela
QSCAG
Strauch, Karsten
BundesanstaltfürStraßenwesen
Strauchmann, Michael
AvayaDeutschlandGmbH
Strauss, Silka
StraussMediation
Strecker, Björn
WestfaliaWerkzeugcompanyGmbH&Co+KG
Streit, Ekkehard
BurdaDigitalSystemsGmbH
Strixner, Frank
KyoceraMitaDeutschlandGmbH
Strobl, Michael
tciconsult
Strobl, Bernhard
ListHoldingGmbH
Struff, Peter
M.E.B.Solutions
Stumpf, Karin
AcrasioGmbH
Stuska, Torsten
MOONROCInstituteofEconomicResearch
Sulimma, Wolfhard
Damovo
Sünter, Jülide
BankofScotland
Süß, Michael
SteriaMummertConsultingAG
Swain, Nicola
MolinoCharrara
swain, nicola
molinocharrara

Swierkot, Andreas
inTransition
Szilagyi, Janos
VincotechGmbH

T

Tanneberger, Holger
IT@ConsultingTanneberger
Tannhaeuser, Katja
FujitsuTechnologySolutionGmbH
Tas, Remziye
HumanConcepts
Tauner, Walter
Universität
Tauwnaar, MarcelC.
BT(Germany)GmbH&Co.oHG
Teg, Ofni
BusinessSolutions&Services
Tegtmeyer, Ulf
EduardHueckGmbH&CoKG
Tekalec, Michael
DTTSGmbH
Tekin, Selcuk
Media-SaturnIstanbul
Tenenberg, Miron
FürDichImmer
Terhaag, Ellen
tes
Tervooren, Anna-Lisa
DISAG
Tesch, Reinhard
SiemensAG
Teschner, Wolfgang
WaagnerBiroAG
Tessmann, Thomas
TessmannGmbH
Tewes, Hans-Dieter
Ruhr-UniversitätBochum
Thaler, Josef
Sternthaler
Tharakan, Pradeep
PolygonSolutionsGmbH
Thauer, Günter
t-bs
Theede, Achim
TD-ManagementConsulting
Theis, Roman
TelekomDeutschlandGmbH
Thiel, Klaus-Jürgen
Klaus-JürgenThiel
Thielmann, Sebastian
McKinseyCompany,Inc.
Thiess, Stefan
CSC
Thode, Axel
SysconGmbH
Thoma, Georg
ConradElectronicSE
Thüring, Martin
TechData(Schweiz)GmbH
Tielemann, Michael
DATEVeG
Tiemann, Oliver
Tiemann
Tihhomirov, Nikita
CondusivTechnologies
Till, Verena
Steinbach&Partner
Tillmanns, Birgit
RedwoodSystemsB.V.
Titze, Sven
MDCPowerGmbH
Tohn, Walter
AgilentTechnologies
Toma, Diana
Fujitsu
Tomczak, Thomas
FujitsuTechnologySolutionsGmbH
Tornambe, Vito
DeutschePostAG
Trautmann, Stephan
ESP.GROUP
Trier, Michael
MODCOMPAG
Trimborn, Melanie
DBSystel
Troczynski, Anna
Studentin
Tsvetanova, Zornitsa
Iteratec
Tuglaci, Onur
YITP

U

Uhlenbrock, Frank
BearingPointGmbH
Uhlrich, Evelyn
SoftwareAG
Unsöld, Christian
ErwinHalderKG
Unterwalcher, Harald
consentive
Uppenkamp, Dirk
NTC-Systemhaus
Urbaniak, Jörg
bitGmbH
Uyar, Ibrahim
ElanITResourceGmbH

V

v.derSchulenburg, Philip
ConciliusAG
vandenBogert, Vincent
VinPlanfinancialplanning&software
vanderMeer, Susanne
Ev.KHKEHBerlin
VanHove, Nicole
KanadischesKonsulat
van'tNoordende, Willem
MorganClark&Company
vanZweden, Mirjam
Glenfis
Varli, Ismail
ArdexGmbH
Verloop, Dagmar
Logica
Vertkersting, Tobias
CokoWerkGmbH&Co.KG
Victor, Heidebrecht
SiemensAG
Viehof, Helge
dpaDeutschePresse-Agentur
Vier, Thomas
Computacenter
Vierroth, Florian
G16
Vill, Matthias
TataConsultancyServices
Vißers, Marc
SPHINXComputerVertriebsGmbH
Vogel, Lala
Müller
Vogel, Karl
ForresterResearch
Vogt, Henning
q-marketing
Vogtes, Karin
vogtesconsult
Voisin, David
StartingFrance
Völk, Claudia
IDGBusinessMediaGmbH
Voll, Carsten
BSHBoschundSiemensHausgeräteGmbH
Vollmers, Herbert
HerbertVollmers-IT-undProjektmanagement
Volpert, Carina
FHIngolstadt
vonBerg, Alice
UniversitätGöttingen
vonDeetzen, André
ImmobilienScout24
vonderDecken, Claus
SwisslogAG
vonderRopp, Nicole
MesseBerlin
vonHammel, Stephan
AvanadeDeutschlandGmbH
vonKleist, Axel
unisysoutsourcingservice
vonKolontaj, Jürgen
GKN
vonKolontaj, Juergen
GKN
vonKreyfeld, sven
Symantec
vonMikusch, Jutta
MRUAeroEngines
vonSchell, Reinhard
ModeLogistikGmbH&Co.KG
vonUechtritz, Michael
Detecon
vonWienskowski, Jörg
StraTeS
Vorhauer, Thomas
cbsSchweizAG

Voß, Christian
BechtleGmbH&Co.KG,IT-SystemhausMünchen/Regensburg

W

W.Koehler, Alexander
ICTEconomicImpact
Wachholz, Daniela
coopmediaAG
Wachter, Roland
STRATEGICASYSTEMSGmbH
Wacker, Stephan
Ford
Waegenaer, Steven
ConocoPhillipsGermanyGmbH
Wagner, Manja
in-integrierteinformationssysteme
Wagner, Matthias
Loomans&MatzAG
wagner, norman
admindatas
Wagner, Dennis
Bull
Wagner, Volker
VolkerWagnerConsulting
Wagner, Michael
AccendereGmbH
Wagner, Eva
ImpulsAcademyGmbH
Wälchli, Andrea
EMCComputerSystemsAG
Waldhans, Frank
pironet-ndh
Waldmann, Klaus
SiemensAG
Walker-Henning, Gudrun
HP
Walkowiak, Marc
TK
Wallner, Stefan
UniversitätWien
Walsh, Philip
PrivateConsulting
Walter, Matthias
tec4netIT-Solutions
Walter, Helmut
IT-SCM.comGmbH&CoKG
Wardenburg, Harrovon
nullPCGmbH
Warncken, Benjamin
IgelTechnologyGmbH
warner, adrian
Computacenter
Wartenberg, Andreas
HagerUnternehmensberatungGmbH
Wasilewski, Tomasz
AtosITServices
Wasilewski, Bianca
IBM
Wasmer, Timo
ClaranetGmbH
Weber, Lorenz
malaxoSOLUTIONSGmbH&Co.KG
Weber, Frank
ETHALONGmbH
Weber, Kai
Oracle
Weber, Markus
LEWEBAGmbH
Weber, Guido
SiemensAG
Weber, Adrian
SwisscomITServicesAG
Wechselberg, Claus
BüntingInformationsTechonologieGmbH
Wechselberger, Hermann
A1TelekomAustriaAG
Wede, Helmut
CasinosAustriaSwissAG
Weder, Jürg
Roche
Weder, Juerg
Roche
Wegner, Knut
AequitasAG
Wehle, Thomas
PorscheConsultingGmbH
Wehr, Ulrich
Ernst&YoungAG
Weidinger, Norbert
MagistratsdirektionWien

Weingardt, Viktor
OCLC
Weingarth, Janina
Accenture
Weingarth, Janina
INFOCS
Weiß, Michael
funcommunicationsGmbH
Weiss, Christian
ooseInnovativeInformatikGmbH
Weißer, Knut
NokiaSiemensNetworks
Weissmüller, Peter
MalikManagement
Welter, Maria
StadtDueren
Wencel, Christian
TeamQuestCorporation
Wendler, Sofia
OttoGmbH
Wendling, Alfred
BoehringerIngelheimGmbH&COKG
Wenke, Maik
Post
Wentzel, Steffen
ING-DiBaAG
Wenzel, Boris
RedHatGmbH
Wenzke, Roland
TibcoSoftware
Werling, Jochen
BearingPointConsulting
Werner, Andreas
Computacenter
Werner, Michael
FISKordobaGmbH
Werner, Andre
AW-SYSTEMSGmbH
Werner, Andre
AW-SYSTEMSGmbH
Werner, Christoph
FHDortmund
Werth, Thomas
CANCOM
Westphal, Fabian
centronGmbH
Wewer, Jens
BisnodeInformatics
Widmer, Jannis
DreamcomDeutschlandGmbH
Wiedenhofer, Andre
Ernst&Young
Wiedmann, Jonas
WesthouseConsulting
Wiedmann, Jonas
westhouse-consulting
Wienand, Hubert
OdenwaldFaserplattenwerkGmbH
Wierz, Andreas
LovertyuG
Wiese, Florian
DB3GmbH
Wikberg, Johan
IDGSchweden
Wilhelm, Christoph
BITMARCKTechnikGmbH
Wilhelm, Andreas
WBSIT-ServiceGmbH
Wilhelmi, Peter
SteriaMummertConsultingAG
Wilke, Carmen
MuehlenhoffManagmentberatung
Wille, Franziska
ISSInternationalBusinessSchoolHamburg
Wilmer, Ludger
itWatchGmbH
Wilms, Peter
InfosysOnlineGmbH
Winand, Claus
AccentureGmbH
Winkler, Till
Humboldt-UniversitätzuBerlin
Winkler, Bernhard
AutomotiveLightingGmbH
Winkler, ChristianH.
WiMaConManagement&Consulting
Winnwa, Uwe
OutTaskAG
Winterhoff, Ingo
adidasGroup
Wirsching, Jens
RaiffeisenBankInternational

Wirsching, Jens
RBIAG
Wirtz, Guido
ALSOActebisGmbH
Wisheu, Robert
WackerNeusonSE
Witte, Christoph
DialogsSoftwareMobileDeviceManagement
Wittmann, Harald
BHSCorrugatedMaschinen-undAnlagenbauGmbH
Wnuk, Jacek
ProCooperatio
Wohler, Matthias
ZHAW
Wohnig, Matthias
Atos
Wolf, Frank
AllforOneSteebAG
Wolf, Thomas
Mephisto-Media
Wolf, Nils
SKF
Wolf, Thomas
UKD
Wolf, Stephan
RSwolf
Wolter, Daniel
we.CONECTGlobalLeadersGmbH
Worm, Danny
C1FinConGmbH
Worthington, Kai
Fujitsu
Wortmann, Holger
RobertBosch
Wöstmann, Björn
LLOYDShoesGmbH
Wullenweber, Ulrike
IKORFinancialsGmbH
Wyrich, Alexander
GWKom

Y

Yadav, Rohit
MBS
yildirim, ferhat
ITPConsultingAG

Z

Zappen, Frank-Peter
AccentureServicesGmbH
Zedler, Frank
ExxetaAG
Zeier, Alexander
MIT
Zeller, Marcel
IBM
Zelt, Saskia
UniversitätSt.Gallen
Zepke, Eva
ALTRAN
Zet, Thomas
HP
Zhgunowskaja, Margarita
SoftwareGmbH
Ziegler, Kathrin
Deloitte&ToucheGmbH
Ziegler, Alexander
HECOGmbH
Zielinski, Jacek
C&S-LogistikGmbH
Ziesenhenne, Rolf
WestfalenAG
Zimmermann, Jacqueline
datangoAG
Zimmermann, Thomas
Bundeswehr
Zin, Christoph
TelekomDeutschlandGmbH
Zinell, Georg
AbariusGmbH
Zinniker, Alexander
MondayCoffeeAG
Zoellner, Ralph
BuckGmbH&Co.KGNudelspezialitäten
Zohner, Michael
CommerzbankAG
Zuesongdham, Phanthian
HamburgPortAuthorityAöR
Zumbusch, Johannes
CBS
Zwirlein, Christian
WirecardTechnologiesAG